世界の建築家解剖図鑑

古代から現代まで
建築家でたどる名建築の全歴史

大井隆弘・市川紘司・吉本憲生・和田隆介

X-Knowledge

もくじ

PART1 古代〜中世編

PART3 17世紀の建築家

PART4 18～19世紀前半の建築家

PART5
19世紀後半～20世紀の建築家

PART6 20世紀の建築家

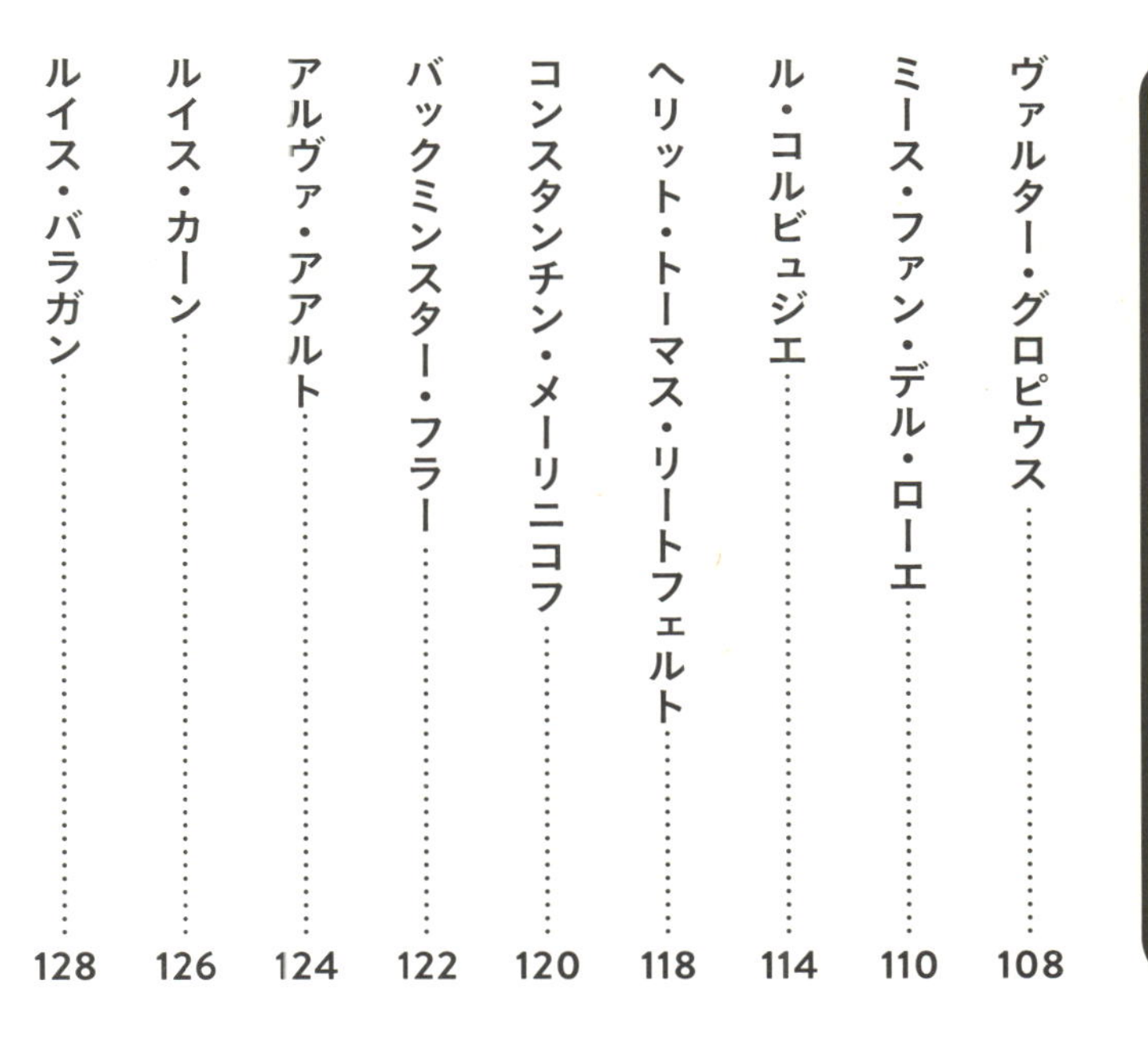

PART7 20〜21世紀の建築家

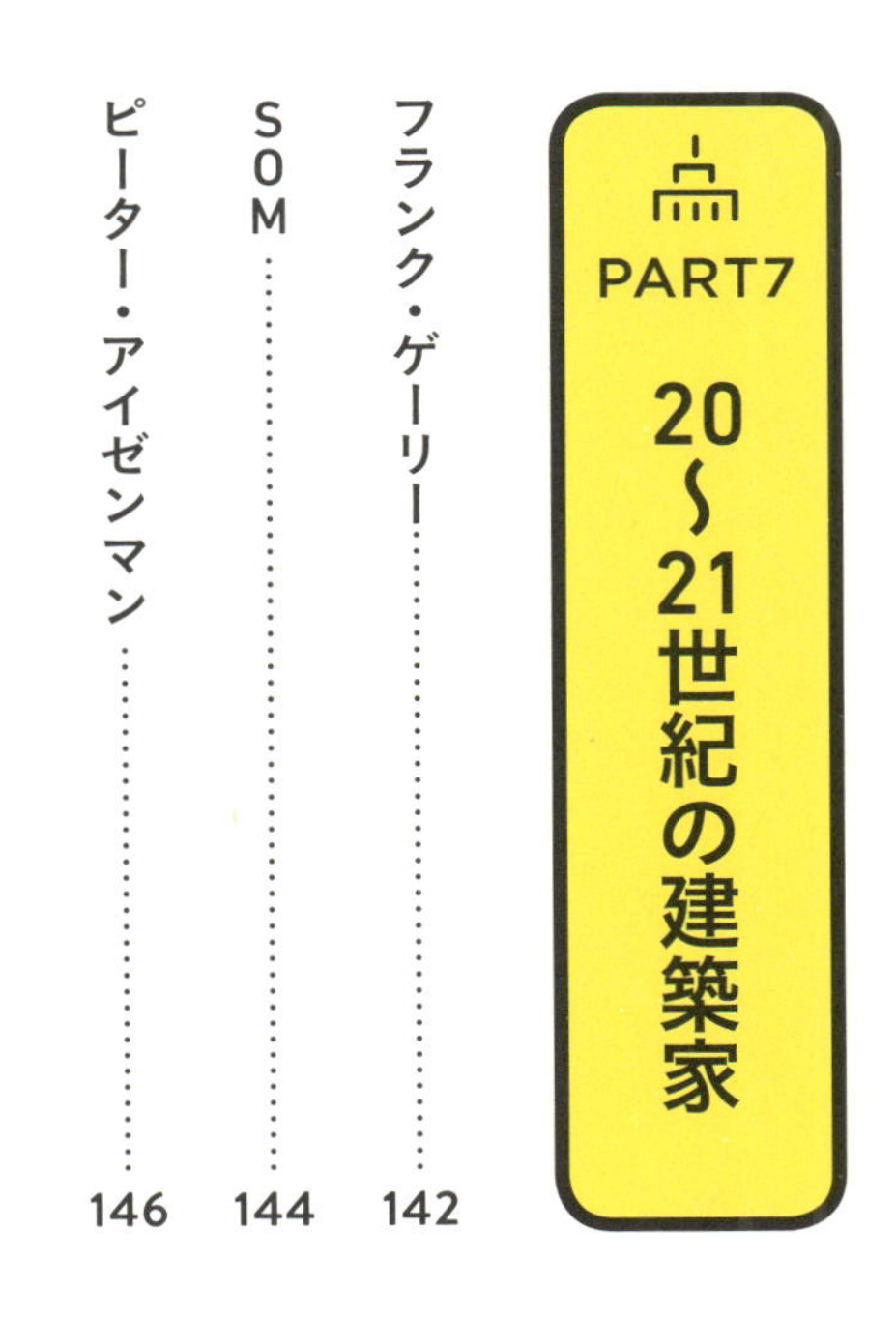

※建築家は、原則として生年順に並んでいます
※年表などに記載されている建築作品の西暦年は、建築家がその建築作品に携わったとされる年や期間を表しています

装幀・デザイン　菅谷真理子、髙橋朱里（マルサンカク）
イラスト　藤田翔、近藤圭恵、長岡伸行
印刷　シナノ書籍印刷

古代〜中世編

Ancient Egypt

Ancient Greece

Ancient Rome

Early christian architecture & Byzantine architecture

Romanesque

Gothic

古代エジプトの建築

ピラミッドの驚くべき進化と神殿の発展

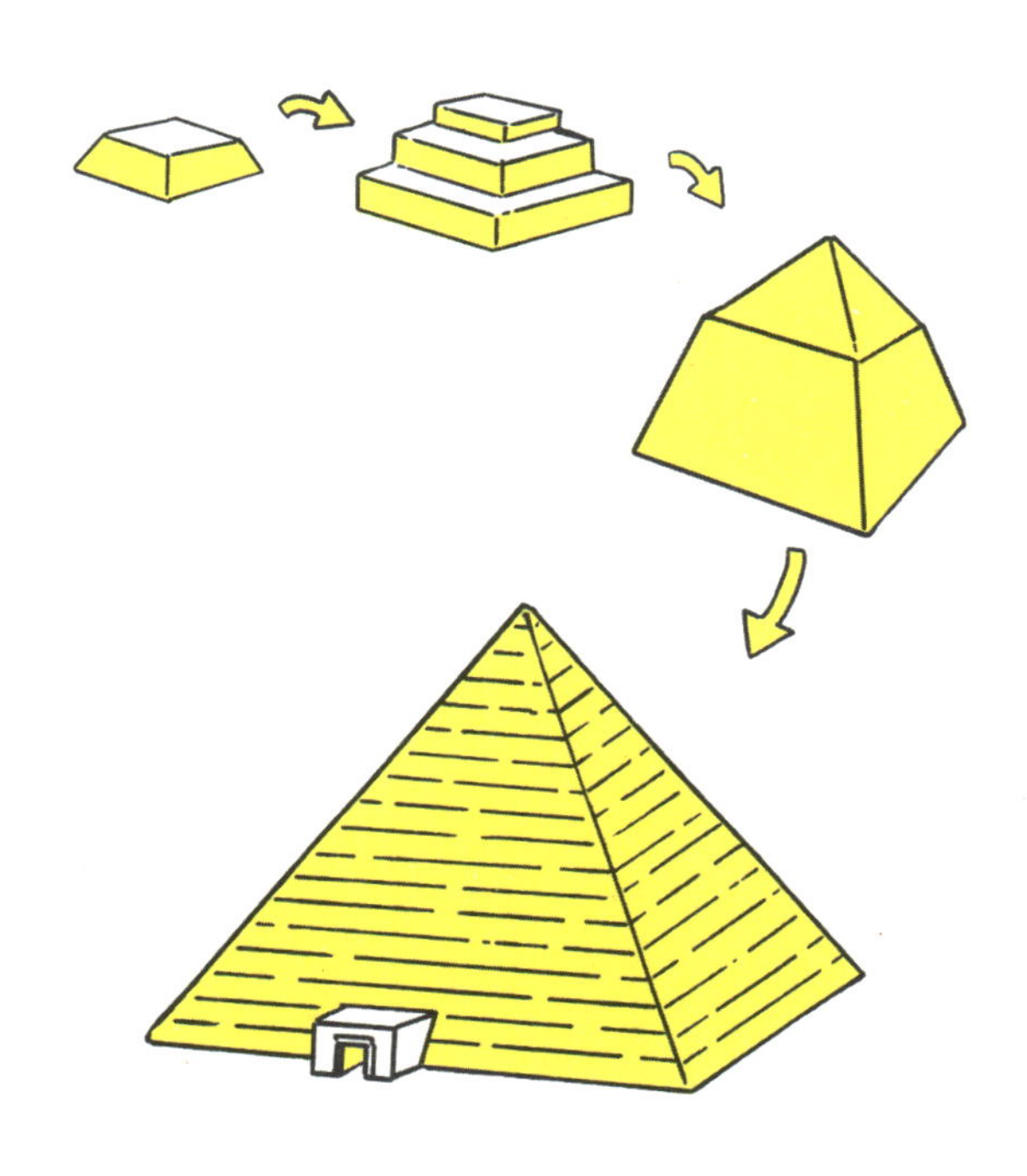

王朝時代以前の貴族や王の墳墓形式マスタバ（左上）は、「腰掛け」の意。階段状ピラミッド（中央上）は、正形ピラミッド（右上）に至る過渡期の形式で、スネフル王のつくったものが現存最古。有名なクフ王のピラミッド（下）は、平均2.5tの石が約230万個積み重なる

紀元前3150～
紀元前30年頃
ナイル川流域

古代エジプトの王朝は、一般に古王国、中王国、新王国※に区分される。ピラミッドは、特に古王国を象徴する存在で、半ば砂に埋もれたようなものも含めれば、100個以上が見つかっている。最古の例は、サッカラにある第3王朝ジュセル王の階段状ピラミッドで、当初6mほどの高さしかなかった長方形の墓（マスタバ）が順次拡張され、最終的には58.8mもの高さに達した。最大規模を誇るクフ王のピラミッドは第4王朝時代のもので、高さは139m。その規模と技術はわずかな期間で驚くべき進化を遂げていった。

※古代エジプト王朝は、混乱期を挟みながら、古王国（紀元前2686～紀元前2181年）、中王国（紀元前2040～紀元前1663年）、新王国（紀元前1570～紀元前1070年）に区分される

第3王朝ジュセル王

ジュセル王の階段状ピラミッド

設計：イムホテップ（紀元前2600頃）
エジプト、紀元前2600頃

古代エジプトの建築家はほとんど歴史に名を残していないが、この階段状ピラミッドの建築家は珍しく判明している。イムホテップは、ジュセル王の宰相であったとされる人物である。巨大建築の建造には、技術はもちろん、租税徴収のための土地や人口の調査が必要であり、膨大な労働者をまとめる組織力や計画性が求められる。そうした理由からか、イムホテップは死後、世俗の知を司る神として崇められた

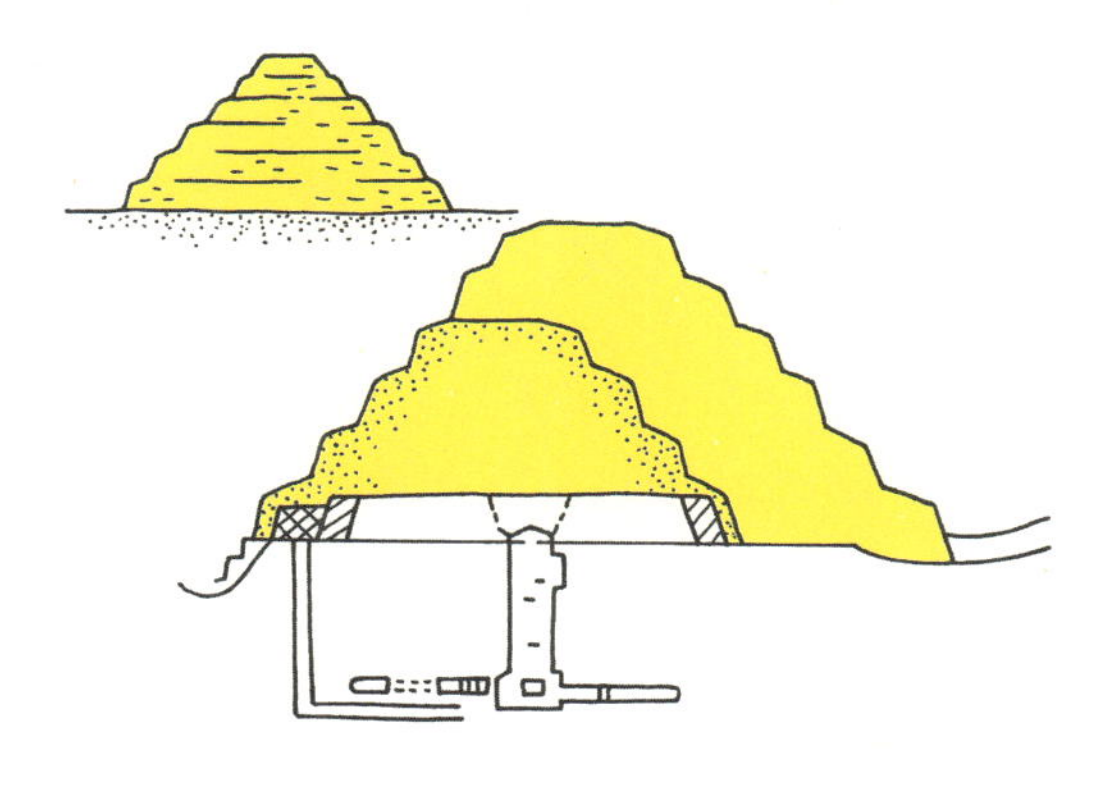

エジプト新王国時代の葬祭殿

ハトシェプスト女王葬祭殿

設計：センムト（紀元前1500頃）
エジプト、紀元前1500頃

古代エジプトにおいて王は、存命中は現神であり、死後も葬祭殿をつくり礼拝の対象となった。新王国時代には、墓は王家の谷に、葬祭殿はナイル川の耕地に近い場所に建設された。ハトシェプストの女王葬祭殿も、王家の谷からナイル川に向かって500mほど進んだ断崖下にあり、建築家センムトが手がけたとされている。3段のテラスはスロープで繋がり、自然との一体感がある。第11王朝メントゥホテプ2世、3世の墳墓に並んで建っている

カルナックやルクソールで知られる神殿建築は、新王国時代を象徴する存在である。というのは、第18・19王朝時代のエジプトは空前の繁栄期を迎え、諸王が感謝の意を込めて神殿の新築や増築を盛んに行ったため、単純で小規模だった神殿が、大規模化・複雑化していったのだ。ナイル川に向かって砂漠の大地が迫ってくるような立地では岩窟神殿も建設されたが、4体の王が鎮座するアブ・シンベル神殿や、3段のテラスからなるハトシェプスト女王葬祭殿はよく知られている。

こうした古代エジプト建築は、石や日干しレンガの使用を起因とする末広がりの量感ある形態に特徴がある。装飾は柱に集中し、円を束ねたような柱身の上に、パピルスや蓮（はす）、棕櫚（しゅろ）などを様式化した柱頭が載る。

中王国時代には数多くの神殿が建設されたようだが、ヒクソスによる破壊や新王国時代の転用を受けてほとんど遺構がない。少ない事例の中でも、第11王朝時代のマディナト・マディの神殿、センウセルト1世礼拝堂はよく知られている

後代の規範を生み出した

古代ギリシアの建築

ドリス式（左）は、単純で重厚な形式。柱はずんぐりとして太い。イオニア式（中央）は、軽快で優雅な形式。2つの渦巻き装飾の柱頭、刳形をほどこした柱基、細長い柱身が特徴。コリント式（右）は、ドリス、イオニア式より後に成立した形式。アカンサスの葉飾りが特徴

古代ギリシアは、共通の文化をもつ都市国家の緩やかな集合体で、その中心にはギリシア神話に登場する神々を祀る神殿があった。神殿は、一般に長手を東西方向にとり、神室、前室、後室の3室に、列柱を巡らせた形式をもち、これを周柱式という。当初、柱や梁は木造だったが、紀元前7世紀中頃から石造へと変わり、その過程で神殿の形式も確立していった。ただし地域差も大きく、ペロポネソス半島などのドリス系住民の土地で普及したドリス式や、イオニア人が定着したエーゲ海の島々などで普及したイオニア式がよ

紀元前8〜
紀元前1世紀
古代ギリシア

※古代ギリシア建築は、アルカイック（紀元前600〜紀元前480年）、クラシック（紀元前480〜紀元前323年）、ヘレニズム（紀元前323〜紀元前31年）の3つの時代に分かれる

ドリス式とイオニア式の共存

パルテノン神殿

設計：フェイディアス、イクティノス、カリクラテス、カルピオン（紀元前5世紀頃）
ギリシア、紀元前447〜紀元前432

アテネの丘、アクロポリスにあるパルテノン神殿は、処女神アテナを祀る神殿。フェイディアスが総指揮を執り、ドリス式の支持者イクティノスと、イオニア式の支持者カリクラテス、さらにカルピオンが参加した。ドリス式に混じってイオニア式の柱頭が採用されるなど、各様式の融合が見られる。基部と梁は緩やかな円弧を描き、隅柱はほかの柱より若干太くし内側に傾斜させるなど、視覚補正の手法も用いられている。表面は石の印象が強いが、最初は極彩色だった

イオニア式神殿

マグネシアのアルテミス神殿

設計：ヘルモゲネス（紀元前2世紀頃）
ギリシア、紀元前175頃

ヘルモゲネスが手がけた一連のイオニア式神殿は、ヘレニズム期の神殿を代表する存在で、中でもマグネシアのアルテミス神殿はその好例。柱と壁の中心線が一致すること、前室・神室・後室が2：2：1の比で並び、前室の奥行きが深いこと、中央の柱間を広くとることなどは、イオニア式の伝統を汲んでいる。擬似二重周柱式（二重に柱を巡らせた周柱式から内側の列柱を取り除いた形式）を採用し、広い回廊空間が生み出されている点が、この作品最大の特徴とされる

く知られている。

古代ギリシア建築は3つの時代※に分けられる。神殿の形式が確立したのは最初のアルカイック期で、クラシック期には、各部の比例関係や装飾が洗練されていった。有名なパルテノン神殿はクラシック期の傑作で、建築家の名前も判明している。ヘレニズム期は、ギリシア世界とオリエント世界との文化的接触の時代であり、世界観の広がりから、ヘルモゲネスなど、国際的に活躍する建築家も現れた。

古代ギリシア建築は、その独立性の高さから彫刻的と表現されることも多いが、ヘレニズム期には集会場や劇場といった公共施設が充実し、建築相互の関係にも興味が高まった。この点は、続く古代ローマ建築（12頁）へと引き継がれていった。


バッサイのアポロン神殿が初例とされるコリント式は、様式的独立性が弱かったのか、頻繁には用いられなかった。ウィトルウィウス（13頁）によれば、この形式はアテナイの彫刻家カリマコスが発明したものだという

古代ローマの建築

技術の革新と多様なビルディングタイプの誕生

紀元前8〜
紀元後4世紀頃
古代ローマ

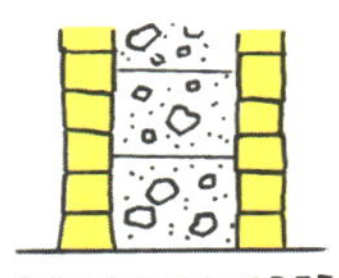

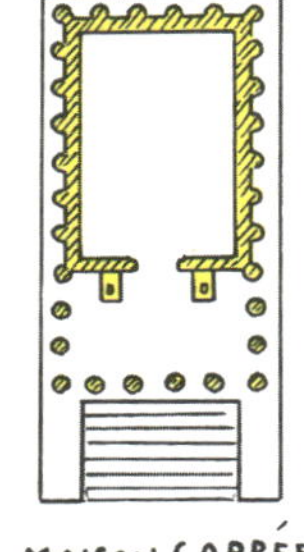

コンクリートの使用、アーチやドームの採用、装飾的な意味を強くした付け柱、ビルディングタイプの多様さが古代ローマ建築のポイント

ローマ市が誕生したのは紀元前753年のこと。以降、ローマ帝国が東西分裂する395年までが古代ローマ建築の時代である。その特徴は、コンクリートの使用とそれを生かした壁やヴォールト、ドームの存在だ。内部にコンクリートを充填して強固な壁がつくられ、アーチも好んで使用された。アーチは連続させるとヴォールトになり、回転させるとドームになる。建築家セウェルスによるドムス・アウレアや、ラビリウスによるドミティアヌス帝の宮殿はその端緒として重要視され、パンテオンはドームを用いた傑作とし

ドミティアヌス帝の宮殿

設計：ラビリウス（81〜96年頃に活躍）　イタリア・ローマ、81〜92

ドミティアヌス帝お抱えの建築家、ラビリウスが手がけたとされる巨大ヴィラ。中でも八角形の広間に架かる天井が、ヴォールトの発展過程をうかがわせる重要な遺構だ

ドムス・アウレア

設計：セウェルス（64年頃に活躍）　イタリア・ローマ、68

ローマ大火後、ネロ帝が建設した巨大なヴィラ。「八角形の広間」など、コンクリート技術や開口の大きさ、採光方法の独自性などの点で、建築史の一大転換点を示す作品である

建築十書

著者：ウィトルウィウス（生没年不明）
イタリア・ローマ、紀元前30頃

最古の建築書『建築について』は全10篇からなるので、「建築十書」と呼ばれる。この建築書は、土木や都市計画、機械、材料、軍事技術といった広範な諸技術の知識を含んでおり、技術全書のような性格をもっている。当時どれほどの影響があったかは定かでないが、ルネサンス以降に絶大な影響力をもった。ウィトルウィウスはローマの建築家で、カエサルやアウグストゥスに仕えたとされる

パンテオン

設計：アグリッパ（紀元前63〜紀元前12）　イタリア・ローマ、紀元前25竣工（のち焼失）、118〜128ハドリアヌス帝により再建

直径約43mの円筒プランに半球ドームが載る古代ローマの傑作。コンクリートの骨材を下部から上部にかけて段階的に軽くし、安定した構造を実現した。初代皇帝アウグストゥスの腹心、アグリッパが建造した

て名高い。

古代ギリシア建築（10頁）が柱を重視したのに対し、古代ローマでは強固な壁が生み出され、柱が装飾的な意味を帯びるようになった。イタリア伝統のトスカナ式に加え、ギリシアからドリス、イオニア、コリント各式のオーダーがもたらされると、イオニアとコリントをあわせたコンポジット式、コーニスとフリーズの間にS字の持ち送りを加えたローマ型コリント式のオーダーも生まれ、オーダーとヴォールトの融合も果たされた。さらに機能面でも多くの新しい試みがあり、多様な娯楽施設や記念門が生み出されていった。

古代ローマ建築は、ビザンティン建築はもちろんのこと、ローマの古典復興を唱えたルネサンス建築など、後代の建築史に非常に大きな影響を与えた。

娯楽施設では、コロッセウムをはじめとした円形闘技場、劇場、浴場などが建設されていった。特に浴場は、ローマ帝国において娯楽としてだけでなく、集いの場としても重要な役割をもっていた

初期キリスト教建築とビザンティン建築

バシリカ教会の誕生とドームの融合

4～15世紀
東ローマ帝国周辺

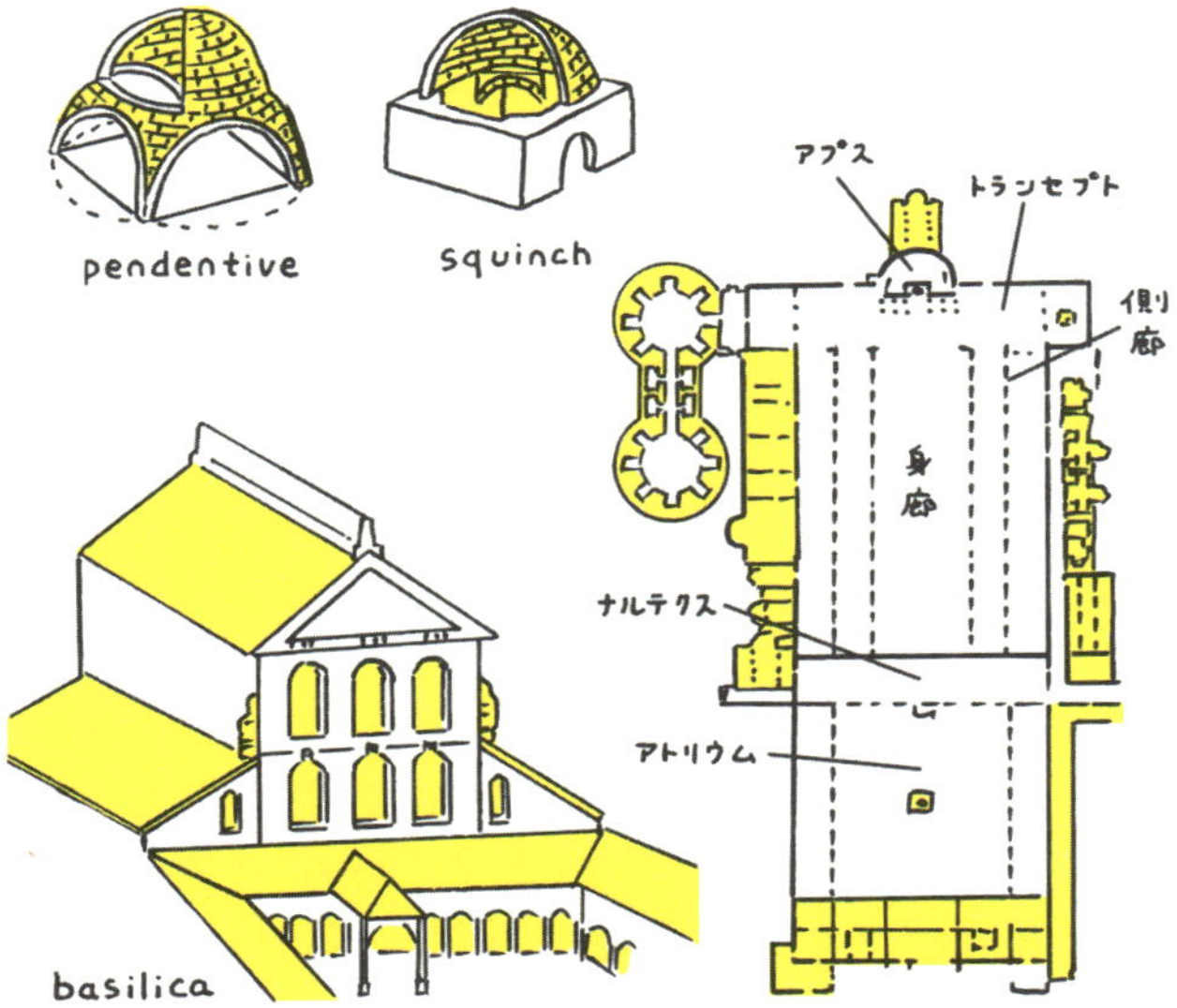

バシリカ教会は、列柱廊が巡るアトリウムを渡り、その先のナルテクスと呼ばれる玄関廊から入る。キリスト教の洗礼を受けた者だけがナルテクスを抜けられ、その先に身廊と、直行するトランセプト、半円形のアプスがある

３１３年、コンスタンティヌス帝によるミラノ勅令でキリスト教が公認されると、教会堂のあり方が模索されるようになる。そこでは、古代ローマの各都市で建設されていた「バシリカ」という集会施設に理想像が重ねられ、やがてバシリカ式教会堂が生み出された。サンタ・マリア・マッジョーレ聖堂は、その好例である。

３３０年、ローマはコンスタンティノープルへ遷都し、３９５年には東西に分裂する。西ローマ帝国はゲルマン民族をはじめとする諸民族の干渉を受け百年と続かなかったが、東ローマ帝

初期キリスト教建築の代表作

サンタ・マリア・マッジョーレ聖堂

設計：不明、改修：フェルナンド・フーガ

イタリア・ローマ、432〜440頃（13、17、18世紀に改築）

バシリカ式教会堂の一般的な形式は、列柱廊が巡るアトリウム、ナルテクスと呼ばれる玄関廊、高い身廊、低い側廊からなり、奥にはアプスと呼ばれる祭壇がある。天井は木造小屋組で、天井際の採光窓の列をクリア・ストーリーという。この聖堂は、四大バシリカの1つに数えられるキリスト教会堂で、たびたびの改造を受けているが、格天井の身廊など、初期キリスト教の室内をよく残している

建築史上の奇跡

アヤ・ソフィア

設計：アンテミウス、イシドロス（生没年不明）

トルコ・イスタンブール、532〜537

アヤ・ソフィアを手がけたアンテミウスは幾何学者として知られ、設計が明らかになっているのはアヤ・ソフィアのみである。彼は建築を「幾何学の具体物への適用」と述べ、532年にユスティニアヌス帝により選出、アヤ・ソフィアの設計にあたった。アンテミウスを助けたイシドロスもはじめは幾何学者だった。建設時は100人の親方と1万人の職人が働いたといわれ、その規模や空間の壮大さから「奇跡」と称されることも多い

国はその後千年にもおよぶ繁栄を極めた。そこで発展を遂げた建築が、ビザンティン建築である。

ビザンティン建築が課題としたのは、長方形のバシリカにどうやってドームを載せるか、ということであった。それまでにもヴォールト、スキンチ、トロンプといったさまざまな技術があったが、規模に限界があった。そこで考えられたのが、ドームを平面に外接して架けるペンデンティブという技術で、ドームの荷重が滑らかに四隅に集まるため、より大規模な架構、そしてより多くの窓を確保できた。初期キリスト教の伝統的バシリカ平面と神の存在を想起させるドームの融合を大規模に実現させたことが、ビザンティン建築の成果であり、アヤ・ソフィアはその傑作と名高い。

アトリウム＝前庭、ナルテクス＝玄関廊、トランセプト＝袖廊・翼廊・交差廊の意。ナルテクスは、異教徒の迫害を恐れた警戒の意味があったといわれる

地方色豊かな展開を見せた ロマネスク建築

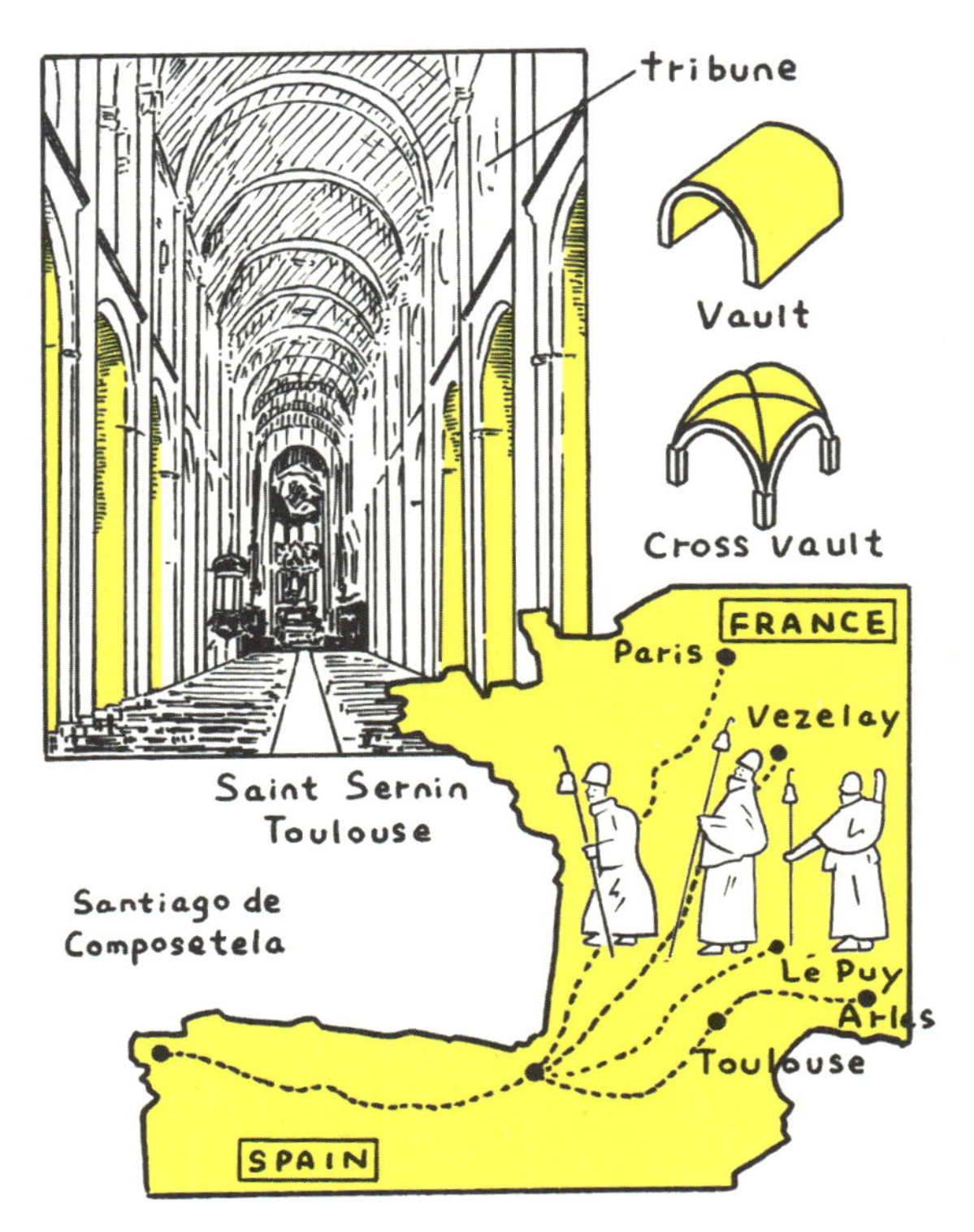

アーチを基本として、かまぼこ状に伸びるトンネル・ヴォールト、これを垂直に交差させた交差ヴォールトが、ロマネスク期に広まった。巡礼路は、フランスのパリ、ヴェズレー、ル・ピュイ、プロヴァンス（アルル）を起点とする4つが、スペインのプエンテ・ラ・レイナで合流する

11〜12世紀
西ヨーロッパ

ロマネスク建築は、カロリング帝国の分裂や蛮族※の侵入による混乱の後、紀元千年頃に開花した。ちょうど地方の独立と自治が自覚され、西ヨーロッパの原型ができた頃だ。そのためか、この様式は技術や材料の相違に伴い、地方色豊かな展開を見せた。また『ヨハネ黙示録』に由来する終末思想を背景とした、聖遺物崇拝や聖地巡礼ブームが起こり、クリュニー修道会がスペイン西端のサンティアゴ・デ・コンポステラ大聖堂をヨーロッパ最大の巡礼地に仕立て、巡礼路沿いの教会や修道院を所属させ、発展を遂げたのも、この

※西ゴート族・東ゴート族・ブルグンド族・フランク族といったゲルマン民族などが、ローマ人から「蛮族」と呼ばれていた

イタリア・ロマネスクの代表格

ピサ大聖堂

設計：ブシェート（生年不明〜1080頃）、ライナールド（12世紀）　イタリア・ピサ、1063〜1118

イタリアのロマネスクを代表する建築。五廊式・十字形の平面は、ファサードの銘板に名が残る建築長ブシェートの計画によるもの。一方ライナールドは、その後12世紀末に身廊を延長させ、ファサードを完成させた。赤と白の大理石がつくるストライプが印象的

バシリカの伝統を貫く

サン・ミニアート・アル・モンテ聖堂

設計：不明　イタリア・フィレンツェ、1018〜62

フィレンツェの街を一望する丘の上に建つ聖堂。木造天井の初期キリスト教のバシリカがもつ形式を踏襲している。その特徴的な断面は、異なる色の大理石でつくられたファサードによく現れている。建築家は伝わっていない

「清貧」を体現したロマネスク修道院の傑作

ル・トロネ修道院

設計：シトー修道会（1098設立）　フランス・プロヴァンス、1160〜1200頃

12世紀の神学者、聖ベルナルドゥスを指導者とするシトー会は、壮大で華麗なものを否定する禁欲的な理念をもつ。その精神を最もよく表し、かつ当初の建物がよく残されているのがル・トロネ修道院である。修道士たちは、創設地であるブルゴーニュの建築を手本にしたという

時代である。

巡礼路の起点を複数もつフランスのロマネスク建築は、身廊の構造から3つの類型をもつ。1つはトンネル・ヴォールトや交差ヴォールトを架け、トリビューンを設けたもので、巡礼路沿いの教会の多くはこれである。2つ目はトリビューンのないもの、3つ目はドームを連続させたもので、イスラムやビザンティン建築の影響が濃い。

一方イタリアでは、初期キリスト教建築、つまりバシリカの伝統が貫かれた。サン・ミニアート・アル・モンテ聖堂はその好例である。イタリアのロマネスク建築を代表するピサ大聖堂は、これに加えてイスラムやビザンティン、さらに古代ローマといったさまざまな建築の要素が、明るい大理石のファサードにおさめられている。

ル・コルビュジエ（114頁）は、ラ・トゥーレット修道院の計画時にル・トロネ修道院を訪れ、大きな影響を受けたといわれる

ゴシック建築

より高くより明るく、幻想的な空間を求めて

12世紀中頃～
15世紀頃
西ヨーロッパ

ゴシック建築は、柱間よりも大きな円を交差させた尖塔アーチや、ピア（大柱）に束ねられた小柱から連続して上昇感を生み出すリブ・ヴォールト、アーチが外に広がろうとする力を抑えるフライング・バットレス（飛梁）、バットレスの上に載るピナクル（小尖塔）といった、空間を高く、室内を明るくする技術が特徴

ゴシック建築は、12世紀中頃のイル・ド・フランス地方に端を発する。形態的な特徴は、尖塔アーチ、リブ・ヴォールト、フライング・バットレス（飛梁）の3つ。これらはロマネスク建築でも少し見られたが、ゴシック建築になると軽快な印象となり、大きなステンドグラスの開口が明るく幻想的な空間をつくるようになった。

初期ゴシック建築は、トリビューンなど、ロマネスク建築の要素を残して内部は4層になる例が見られたが、13世紀前半頃にはゴシックの典型的な事例、つまりアミアン大聖堂のような3

ゴシックの幕開け

サン・ドニ大聖堂

設計：シュジェール（1081〜1151）、ピエール・ド・モントルイユ（1200頃〜1267）
フランス・サン・ドニ、1140〜44［付属聖堂改築工事］・1231〜81［再建工事］

サン・ドニ修道院付属聖堂内陣は、ゴシックの幕開けを飾る建物。シュジェール修道院長の指揮で改築され、1144年に献堂された。モントルイユはその後、サン・ドニの再建を指示した建築家で、レイヨナン・ゴシックの代表的な作家とされる。彼の墓石には、「石工のマエストロ」と刻まれている

ドイツ式ゴシック建築

ザンクト・マルティン聖堂

設計：ハンス・シュテートマイヤー（1350頃〜1432）　ドイツ・ザンクト・マルティン、1380頃〜1500頃

シュテートマイヤーは、身廊と側廊が同じ高さをもつハレンキルヘ形式を手がける、ゴシック期の代表的な建築家。ザンクト・マルティン聖堂は彼の代表作であり、彼自身もこの聖堂に眠る

ゴシック大聖堂の代表格

アミアン大聖堂

設計：ロベール・ド・リュザルシュ（1160〜1228）　フランス・アミアン、1220〜1410頃

アミアン大聖堂は、古典ゴシックの代表として知られる。1118年に火災に遭い、リュザルシュが再建プランを提出し、正面ファサードの建設にあたった。その後、トマ・ド・コルモン、その息子ルノーがプランに忠実に身廊の建設を続けたとされる

層の内部空間が登場した。これを古典ゴシックというが、その結果、高窓層が拡大し、内部はいっそう明るくなった。古典ゴシックは、次第に高さや華やかさへの欲求が高まり、円を基本に放射状のトレーサリーを入れたレイヨナン式、14世紀後半には構造を覆った装飾が炎を想起させるフランボワイヤン式も生まれた。

ゴシック建築はフランスから周辺国へと広まっていったが、13世紀にゴシックが導入されたドイツでは、身廊と側廊を同じ高さにしたハレンキルヘと呼ばれる形式が一大発展を遂げた。側廊まで含む大きな切妻屋根が架けられ、結果として広間のような大空間が得られた。ザンクト・マルティン聖堂は、その好例である。

ゴシックの語源はゲルマン系民族のゴート族に由来する。「野蛮な」といった意味の蔑称だったが、その後中世の美術様式として確立していった

ルネサンス期の建築家

—

Filippo Brunelleschi
Leon Battista Alberti
Donato Bramante
Michelangelo Buonarroti
Mimar Sinan
Giulio Romano
Andrea Palladio
Inigo Jones
Postnik Yakovlev

—

ルネサンス様式の創始者

フィリッポ・ブルネレスキ

1377〜1446
イタリア

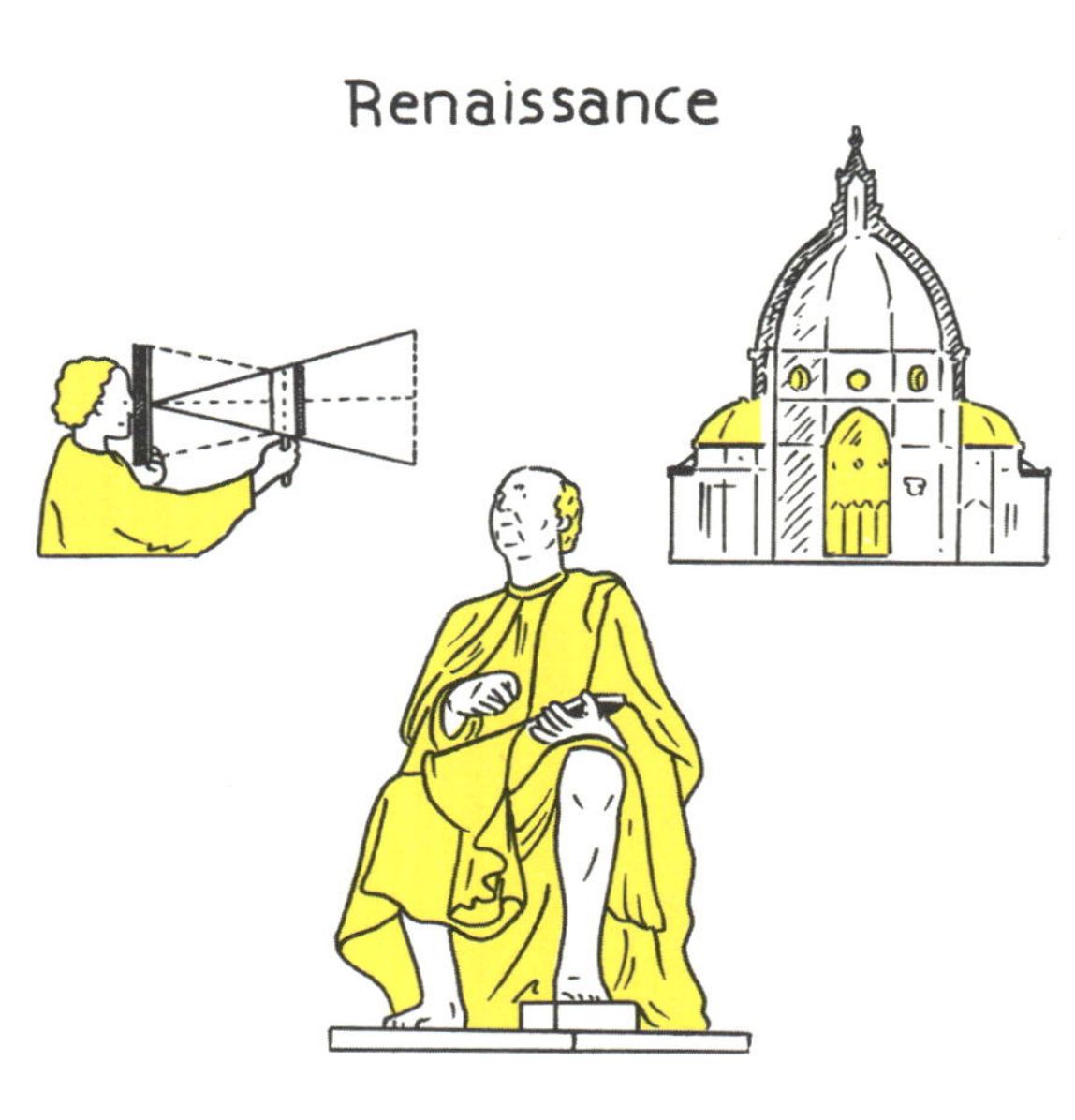

ブルネレスキが考案した、サンタ・マリア・デル・フィオーレ大聖堂ドームの八角形の二重殻構造では、内側の壁が外側の壁よりも厚く、かつ十分な間が空いており、内側の壁が外側の壁を支える仕組み

フィリッポ・ブルネレスキは、イタリア・フィレンツェ生まれの建築家であり、ルネサンス様式の創始者とされる。また最初に透視図法を用いたともいわれ、広義における近代的な建築芸術の扉を開いた人物である。

ブルネレスキは、はじめ、金銀細工師、彫刻家として出発したが、1418年のサンタ・マリア・デル・フィオーレ大聖堂のドームの設計競技において、八角形の二重殻構造案で当選し、建築家に転向することとなった。その後、彼が設計した捨子保育院では、コリント式円柱、半円アーチ、エンタブラチュア、ペディメントなどの古典的モチーフが用いられ、建築史上、最初のルネサンス建築と位置づけられている。

さらに、聖スピリト聖堂では、側廊の幅を基準とした比例関係が内部空間全体に適用され、極めて合理的

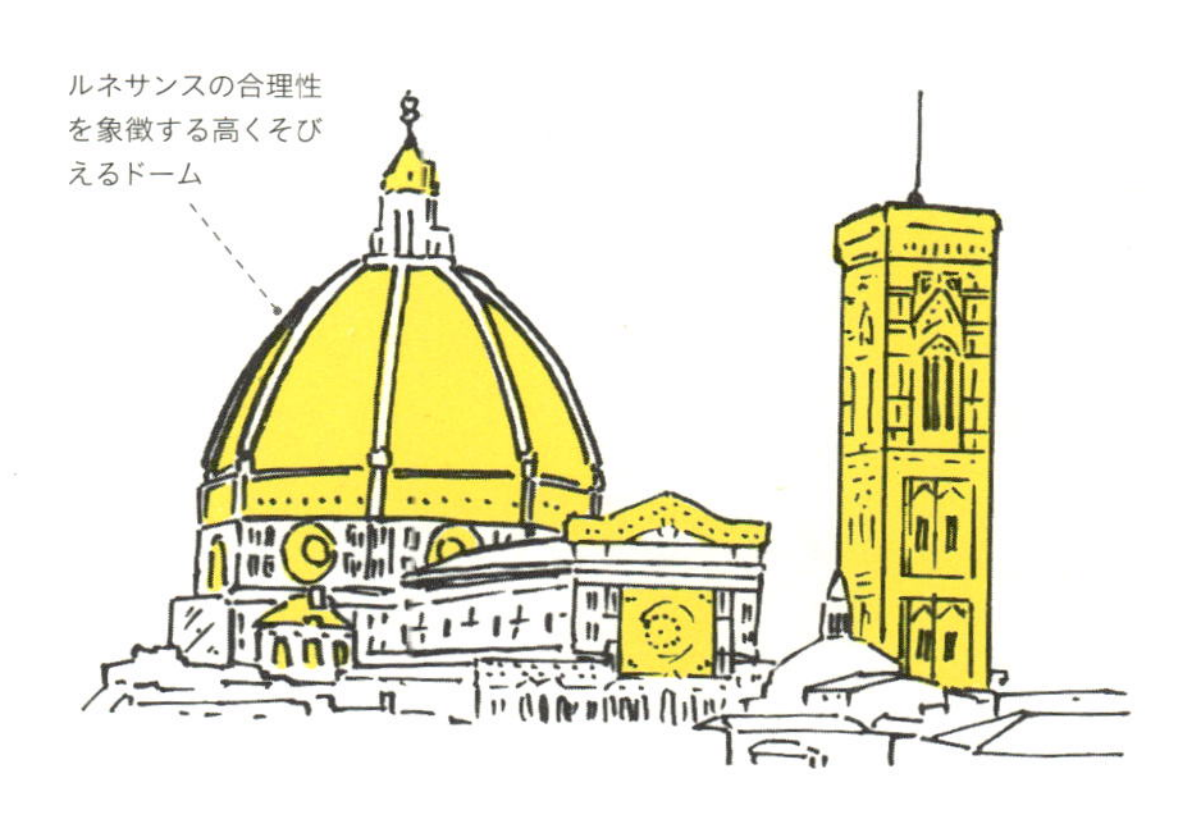

フィレンツェのシンボル
サンタ・マリア・デル・フィオーレ大聖堂のドーム
(イタリア・フィレンツェ、1420～36)

ルネサンス期フィレンツェのシンボルともいえる建築。建築そのものは1296年に起工されたものの、前例のない大規模なドーム架構は極めて困難であり、1418年にドームの設計競技が行われた。この競技に勝利したのがブルネレスキの案で、地上55～120mまでの高さの大ドームをフィレンツェの街に出現させた

古典的モチーフで彩られた最初のルネサンス建築
捨子保育院
(イタリア・フィレンツェ、1419～45)

細い柱、緩やかな半円アーチによって構成された軽やかで開放的なロッジア（開廊）と、コリント式円柱、エンタブラチュア、ペディメントなどの古典的なモチーフが配置されたファサードをもつ。鈍重なゴシックの世界から飛翔し、ルネサンスの幕開けを告げた建築である

な設計がなされた。その平面は、ラテン十字形を基本としながら、袖廊や内陣を含めすべての方向に側廊を巡らせ、交差部上にドームを載せることで集中堂のような形式をとり、古代ローマ建築を想起させるものとなっている。また、聖マリア・デッリ・アンジェリでは、八角形の平面が採用され、完全なる集中堂空間の構築が試みられた。こうした発想は、彼のローマ訪問に基づくものであるといわれ、合理性と古典古代の文化を重要視する、ルネサンスの黎明を告げるものであった。

Profile
Filippo Brunelleschi

1377年	イタリア・フィレンツェに生まれる
1402～09年頃	ローマを訪問
1404年	絹織物業組合の正会員となる
1413～16年頃	透視図法的表現を用いた板絵を制作
1418年	サンタ・マリア・デル・フィオーレ大聖堂のドームに関する設計競技に参加
1419～45年	捨子保育院
1434～36年頃	聖スピリト聖堂
1435年	聖マリア・デッリ・アンジェリ起工（1437年に工事中断）
1446年	フィレンツェで死去

ブラマンテは彫刻家として、フィレンツェ洗礼堂門扉の制作競技に参加したが、ロレンツォ・ギベルティに敗れ、その後建築家に転向した。競技の作品「イサクの犠牲」は、現在バルジェロ美術館に収蔵されている

あらゆる学問に精通したルネサンス最初期の建築家

レオン・バッティスタ・アルベルティ

1404～1472
イタリア

ウィトルウィウスの『建築十書』に影響を受けたアルベルティは、ブルネレスキ（22頁）が用いた透視図法を理論化するなど、芸術理論の礎を築いた

レオン・バッティスタ・アルベルティは、フィレンツェの名家に生まれ、建築、絵画、彫刻、文学、家庭経済、数学など、あらゆる分野に精通した人物である。それと同時に、人文主義者として活躍しながら建築に携わる最初のディレッタント※建築家としても位置づけられている。建設とデザインを明瞭に区別し、施工ではなくデザインそのものに建物の原作者の個性を見出す、新しい建築家像を体現した人物でもあった。

アルベルティはさまざまな分野で論考を残したが、とりわけ『絵画論』と『建築論』は、ルネサンスの規範に基づく芸術理論を構築した著作として、極めて重要である。『絵画論』では、絵画の構成要素を点・線・面に還元する幾何学的な分析方法を述べながら、史上初めて遠近法の理論を提示し、ルネサンス以降の芸術理

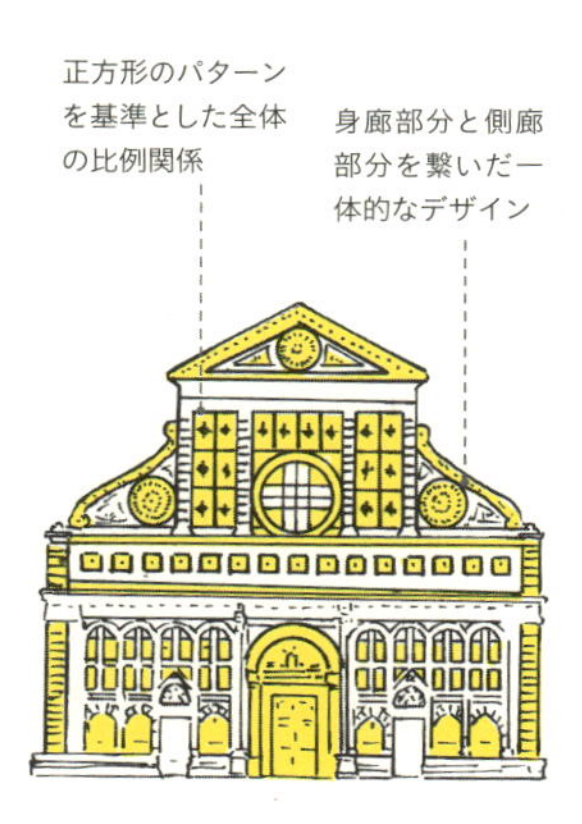

ファサードデザインの発明
パラッツォ・ルチェッライ
（イタリア・フィレンツェ、1446～51）

古代ローマのコロッセウムを参考に、3層に積層されたオーダーによって構成されている。ピラスター（付け柱）によってファサードを分節した初めての建築とされる。全体の調和が重視されたデザインだ

内外に調和を与えるリズミカルな空間
サンタンドレア教会
（イタリア・マントヴァ、1472～1732）

側廊部分に礼拝堂が並べられ、身廊の両側に閉じた礼拝堂と開いたベイが交互に付帯する構成となっている。建物全体が同じ比例とモチーフに基づいてデザインされている。アルベルティが最後に設計した作品

ルネサンスの合理性を表す比例関係
サンタ・マリア・ノヴェッラ教会のファサード
（イタリア・フィレンツェ、1456～70）

身廊と側廊の屋根のずれを渦巻状のパターンで繋ぎ、古典古代の神殿のような一体的なファサードを創出した。全体が正方形の比例関係で設計され、ルネサンスの合理的な価値観が表れている

論の礎を築いた。その後著した『建築論』では、古代ローマの建築家・ウィトルウィウスの理論書『建築十書』（13頁）や遺跡の研究を通して、古典古代の建築の美的規範が厳密な比例関係にあることを発見した。実際にサンタ・マリア・ノヴェッラ教会のファサードなどでは、正方形のパターンを基準とした比例関係に基づいてデザインしている。自身の建築理論を実際の建築設計に適用し、ルネサンスの精神を建築様式として形象化することに成功したのだ。

Profile

Leon Battista Alberti

1404年	イタリア・ジェノバに生まれる
1418年～	ボローニャで学ぶ
1428年	アルベルガティ卿についてヨーロッパを旅する
1431年	ローマで古代の建築などを学ぶ
1434～35年	フィレンツェを訪れる
1435年	『絵画論』出版
1446～51年	パラッツォ・ルチェッライ
1452年	『建築論』出版
1456～70年	サンタ・マリア・ノヴェッラ教会のファサード
1472年	ローマで死去
1472～1732年	サンタンドレア教会

※文学、美術をはじめとしたあらゆる学問・芸術一般の愛好家のこと

Leonardo da Vinci

Donato Bramante

ルネサンス盛期、ブラマンテと同時代の芸術家に「万能人」ことレオナルド・ダ・ヴィンチ（1452～1519）がいる。彼はウィトルウィウスの『建築十書』（13頁）を参照しながら、人体の理想的な比例関係を示すドローイングを残した

古代の美を蘇らせた盛期ルネサンス建築の創始者

ドナト・ブラマンテ

1444頃～1514
イタリア

ドナト・ブラマンテは、イタリア中部の都市ウルビーノ近郊に生まれ、１４７７～99年頃まではおもにミラノで、１４９９～１５１４年頃はローマで活躍した。16世紀にはすでに稀代の建築家として評価されていた、盛期ルネサンス様式の創始者である。

ブラマンテは画家として活動を始めたものの、次第に建築への関心を強め、建築の計画に関わるようになった。ミラノで始まった建築家活動の当該期の作品としては、サンタ・マリア・プレッソ・サン・サーティロ聖堂がある。この作品では狭い敷地条件の中で、透視画法を応用した浮き彫りを内陣部分に施すことで、深い奥行きがあるかのような錯覚が企図されている。

１４９９年にローマに移ると、彼の作風は厳格で荘重なものへと大きく変わっていった。厳密な比例関係

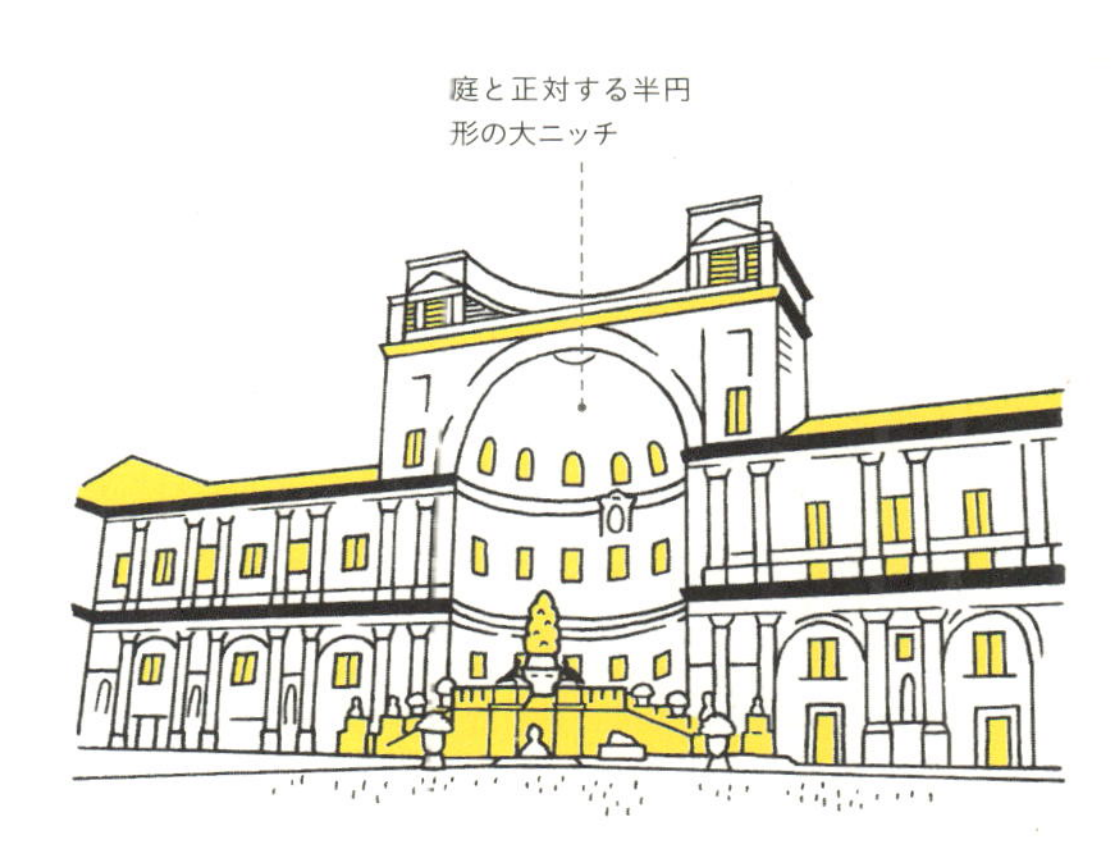

庭園デザインに影響を与えた力動的な空間構成

ベルヴェデーレの中庭

(イタリア・ローマ、1504〜85)

ブラマンテの設計案では、細長く広大な敷地で、その長軸方向に沿いながら階段状のテラスが上昇して北端のテラスへと達し、北端テラスの最奥部には半円形の大ニッチをもつ美術館が位置するという力動的な空間構成であった。しかしブラマンテの死後、設計案が変更され中庭の規模も縮小された

古典古代の建築と並び称賛された完全調和の世界

サン・ピエトロ・イン・モントリオ教会(テンピエット)

(イタリア・ローマ、1502〜10)

オーダーや建物の形態に古典古代のモチーフが用いられながら、建物全体に同一の単純な比例が適用された。直径8m、高さ5m程度という小さな円堂に、完全な調和が構築されている

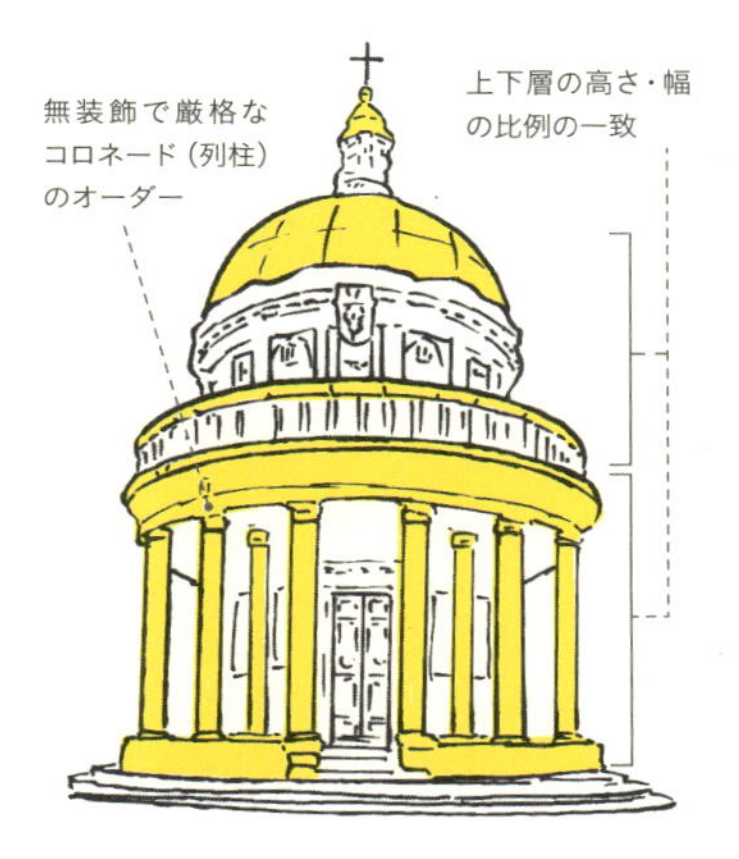

Profile

Donato Bramante

1444年頃	イタリア・ウルビーノ地方に生まれる
1477年頃	ミラノに移る
1492年	サンタ・マリア・デッレ・グラツィエ
1499年	ローマに移る
1502〜10年	サン・ピエトロ・イン・モントリオ教会
1504年頃	ベルヴェデーレの中庭着工
1505年	サン・ピエトロ大聖堂の計画案作成
1506年	教皇ユリウス2世よりサン・ピエトロ大聖堂の建築主任に任じられる
1514年	ローマで死去

や古典古代への関心を研ぎすませていき、やがて盛期ルネサンスの始まりが告げられることとなる。その到達点といえるテンピエットは、ルネサンスの規範となっていた古典古代の建築に比肩する当代最初の建築として、16世紀の建築家であるアンドレア・パラディオ(34頁)から最大級の賛辞を受けた。芸術分野において当時から指導的な立場を担いながら、後続するマニエリスムの時代の建築家にも多大なる影響を与えた人物といえよう。

サン・ピエトロ大聖堂は、もとは326年に献堂されていたが、ルネサンス期に改築が計画された。ブラマンテが建築主任に任命された後、ラファエロ、ペルッツィ、サンガロ、ミケランジェロ、マデルナらが工事を引き継ぎ、17世紀まで続いた

西洋美術史に君臨する「神のごとき」芸術家

ミケランジェロ・ブオナローティ

1475～1564
イタリア

建築以外にも、ダヴィデ像（左）、システィーナ礼拝堂壁画（上・アダムの創造）、ラウレンツィアーナ図書館の閲覧席（右上）、ピエタ像（右下）など、さまざまな傑作を残した

ミケランジェロ・ブオナローティは、イタリア・フィレンツェ近郊のカプレーゼ生まれの建築家であり、盛期ルネサンスとマニエリスム期の2つの時代を代表する人物である。彫刻、絵画、建築といったさまざまな芸術分野において活躍し、同時代の画家・建築家であるジョルジョ・ヴァザーリに「神のごとき」人物と称賛されるなど、当時から神格化されるほど卓越した才能を見せた芸術家であった。

ミケランジェロは、幼少の頃より芸術の才能を見出され、メディチ家当主であるロレンツォ・デ・メディチの庇護を受けた。フィレンツェにおける建築作品の初期代表作の1つが、ラウレンツィアーナ図書館前室である。ここでは、盲窓（めくらまど）※、壁にめりこんだ柱、部材を支持しない持ち送りなど、古典的規範にとらわれない、

※光や風を通すことのない装飾的な窓

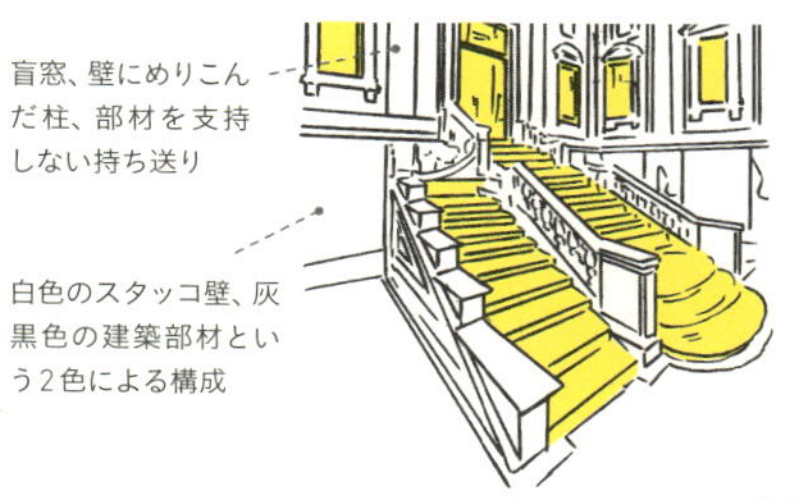

ミケランジェロ初期代表作

ラウレンツィアーナ図書館

（イタリア・フィレンツェ、1523～34）

メディチ家の蔵書館であり、閲覧室に通じる前室をもつ。幅・奥行き10m、高さ15mと縦に長い空間であり、図書館全体の細長く低い静かな空間との対比がなされている

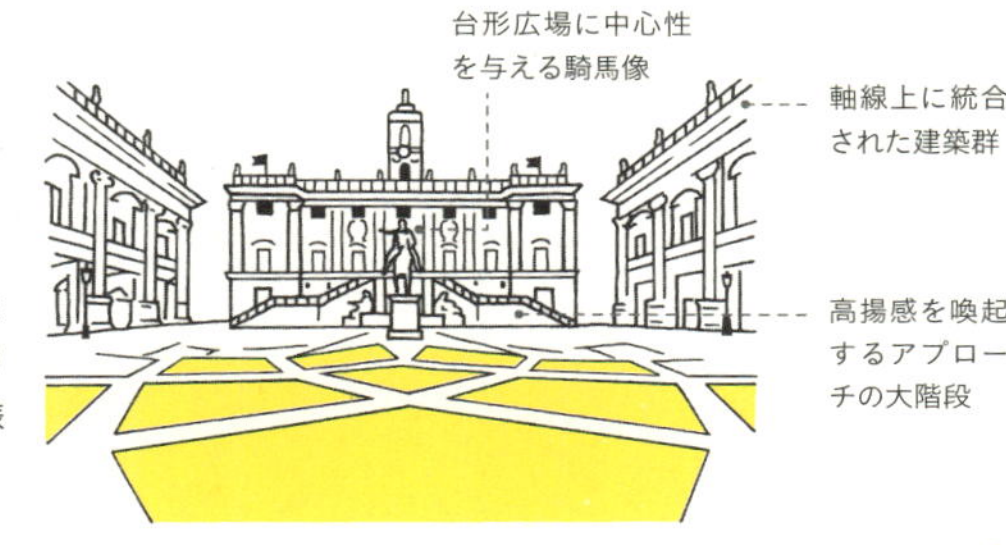

バロック期の到来を予感させる

カンピドリオ広場

（イタリア・ローマ、1536頃～1655）

カンピドリオの丘の上にある広場。アプローチとしての大階段、広場中央の騎馬像、広場を取り囲む建物が軸線上に統合されており、動的な様相を呈するバロック広場のあり方を切り拓いた

数々の建築家たちが挑んだ大ドーム

サン・ピエトロ大聖堂のドーム

（イタリア・ローマ、1546～90頃）

サン・ピエトロ大聖堂は、ブラマンテ設計のもと1506年に着工されたが、ブラマンテの死後、主任建築家が数度変更され、1546年にミケランジェロが後継者に任命された。彼は、高いドラム、尖塔形のドームを採用し、より動的な形態とした

マニエリスム的で自由な空間が創出されている。

晩年にはフィレンツェを去り、ローマでサン・ピエトロ大聖堂やカンピドリオ広場などの設計を行った。サン・ピエトロ大聖堂では、高いドラム（円筒状の石材）にドームが載せられ、動的な演出がなされている。これは、バロック時代の黎明を予感させるものでもあった。このようにミケランジェロは、ルネサンス、マニエリスム、バロックと長きにわたる時代の変化を察知し、その変化を芸術に顕現させていったのである。

Profile

Michelangelo Buonarroti

1475年	イタリア・カプレーゼ近郊で生まれる
1488年	画家ギルランダイオのもとで絵を学ぶ
1489年	メディチ家の庭で彫刻家として訓練を受ける
1496年	ローマへ移る
1504年	ダヴィデ像
1508～12年	システィーナ礼拝堂壁画
1520～34年	メディチ家の礼拝堂
1523～34年	ラウレンツィアーナ図書館
1535年	パウルス3世によりバチカンの法王画家、彫刻家、建築家に任命される
1536頃～1655年	カンピドリオ広場
1546年	パラッツォ・ファルネーゼ
1546年～	サン・ピエトロ大聖堂
1561年	ポルタ・ピア
1564年	ローマで死去

ミケランジェロはカプレーゼ村へ派遣された執政官の父のもとで生まれ、その出生記録が残されている。現在ではミケランジェロにあやかり「カプレーゼ・ミケランジェロ」と地名が変更されている

ミマール・スィナン

半世紀にわたりオスマン帝国に仕えた宮廷建築家

1494頃〜1588
アナトリア中部

モスク（トルコ語でジャーミィ）は礼拝所としてはもちろん、集会所や学校のような役割ももっていた。イスラム建築におけるモスク形式の主流は多柱式だが、オスマン帝国のモスクは、礼拝室中央にドームを備えた形式が多く採用された

ミマール・スィナンは、イスラム建築史の中でひときわ目を引く建築家だ。約50年間にわたってオスマン宮廷の主任建築家を務め、3人ものスルタン（イスラム世界の君主）に仕えた。彼は、オスマン家の人びとはもちろん、地方長官、大商人までをパトロンとし、イスタンブールを中心に東欧や大シリアなどの広範囲で、400とも500ともいわれる建造物を手がけた。そんな中で、スィナン自ら芸術上の最高傑作と位置づけたのが、セリミイェ・ジャーミィである。4基のミナレットの内側には、1辺40mを超える礼拝室を設け、直径約31m、高さ42mの巨大なドームが架けられた。視線の高さからドームまで均等に配された開口部は384を数え、礼拝室を均一な光で満たしている。

これほどの巨大建築をなぜ手がけることができたの

スィナンが認めた最高傑作

セリミイェ・ジャーミィ

（トルコ・エディルネ、1568〜74）

オスマン皇帝セリム2世の命で建設されたジャーミィ（モスク）。イスラムのモスクは多柱式が基本だが、オスマン帝国ではドームがよく採用されている。このモスクの平面形は、下から四角形、八角形、ドームと続き、四隅には半ドームが設置されている

四隅に建つ塔をミナレットと呼ぶ。「火を灯す場所」の意
開口部がドームを一周することで、軽快な内部空間が得られた

橋の全長は179.5m、11〜15mのスパンをもつ11のアーチからなる

側壁や中央壁に設けられたアーチ装飾は先の尖った尖塔アーチ

アーチ基部の補強は、川上側が三角形、川下側が円形平面になっている

オスマンが誇る高度な土木技術

ソコルル・メフメト・パシャ橋

（ボスニア・ヘルツェゴビナ、ヴィシェグラード、16世紀末）

オスマン帝国の大宰相ソコルル・メフメト・パシャの命を受け、イスタンブールから北西約850kmの場所にスィナンが手がけた橋。2007年には、オスマン帝国の建設技術の水準の高さを示すものとして、世界遺産に登録された

か。それは、オスマンの建築家たちが軍事上の遠征に同行したことに1つのヒントがある。遠征先で彼らは街道や橋梁、水路といった土木スケールの設計や建設に従事していた。もともとスィナンも軍隊の工兵であり、遠征に同行する中で出世し、宮廷の主任建築家にまで駆け上った人物なのだ。スィナンの手がけた作品を見ると、そうした土木スケールを扱った技術や、さまざまな土地で得たアイデアなど、軍隊での経験がよく現れているようだ。

Profile

Mimar Sinan

1494年頃	アナトリア中部のカイセリで生まれる
1512年	徴兵されイェニチェリ軍団に入隊、工兵となる
1539年	オスマン帝国宮廷主任建築家に任命される
1557年	スレイマニエ・モスク
1560年頃	マグロヴァ水道橋
1570年頃	エディルネカピ・ミフリマ・モスク
1572年	カドゥルガ・ソコルル・モスク
1568〜74年	セミリイェ・モスク
1588年	イスタンブールで死去

イスラム世界では建築家の存在は薄く、パトロンの名前だけが残ることが多い。公的な歴史書には登場しないものの、名前の残るスィナンはそれだけ異例の存在だったといえ、スレイマン大帝の葬儀を描いた細密画の中に、納棺の先達者としても描かれている

ジュリオ・ロマーノ

マニエリスムを開拓した自由で幻想的な表現者

1499？～1546
イタリア

パラッツォ・デル・テは、「プシケの間」「巨人の間」「馬の間」（マントヴァは馬の名産地で有名だった）など、部屋ごとに施された壁画の見事さでも知られる

ジュリオ・ロマーノは、イタリア・ローマ生まれの建築家であり、画家としても活躍した。「マニエリスム」という表現様式を切り拓いた人物として、歴史的に高い評価を受けている。マニエリスムとは、16世紀ヨーロッパ建築の代表的な様式であり、バランスと調和を重視したルネサンス様式に対し、バランスを崩す不調和を志向する点に特色がある。

ロマーノは、盛期ルネサンスを代表する建築家・画家の1人であるラファエロ・サンティの弟子として芸術活動を始め、ラファエロの助手を務めながら、ヴァチカン宮殿の壁画装飾やヴィラ・マダガの建造に参加した。その後、マントヴァ公フェデリゴ・ゴンザーガ2世に招かれて宮廷美術家となり、離宮パラッツォ・デル・テを生み出した。これは、ロマーノが建築設計

古典的規範にとらわれない幻想的な離宮

パラッツォ・デル・テ

（イタリア・マントヴァ、1535）

ゴンザーガ家の離宮として建てられた。古典的法則や比例にとらわれない自由さ、幻想性をもち、ロマーノの最高傑作ともいわれる。建物の中庭側の壁面では、柱間のトライグリフ（柱頭に載る水平材・アーキトレーブと、そのさらに上方にある水平材・コーニスを繋ぐ鉛直要素）が1枚ずつ落ち、それに伴いトライグリフの直下に位置するアーキトレーブも、部分的にずれ落ちるという、構造的な意味を剥奪するかのような不思議な形態操作がなされている

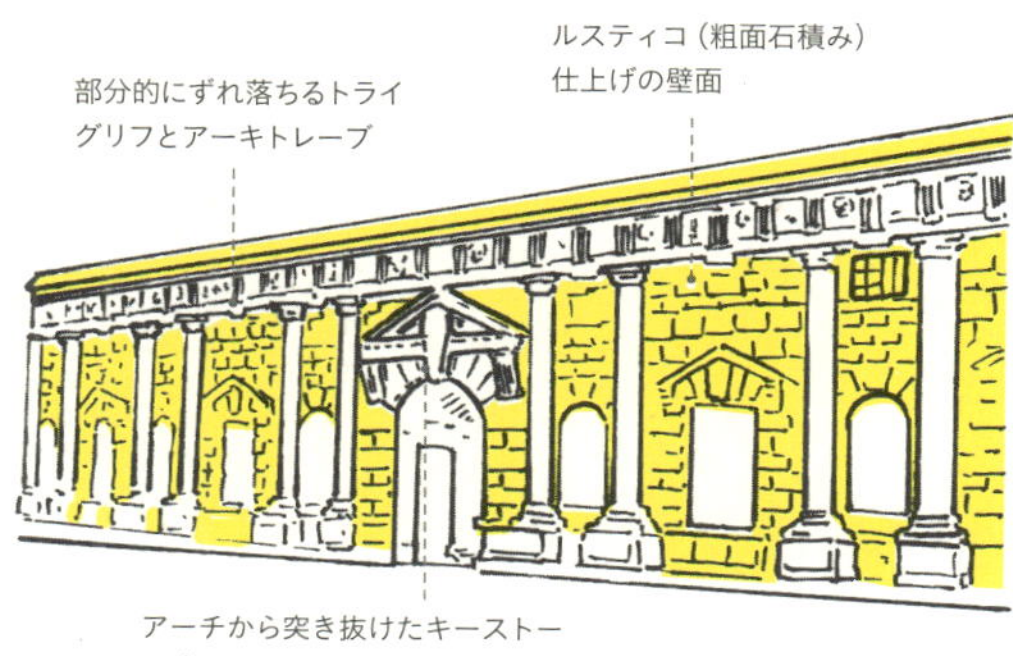

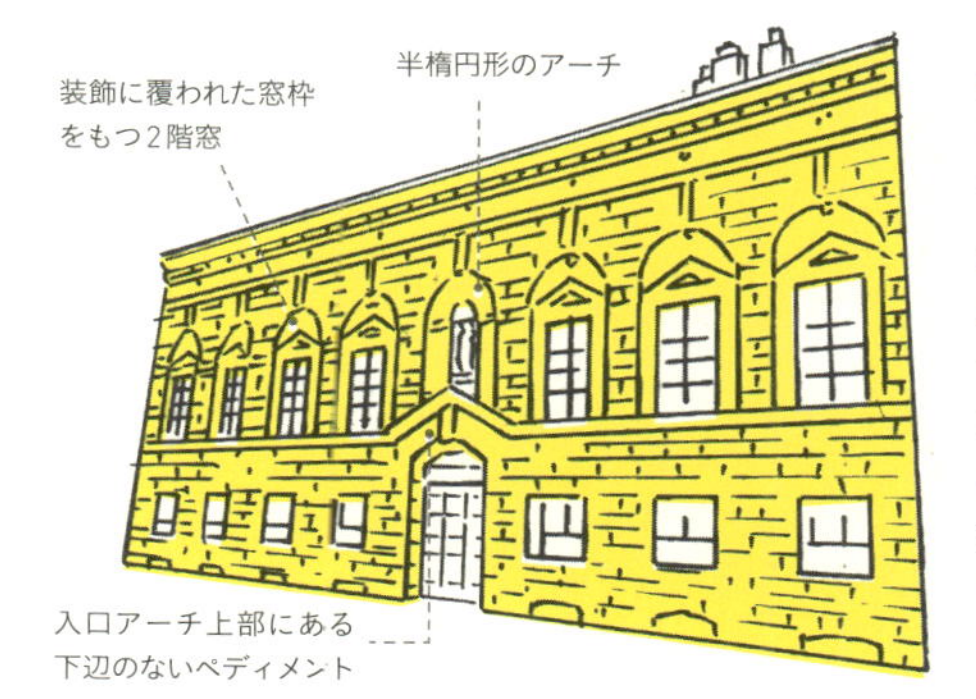

自由な手法が散りばめられたマニエリスムの代表作

ロマーノ自邸

（イタリア・マントヴァ、1544頃）

ロマーノ晩年の作品。彼の様式の円熟を物語る、マニエリスムの特徴をよく示す建築。外観全体は極めて端正にデザインされながらも、方形の1階窓、装飾に覆われた窓枠をもつ2階窓、円柱に支持されることのないエンタブラチュア、半楕円形アーチの入口など、古典的な規範から脱した自由な造形要素が散りばめられている

と装飾を行ったものであり、彼の最高傑作との呼び声も高い。また、ロマーノが晩年に設計した自邸は、全体としては端正な外観をもちながらも、規範から逸脱した窓枠構造など自由な形態を有しており、マニエリスム様式と古典との関係を示す好例といわれている。

彼の生み出したデザイン手法は、ミケーレ・サンミケリやセバスティアーノ・セルリオ、アンドレア・パラディオ（34頁）ら、マニエリスム期の建築家に大きな影響を及ぼした。

Profile

Giulio Romano

1492年または1499年	イタリア・ローマに生まれる
1518年	ヴィッラ・ランテ
1524年	マントヴァへ移る
1530年	チッタデッラ（城塞）地区の門
1535年	パラッツォ・デル・テ
1539年頃	ラ・ルスティカ
1544年頃	ロマーノ自邸
1546年	マントヴァで死去

『美術家列伝』の著者ジョルジョ・ヴァザーリは、パラッツォ・デル・テの「巨人の間」を「窓だけはちゃんとしているのだが、（中略）何もかもが頭上にふりかかってくるといった恐怖感にとらわれざるをえない」と評した

ルネサンス期最後の偉大な建築家
アンドレア・パラディオ

1508〜1580
イタリア

パラディオの著書『建築四書』は、建築構造・設計法とオーダーについて述べた第1書、パラディオの住宅作品集の第2書、古代建造物・古代神殿についての第3・4書からなる

アンドレア・パラディオは、イタリア北東部の都市パドヴァ生まれの、ルネサンスを代表する建築家。後世の建築家に多大なる影響を与えた、建築史上極めて重要な人物である。

パラディオは1541年以降、たびたびローマを訪れ、古代ローマの遺跡や当該期の建築家ウィトルウィウス（13頁）の研究を行い、古代ローマの案内書や古典風の劇を書いた。こうした古代への豊かな知識は、厳格で古典を重んじる彼の建築の作風へ結実していった。

彼の作品はイタリアのヴィチェンツァやその周辺に多く存在し、その大半がパラッツォ（都市の宮殿）かヴィラ（田舎の別荘）である。その特徴は、古典的モチーフの重視に加えて、ボリューム（量感）でなく面によって建築を捉える「書割的」な造形にあるといわれて

古代神殿の趣をもつ正方形のヴィラ
ヴィラ・アルメーリコ・カプラ（ヴィラ・ロトンダ）
（イタリア・ヴィチェンツァ、1566～70）

中央に円形のホールをもつ正方形平面の建物の四辺に、イオニア式円柱のポーチが付されており、その外観は古代神殿を想起させる。まさに、パラディオの理想が結実した建築である

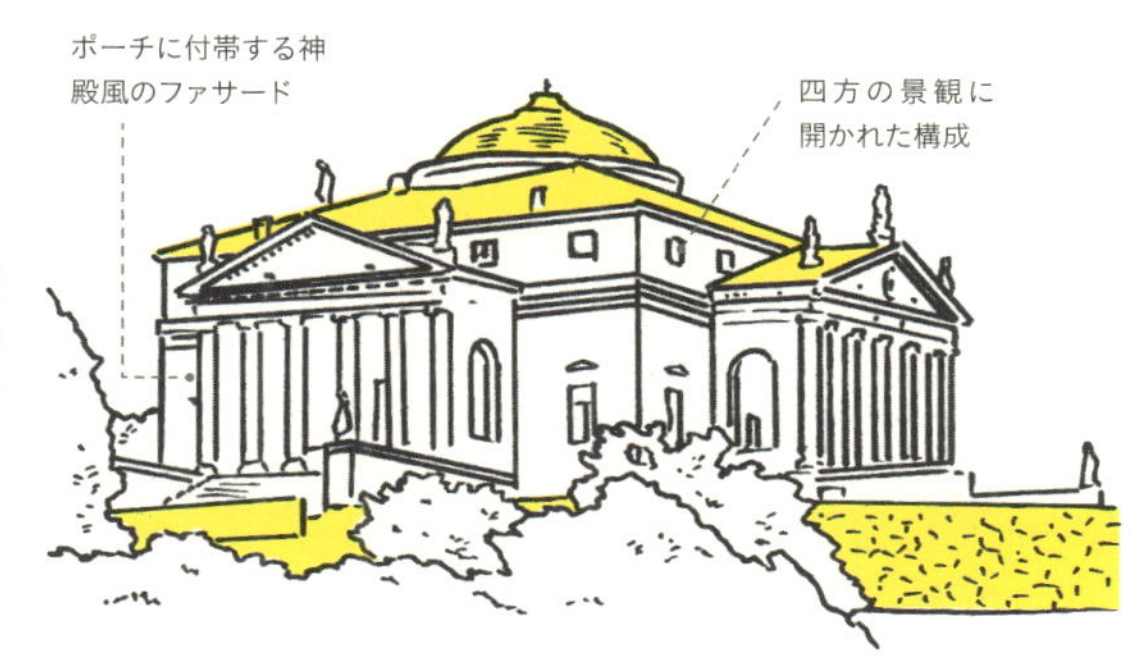

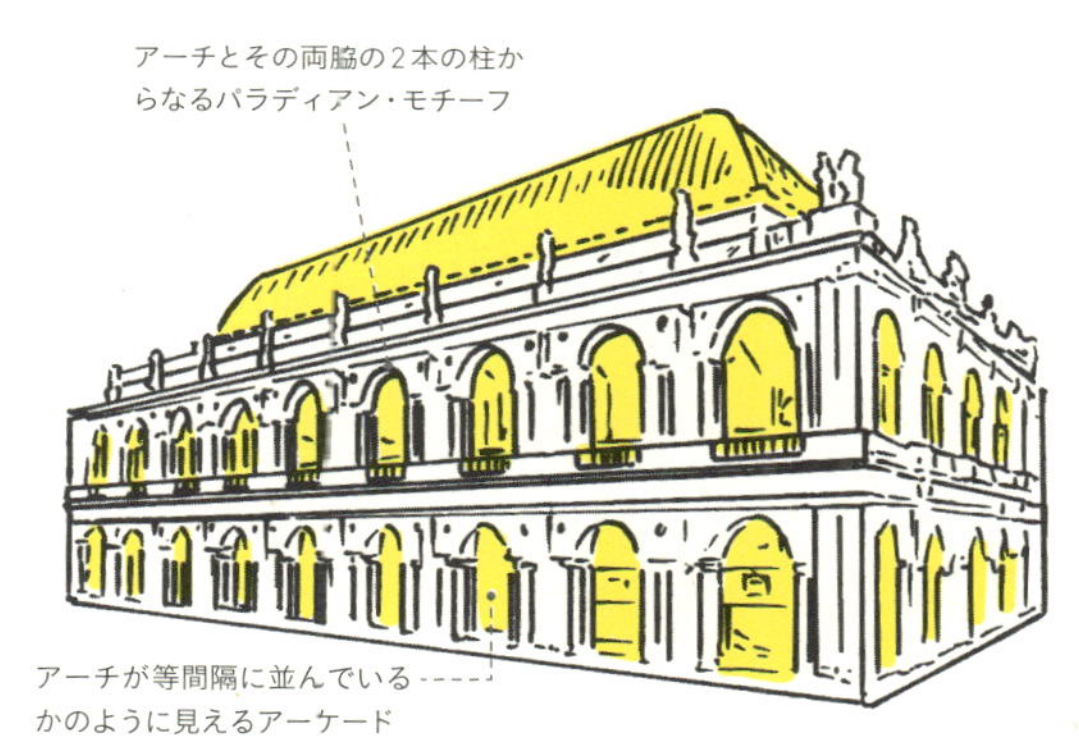

中世建築からルネサンス建築への転換
バシリカ・パッラディアーナ（パラッツォ・デッラ・ラジョーネ）
（イタリア・ヴィチェンツァ、1549～1614）

1444年建造の市庁舎ホールを改築した建物。それぞれ異なる窓間隔をもつ既存の中世建築を、同一の大きさのアーチが並ぶアーケードで覆った。アーチの両脇が2本の柱によって支えられているモチーフを「パラディアン・モチーフ」（「セルリアーナ」とも呼ばれる）という

いる。例えば彼の代表作の1つであるヴィラ・ロトンダでは、正方形の対照な平面の四辺にポルティコ（列柱型ポーチ）が付帯することで、その外観は古代ローマの神殿を想起させる。また、ポルティコという半屋外空間の存在により、閉じた印象は弱められ、列柱とその奥の壁面からなる複合的な外観が形成されている。

晩年には、自身の作品と建築論をまとめた『建築四書』を出版し、後に「パラディオ主義」と呼ばれる態度・考え方の形成へと繋がっていった。

Profile
Andrea Palladio

1508年	イタリア・パドヴァに生まれる
1521年	パドヴァの彫刻師のもとへ、石工として徒弟修業に出される
1530年	石工親方として自らの工房を構える
1538年	ジャンジョルジョ・トリッシノを訪ね、後に「パラディオ」と命名される
1540年	「建築家」としての公的資格を得る
1541年	トリッシノとともに古代ローマ建築を学ぶためローマへ行き、以降、たびたびローマを訪ねるようになる
1549～1614年	バシリカ・パッラディアーナ
1556年	ヴィチェンツァのアカデミア・オリンピカの創立メンバーとなる
1566～70年	ヴィラ・ロトンダ
1570年	ベネチア共和国首席建築家の地位を得る、『建築四書』出版
1580年	ヴィチェンツァあるいはマゼールで死去

ル・コルビュジエ（114頁）はヴィチェンツァやベネチアを訪れ、バシリカやヴィラ・ロトンダのディテールをスケッチ・設計手法を分析している。ヴィラ・ロトンダは雑誌「レスプリ・ヌーヴォー」でも紹介された

イギリスに古典主義をもたらした建築家

イニゴー・ジョーンズ

1573〜1652
イギリス

ジョーンズは、パラディオの建築書を片手にローマを訪ねた。ヴィチェンツァでパラディオの建築作品に感銘を受け、パラディオの図面を収集し、イギリスへ持ち帰った

イニゴー・ジョーンズは、イギリス・ロンドン生まれの建築家であり、舞台芸術家としても活躍した。1597年頃と1613年頃の2度にわたってイタリアへ赴き、ルネサンス建築を研究し、古典主義建築を初めてイギリスにもたらした。彼の死後、18世紀イギリスでは、ルネサンスを代表する建築家アンドレア・パラディオ（34頁）と並び称され、その作風が参照された。

ジョーンズは当初、宮廷仮面劇のデザイナーとして仕事を始めたものの、ほどなくイギリスにおける主導的な建築家となり、1615年にはジェームズ1世により王室建築監査長に任じられた。イタリア・ルネサンスの影響を受けながらも、彼独特の端正な古典主義的な作風をつくりあげていった。

イタリアで古代建築の研究を行う中で、ジョーンズ

端正で厳格な古典主義建築

パンケティング・ハウス

（イギリス・ロンドン、1619～22）

中世の宮殿であるホワイトホールに増築された、宮廷催事のための建物。正面ファサードは7ベイで構成され、前方に張り出している中央3ベイでは3/4柱が、ほかのベイではピラスター（付け柱）が用いられている。ファサード上層の窓の上に花綱飾りや人面彫刻がある以外には装飾は用いられず、端正で厳格な印象を与えている

独創的で簡素な箱形の建築

クイーンズ・ハウス

（イギリス・グリニッジ、1616～35）

ジェームズ1世の皇后のために、グリニッジ宮殿の敷地内に建てられた。もともとは、道の両側に2つの棟を配置し、両者を2階レベルで繋ぐ構成であったが、現在は2棟が一体化されている。ファサードは、中央が張り出すパラディオ風のものであるが、単純化された平滑な壁面、頂部のバラストレード（欄干）により、箱形の外観に整えられている。こうした特徴は、17世紀において極めて独創的なものであった

は当時の建築、とりわけパラディオ建築に大きな影響を受け、パラディオの図面集を収集した。ここからジョーンズは合理的法則に従い、建物全体を1つのまとまりとして捉える視点を身に付けながら、装飾が抑えられた簡素で威厳のある外観と、装飾豊かな内部の対比による独自の設計手法を創出していった。こうした作風は当時のイギリス建築界の中で極めて個性的であるとともに、18世紀にイギリスで興隆するパラディアニズム（パラディオ主義）の礎となっていった。

Profile

Inigo Jones

1573年	イギリス・ロンドンに生まれる
1597～1604年	イタリアを訪れ、パラディオに傾倒するようになる
1613～14年	イタリア再訪
1615年	ジェームズ1世によって王室建築監査長に任命される
1616～35年	クイーンズ・ハウス
1619～22年	バンケティング・ホール
1631年	コヴェン・ガーデンの広場
1652年	ロンドンで死去

イワン雷帝に仕えた16世紀ロシアの建築家

ポスニク・ヤーコブレフ

16世紀
ロシア

テトリスでもおなじみの世界遺産の大聖堂

聖ワシリイ大聖堂

（ロシア・モスクワ、1551〜60）

赤の広場に建つロシア正教会の大聖堂。中央の主聖堂を8つの小聖堂が取り囲み、計9つの聖堂が集まって大聖堂を形成している。小聖堂にはたまねぎ形の円蓋が載り、それぞれ異なる装飾が施されている

ポスニク・ヤーコブレフは、16世紀モスクワ大公国時代の建築家である。イワン4世の東方遠征において、カザン・ハン国に勝利したことを記念して建てられた聖ワシリイ大聖堂の設計者であるとされている。そのあまりの美しさから、「これより美しい建造物がほかに建てられることを恐れたイヴァン4世が、ヤーコブレフを失明させた」という伝説が残っている※。

10世紀以前のロシアの建築物は木造が中心であったが、キリスト教の需要とともに木造を石造に置き換えながら、東ローマ（ビザンツ）帝国のビザンティン様式から影響を受け独自の発展を遂げた。ヤーコブレフが設計を担当したとされるカザン・クレムリン内の生神女福音大聖堂もまた、たまねぎ形の円蓋が特徴的である。

※実際には「聖ワシリイ大聖堂」完成後も、ヤーコブレフがほかの建造物の設計を担当した記録が存在するため、逸話の一種とされている

17世紀の建築家

—

Giovanni Lorenzo Bernini
Francesco Borromini
François Mansart
Christopher Wren
Johann Bernhard Fischer von Erlach
Gabriel Germain Boffrand
Francesco Bartolomeo Rastrelli

—

王子級の待遇を受けた、バロック最大の建築家

ジャン・ロレンツォ・ベルニーニ

1598〜1680
イタリア

サン・ピエトロ大聖堂の交差部に置かれた天蓋「バルダッキーノ」は、ベルニーニの処女作の1つ。ねじれ柱、動的曲線、豪華に彩られた装飾など、バロック的形態が見てとれる

「ベルニーニはローマを必要とし、ローマはベルニーニを必要とする」とは、教皇ウルバヌス8世の言葉である。ベルニーニは、ルネサンスから最も純粋な展開を遂げたバロックの中心地、ローマで活躍した建築家で、バロック最大の建築家とされる。

彼は、バロック最初の建築家でサン・ピエトロ大聖堂の主任建築家であったカルロ・マデルナのもとで修行し、師亡き後はウルバヌス8世に登用され、サン・ピエトロの職を引き継いだ。そこで手がけた天蓋は彼の処女作の1つである。その後、ベルニーニは建築の依頼を次々とこなし、ルイ14世からルーヴル宮増築のために招かれた際は王子級の待遇を受けるなど、名声を欲しいままにした。

バロック建築として特に重要視されるのは、彼が60

自画自賛のバロック名作
サンタンドレア・アレ・クイリナーレ聖堂
（イタリア・ローマ、1658〜70）

小規模な教会であるが、ベルニーニは自らの作品で最も完成されたもの、と語ったという。外部は曲線を描く両翼が中央への視線を促す。内部は楕円形平面の短軸両端に入口と主祭壇を構えるが、不思議と奥行きが生まれている点に、透視図法を使いこなすベルニーニの技術の高さがうかがえる

2本の腕元は並行ではなく、楕円部分から大聖堂に向けて広がっている。大聖堂が実際の奥行きに比べて迫ってくるように見える

開いている楕円のコロナードを閉じる建物が計画されていたが、法王の死去に伴い中止された

バチカンの象徴
サン・ピエトロ広場
（イタリア・バチカン、1656〜67）

数世代にわたって建設されてきたサン・ピエトロ大聖堂を、調和した姿にまとめたのが、ベルニーニである。楕円と2本腕のコロナードは高さが抑えられており、対比の効果によって大聖堂に迫力をもたらしている

歳前後から手がけた、サンタンドレア・アレ・クイリナーレ聖堂である。この作品からは、独立性の強い両翼をもつ「三部構成」のファサードや、要素ごとに個性をもたせ、相互に対比させながら全体の調和を目指す「対比的調和」の原理がよく読みとれる。また、同じ時期に手がけたサン・ピエトロの広場では、偉大さに欠けるといわれていたマデルナ作のファサードを、対比の効果や透視図法を駆使し、高く迫力のある印象にがらりと変えてみせた。

Profile
Giovanni Lorenzo Bernini

1598年	イタリア・ナポリにて、彫刻家の父のもとに生まれる
1604年	ローマに移る
1623〜33年	サン・ピエトロ大聖堂祭壇天蓋（バルダッキーノ）
1624年	建築家としての初仕事、サンタ・ビビアナ教会の改装を手がける
1656〜67年	サン・ピエトロ広場
1658〜70年	サンタンドレア・アレ・クイリナーレ聖堂
1661年	カステル・ガンドルフォのサン・トマゾ教会
1665年	ルイ14世に招かれフランス・パリへ渡る
1680年	ローマで死去

サン・ピエトロ大聖堂のドームは、ミケランジェロ案に基づいている。正面ファサードをマデルナが手がけ、ベルニーニが広場の回廊や、バルダッキーノと呼ばれる天蓋をつくり、全体をまとめあげた

幾何学を基礎とした設計手法と熟練の彫刻技術

フランチェスコ・ボッロミーニ

1599～1667
ルガーノ近郊

サン・カルロ・アッレ・クワットロ・フォンターネ聖堂内部と平面。熟練の彫刻技術がいかんなく発揮され、躍動感があふれている。複雑な空間だが、平面は円や三角形といった幾何学をベースにしている

ベルニーニ（40頁）とボッロミーニは歳が1つしか違わず、どちらもマデルナを師とした。しかし、ベルニーニが完璧なまでの人間像をもったのとは反対に、ボッロミーニは神経質で厭世的だったといい、師が亡くなった際、その職場であったサン・ピエトロ大聖堂を引き継いだのは当時すでに名声を得ていたベルニーニで、ボッロミーニではなかった。

ボッロミーニの作品で重視されるのは、サン・カルロ聖堂とサンティーヴォ聖堂で、どちらもバロック建築の傑作とされる。特に前者はボッロミーニを独立させた仕事で、後年ファサードが完成した年に、ボッロミーニは自ら命を断ったというから、彼の最初と最後を告げる作品としても知られる。

これらの聖堂については、その図面が残されている。

イタリア・バロックの名作
サン・カルロ・アッレ・クワットロ・フォンターネ聖堂
（イタリア・ローマ、1638～41、正面のみ1665～68）

クイリナーレの丘に建つバロックの名作。1階が凹凸凹、2階は凹凹凹のリズムをもち、人間の体のような、なまめかしいうねりを見せる。検討段階の図面では、このファサードはフラットなデザインだった

ボッロミーニ絶頂期の名作
サンティーヴォ・デルラ・サピエンツァ聖堂
（イタリア・ローマ、1642～50）

ボッロミーニの創造力の頂点ともいえる作品。内部のプランは2つの三角形を重ねた星形六角形をベースとしている。凹面のファサード上には、渦を巻いて徐々に細くなっていく塔が見える

激しい歪みや揺れをもつ姿からはなかなか想像できないが、その背後には円形や三角形といった幾何学が整然と描かれており、彼の設計手法をうかがうことができる。すなわち、幾何学を技術的な裏付けに利用し、そのうえで彫刻的な操作が加えられているのである。

そう聞くと、やや作品が固くなりそうな印象をもつが、ボッロミーニの作品には躍動感がみなぎっている。それはおそらく、彼が石工から出発し、早くから熟練の彫刻技術をもっていたからであろう。これは、ベルニーニには基本的に欠けていた技術であり、両者の作風の違いを決定的にする要因といえよう。

Profile
Francesco Borromini

1599年	ルガーノ近郊で生まれる
1614年	イタリア・ミラノで石工として働いた後、ローマへ渡る
1625年	マエストロの称号を得る
1638～41年	サン・カルロ・アッレ・クワットロ・フォンターネ聖堂
1642～50年	サンティーヴォ・デルラ・サピエンツァ聖堂
1647～62年	プロパガンダ・フィーデの神学校
1653～61年	サンタニェーゼ教会
1667年	ローマで半ば精神錯乱状態のなか自傷し、のち死去

バロックの語源は、「歪んだ真珠」を意味するポルトガル語「barroco」に由来する。ベルニーニ、ボッロミーニにピエトロ・ダ・コルトーナを加えた3人が、ローマ・バロックの三大巨匠とされる

冷静さを備えたフランス・バロック

フランソワ・マンサール

1598〜1666
フランス

マンサード屋根でも知られるマンサールが手がけたメゾン城は、古典的手法を重視しながらも、異なるオーダーを用いて動的な印象をもたせたフランス古典主義の傑作

ルイ14世はベルニーニ（40頁）をフランスに招きバロック様式を歓迎したが、フランスはイタリアなどと違って、バロック一色に染まることはなかった。古典主義的な冷静さを保ちつつも、どこかにバロックの力を利用して生気を与えていく。そんな態度がフランスのバロックには見られる。

フランソワ・マンサールは、そうしたフランスらしさをよく示す建築家である。特に、彼が40代で手がけたメゾン城は、フランス古典主義建築史上最大の傑作と名高い（ベースが古典主義なのでバロックではなく古典主義と表現される）。メゾン城を見ると、中世からのフランス屋根を用いるなど古典が重視され、全体として抑制のきいた静的な表現になっている。一方で、3層でそれぞれ異なるオーダーを用いており、バロック

フランス・バロックの教会堂
マレ寺院
（フランス・パリ、1632～34）

パリのマレ地区に建設された、円形の平面のカトリック教会（現在はプロテスタント）。パリ・コミューンで損傷を経験している

フランス国王の弟のための城
ブロワ城（オルレアン公翼部）
（フランス・ロワール＝シ＝エール、1635～38～1723）

国王の弟であるオルレアン公ガストンのための改装計画。マンサールは既存の建物を全部壊す計画を立てたが、実際に完成したのは、オルレアン公の翼屋だけだった

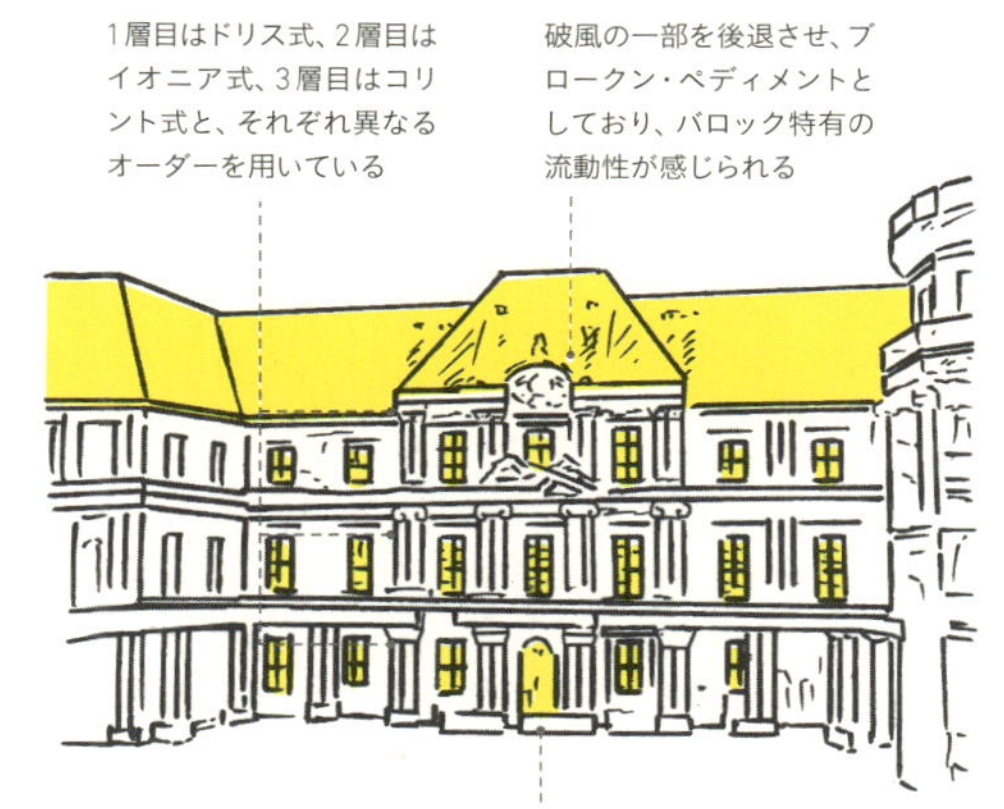

的な流動感も加えられている。この手法は、彼が30代で手がけた最初の傑作、ブロワ城のオルレアン公の翼屋でも見られる。

マンサールは、フランスのバロックの先駆者、ド・ブロスに師事し、20代のうちから建築家として頭角を示した人物で、その名声の高さはマンサード屋根という、彼の名に由来する屋根形状にも表れている。マンサールが常に用いたというわけではないが、それを広めたことは、彼の功績である。

Profile
François Mansart

1598年	フランス・パリに生まれる
1632～34年	マレ寺院
1635～38年	ブロワ城（オルレアン公翼部）、オテル・ド・ラ・ヴリエール
1636年	王室建築家となる
1642～50年	シャトー・ド・メゾン
1654年	オテル・カルナヴァレ増築
1666年	パリで死去

マンサード屋根を考案したのは、ピエール・レスコーという人物ともいわれる。マンサード屋根とは、屋根勾配が上部は緩く、下部は急に、と2段階に分かれた腰折れ屋根のこと

クリストファー・レン

英国初の設計事務所を開いた科学者出身の建築家

1632~1723
イギリス

セント・ポール大聖堂のドームは、外側から、鉛板で覆った木造、荷重を支えるレンガの構造体、フレスコ画で飾られた丸天井の3重構造で、レンの独創的なアイデアが光る

建築家クリストファー・レンが生まれたのは、1632年のこと。しかし、1960年代中頃までの彼の経歴は、科学者の道を示している。よほど優秀だったらしく、イギリスの建築史家ジョン・サマーソンは、「もしレンが35歳以前に亡くなったとしても、『イギリス人名辞典』に収録されただろう」と述べている。当時のイギリスでは、建築は応用科学の一分野だと考えられていたので、優秀な学者であれば建築について助言や設計を頼られることは珍しいことではなく、国家の一大事ならなおさらであった。

その一大事というのが、4日間で家屋1万3200戸を灰にした1666年のロンドン大火である。レンは、新しい建築基準を作成する委員に任命されたほか、焼失した教会の設計も命じられた。その数なんと50以

イギリス国教会の大聖堂

セント・ポール大聖堂

（イギリス・ロンドン、1675～1710）

レンの半生をかけて建てられた大聖堂。西側にバロック的要素が見られるものの、全体表現は控えめ。一番の見どころは3層でつくられたドームで、構造と表現を分離しつつも、最終的に統一してまとめた巧みな設計。地下納骨堂にはレン自身も眠る

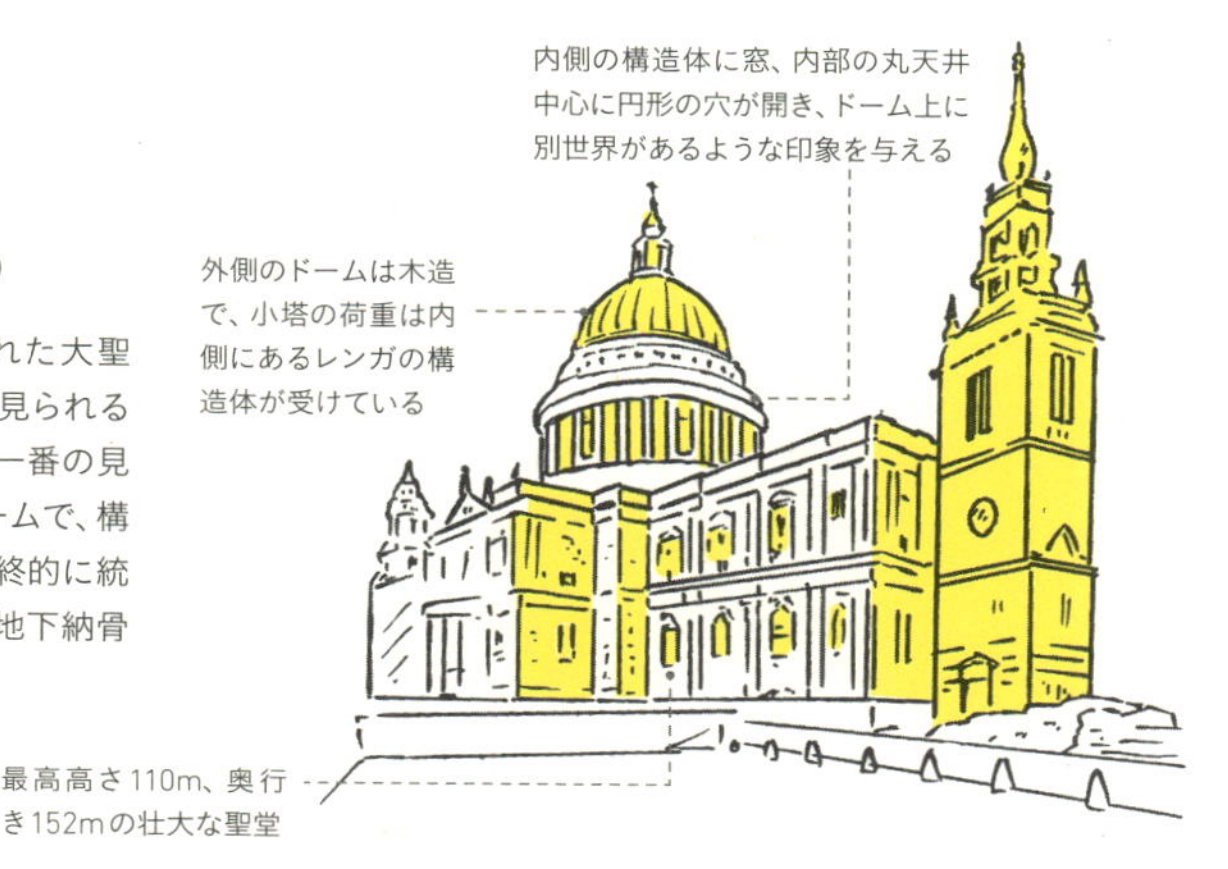

学問の殿堂

ケンブリッジ大学 トリニティ・カレッジ図書館

（イギリス・ケンブリッジ、1676～84）

17世紀イギリスにおける図書館の完成形と目される建物。1階はアーケード、2階が図書館。図書館の床が1階アーチの下部ぎりぎりの高さにあるため、内部が実に広々としている

2階の図書館の天井を高くするために、1階アーチ下に2階の床を設けている

上。レンはこの仕事のために事務所を設立したが、これはイギリスで最初の設計事務所の1つとされる。続く1669年には王室営繕局長官に任命され、国家最高の建築家に上り詰めた。

レンが活躍した時代のイギリスでは、バロック建築も建てられたが、パラディオ主義の建築の方が好まれ、レンも基本的には直線を用いた平坦な表現を多く採用した。それらの作品は今でも数多く残っており、ロンドンの景観に重要な影響を与えている。

Profile

Christopher Wren

年	事項
1632年	イギリス・ウィルトシャーにて聖職者の父のもとに生まれる
1650年	オックスフォード大学ウォドム・カレッジに進学、翌年学士号を取得
1653年	修士号を取得後、オウル・ソウルズ・カレッジのフェローとなる
1657年	グレシャム・カレッジ天文学教授就任
1661年	オックスフォード大学天文学教授就任
1664～69年	シェルドニアン劇場
1666年	ロンドン大火を受け、放射状の都市再建計画、セント・ポール大聖堂の改装計画を提出
1669年	王室営繕局長官に就任
1670～1711年	52の教区教会の建設
1676～84年	ケンブリッジ大学トリニティ・カレッジ図書館
1716年	ロイヤルホスピタル
1723年	ロンドンで死去

6人の英国王に仕えたレンは、同時代の科学者ニュートンや、フィッシャー・フォン・エルラッハ（48頁）らと親交があったという。1673年にはナイトの称号を授かり、20世紀にはイギリス紙幣に肖像が使われた

1656～1723
オーストリア

オーストリア・バロックを代表する建築家
フィッシャー・フォン・エルラッハ

ローマで学び、オーストリアへバロックをもたらしたエルラッハの代表作は、ウィーン市街にあるカール・スキルヒェ（カール教会）。ポーチはローマ神殿を、2本柱はトラヤヌス帝の記念柱を引用している

ヨハン・ベルンハルド・フィッシャー・フォン・エルラッハは、オーストリアのバロックを代表する建築家である。彫刻家、スタッコ職人として出発した彼は、1670年代にイタリアへ行き、ローマのカルロ・フォンターナのもとで建築の修練を受けたようである。

ウィーンに戻ったのは1685年頃であったが、当時のウィーンは大トルコ戦争が終結した直後で、バロックの精神的風土がより華麗さを求めるようになっていた。彼の作風はローマでの経験を生かし、ベルニーニ（40頁）や、特にボッロミーニ（42頁）への強い傾倒が指摘されており、代表作のコレーギエンキルヘはその特徴をよく示している。ただし、隣国のフランスは18世紀になるとロココの時代に入っていたため、その影響も混在している。彼が手がけたシェーンブルン宮殿

オーストリア・ロココの好例
シェーンブルン宮殿
（オーストリア・ウィーン、1695～1723）

オーストリア全盛の時代に建設された夏の宮殿で、オーストリア女王のマリア・テレジアも盛んに利用したという。65万坪もの広大な敷地をもち、庭園の華麗さでも知られている。主としてパカーシが担当したという宮殿各室は、ロココの好例にもなっている

楕円形のポーチを立ち上げてつくられたファサード。2層目はギャラリー

内部と関係のない丸窓が高い装飾的効果を発揮している

ローマ・バロックの影響が感じられる
コレーギエンキルヘ（コレーギエン教会）
（オーストリア・ザルツブルク、1696～1707）

ザルツブルクの大学教会堂。ギリシャ十字の平面形で、全体は四隅に小さな礼拝室を設けた四角形に近い形状となっている。ファサードは両脇に階段室の塔を設けて凸面としており、三部構成と抑揚にローマ・バロックの強い影響が見られる

からは、ロココを代表するヴェルサイユ宮殿への意識が感じられよう。

1715年頃からは、古代ローマやフランス古典の要素も現れた。これは、シャルル＝グスタヴ・エローによる歴史建築集成『歴史建築の構想』が影響しているらしく、例えばカール・スキルヒェでは、ローマ神殿風のポーチに、2本のトラヤヌス帝の記念柱を置いている。1721年には、世界の建築を収めた『歴史的建築図集』を著したが、その博識さが作風にも現れているようだ。

Profile
Johann Bernhard Fischer von Erlach

1656年	オーストリア・グラーツに生まれる
1670頃～86年頃	イタリアに遊学
1685年	ウィーンの宮廷建築家となる
1693年	息子ヨゼフが生まれる
1694～1702年	三位一体聖堂
1695～98年	プリンツ・オイゲン宮殿
1695～1723年	シェーンブルン宮殿
1696～1707年	コレーギエンキルヘ
1716～37年	カール・ボロメウス聖堂
1721年	銅版画集『歴史的建築図集（Entwurf einer historischen Architektur）』出版
1722年～	宮廷図書館
1723年	ウィーンで死去

親子ともオーストリア・バロックを牽引した建築家としても知られ、息子ヨゼフも建築家として活躍し、父ヨハンによる数々の建築設計を引き継いだ。2人が携わったオーストリア国立図書館は、「世界一美しいバロック建築の図書館」と評される

優美なロココ装飾で内部空間を彩る

ジェルメン・ボフラン

1667～1754
フランス

ロココの由来となった「ロカイユ」とは、フランス語で「岩石」を意味する「roc」から出た言葉。貝殻装飾を主体とし、カルトゥーシュ、アカンサスなどの縁飾りをモチーフとする

ロココの芸術は、太陽王ルイ14世後のフランス、すなわち摂政時代（1715～23）からルイ15世時代（1715～74）にかけて展開し、ヨーロッパ全域に多大な影響を与えた。ロココとは、そこで頻繁に使われた「ロカイユ」と呼ばれる装飾の名前に由来している。

ゴシックやバロックが建築の様式であったのとは異なり、ロココは軽快な華やかさをもつ装飾の様式である。自然主義的なモチーフに由来する親しみやすさや繊細さ、淡い色調のほか、壁面を柱ではなく、曲線を使った額縁によって分節するところに大きな特徴がある。宮廷のほか、貴族や裕福な市民のサロンで発達し、特に1710年頃から盛んに建てられた彼らの邸宅（オテル）を中心に展開していった。貴族についていえば、そこには王権の伸張と、それを支える貴族の都市

外観

ロココの傑作

オテル・ド・スービーズ

(フランス・パリ、1732〜40)

フランス・ロココの傑作。西洋で最も美しい部屋といっても過言ではない。バロック盛期にあっても古典主義の精神を貫いたフランスらしく、外観は抑制のきいた簡素なたたずまいだが、ボフランの手がけた室内装飾は一転して豪華である

内観

規則的な平面の中、1階にあるオルレアン公のサロンとその直上にある公妃のサロンだけが楕円形の平面となっている。公妃のサロンは、ゆったりとした曲線で縁取られた淡青色の円蓋天井を8つの柱が支えている。表面は華やかな金色の額縁で彩られており、量感をあまり感じさせない。柱の間のアーチは3面が鏡、4面が窓で、残りの1つが扉になっている

居住の増加という背景があった。そして、宮殿や邸宅を数多く手がけ、ロココを代表する建築家となったのが、ジェルメン・ボフランであり、中でもオテル・ド・スービーズの室内装飾は傑作中の傑作とされている。

パリで彫刻家としてスタートしたボフランは、後に建築家へ転じ、ジュール・アルドアン＝マンサールに師事した。内部の仕上げは極めて豪華だが、師に習って古典主義への傾倒を示し、外観は簡素で抑制がきいている点が、ボフラン流である。

Profile

Gabriel Germain Boffrand

1667年	フランス・ナントで、彫刻家・建築家の父のもとに生まれ、後にジュール・アルドアン＝マンサールに師事
1695年	オテル・アムロ・ド・グルネ
1700年頃	オテル・ダムロ
1725年	現パリ国立文書館（旧Palais Soubise）楕円ホールの増改築
1730〜45年	リュネヴィル宮
1732〜40年	オテル・ド・スービーズ
1745年	『建築書（Livre d'architecture content les principes generaux de cet art）』出版
1754年	死去

ボフランが師事したジュール・アルドアン＝マンサールは、フランソワ・マンサール（44頁）の甥の息子にあたり、またその弟子でもあった

ヨーロッパへの玄関口・ペテルブルクをつくった建築家

フランチェスコ・バルトロメオ・ラストレッリ

1700〜1771
イタリア

エリザヴェータに仕えたラストレッリの代表作・冬の宮殿は、荘厳な外観をもつ。対して内観は、祝典用階段のヨルダン階段をはじめ、バロックやロココ調の装飾で彩られる

18世紀初頭、ロシア皇帝ピョートル1世は、首都をモスクワからペテルブルク（現在のサンクトペテルブルク）へ移転した。以降、ペテルブルクは、要塞都市から西洋諸国に対する国家の顔となるべく変貌を遂げる。皇帝は積極的に才気ある若者を西洋に留学させ、また西洋からは建築家が招聘された。娘のエリザヴェータの時代には、ロシア・バロックが全盛期を迎え、この地を代表する建物が次々と建てられた。それらの建物は皇帝の名を冠して「エリザヴェータ・バロック」などと呼ばれている。この様式を確立した建築家が、エリザヴェータの建築主任を務めたイタリア人建築家、バルトロメオ・ラストレッリであった。

彼はパリのド・コットに学んでおり、外観は冷静さをもつ一方で内観は豪華絢爛、というい かにもフラン

ロシア・バロックの代表作
冬の宮殿
(エルミタージュ美術館)

(ロシア・サンクトペテルブルク、1754～62)

後のエカテリーナ2世の時代になって、小エルミタージュなど4棟が連続して加えられ、冬の宮殿と併せた5棟が現在の美術館になっている。エルミタージュとは、ロシア語で「隠れ家」を意味する

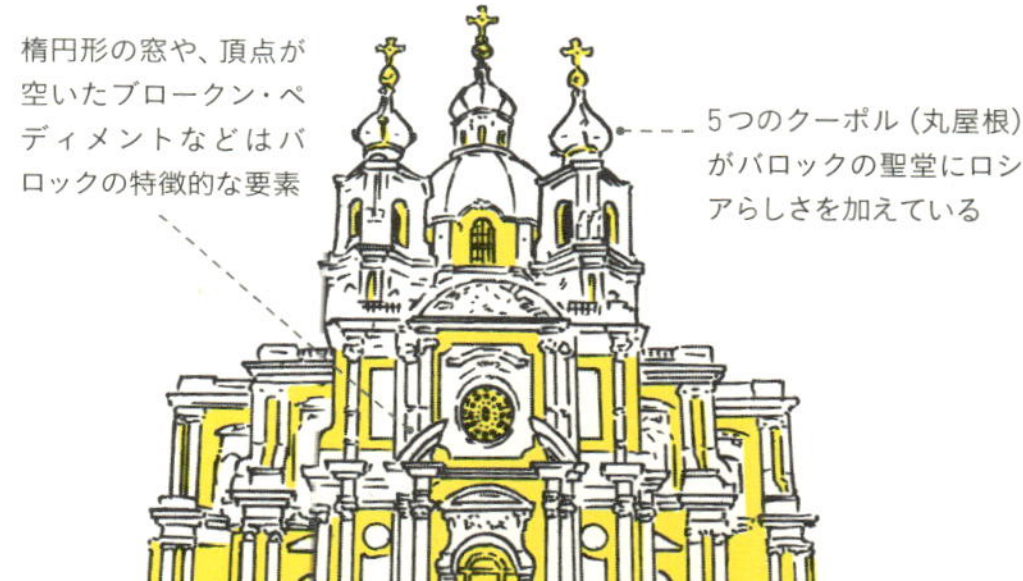

ラスト・エリザヴェータ
スモリーヌィ修道院聖堂

(ロシア・サンクトペテルブルク、1748～64)

「スモリーヌィ」とはロシア語で「松脂」のこと。正式には「復活ノヴォジェーヴィチー修道院」というが、松脂加工塗装工場の跡地に建設されたのでこう呼ばれる。1762年にエカテリーナ2世が即位したため、エリザヴェータ・バロックとしては最後の建物である

スらしいバロックやロココを基礎に、ロシアの伝統を織り交ぜた作風を展開させていった。

最も有名な作品が冬の宮殿、現在のエルミタージュ美術館である。この宮殿は、エリザヴェータが国力を誇示すべく莫大な資財をつぎ込んで建設したもので、内部の華やかさは圧巻というほかなく、イタリアやフランスのバロックを凌ぐという評価さえある。また、ここから4kmほど東にあるスモリーヌィ修道院の聖堂は、ラストレッリの作品の中で最もロシア的な表情を見せる作品である。

Profile
Francesco Bartolomeo Rastrelli

1700年	フランス・パリに生まれる
1716年	彫刻家の父とともにロシア・ペテルブルクに移る
1744年	アニーチコワ宮殿
1744～67年	キエフの聖アンドレイ教会
1747～52年	ペーターホーフの増築
1748～64年	スモーリヌィ修道院聖堂
1749～56年	ツァールスコエ＝セロ宮殿
1750～54年	ストロガノフ宮殿
1754～62年	冬の宮殿 (エルミタージュ美術館)
1771年	ペテルブルクで死去

スモリーヌィ修道院聖堂は、当初の計画では西側の正門に140mもの黄金の鐘楼を建てる予定だったが、エカテリーナ2世によりその案は却下された

18～19世紀前半の建築家

—

Jacques-Germain Soufflot
Giovanni Battista Piranesi
Claude Nicolas Ledoux
John Nash
John Soane
Karl Friedrich Schinkel
Joseph Paxton
Gottfried Semper
Augustus Welby Northmore Pugin
Eugène Viollet-le-Duc
Charles Garnier

—

「原始の小屋」の理想を実現した建築家

ジャック・ジェルマン・スフロ

1713～1780
フランス

古典建築の規範とされた「原始の小屋」の理想を、最初に実現させたのがスフロだった

18世紀のフランスでは、市民革命へと続く啓蒙思想を背景に、それまでのバロック、ロココの過剰な装飾に対する反動が起こっていた。ギリシアやローマなどの古典を再評価し、合理的で普遍的な建築美を模索する、新古典主義の機運が高まっていたのである。その中で、建築理論家マルク＝アントワーヌ・ロージェは『建築試論』において、柱・梁・破風のみで構成された建築「原始の小屋」が真の古典建築の規範であると主張した。『建築試論』は各国語に翻訳され、ヨーロッパに新古典主義を広めるきっかけとなった。

ジャック・ジェルマン・スフロは、このロージェの理想を最初に実現した建築家である。地方の法律家の子として生まれたスフロは、父の反対を押し切りローマで建築を学んだ。帰国後、リヨンで設計活動を開始す建築の原点とは？

原始の小屋（『建築試論』第二版の扉絵）

（マルク＝アントワーヌ・ロージェ、1755）

木の枝に丸太の梁が架け渡され、斜めの梁が棟木を支える「原始の小屋」。柱と梁で支持する構造体における、最小限の原理を示す図として知られている。崩れたオーダーに女性が腰掛けていることから、様式を問わない、プリミティブな構成であることを1枚の絵で示している

新古典主義建築の名作

サント・ジュヌヴィエーヴ聖堂

（フランス・パリ、1755〜92）

パリの聖ジュヌヴィエーヴの丘に位置し、十字の平面にドームとコリント式の円柱をもつ、新古典主義建築の名作の1つ。バロック的な演出は避けられ、等間隔に並んだ円柱が連続する均質な空間が強調されている。教会として建設されたが、フランス革命後は、偉人たちを祀る墓所（パンテオン）として利用されている

Profile

Jacques-Germain Soufflot

1713年	フランス・イランシーに生まれる
1734年	イタリア・ローマへ渡る
1747〜50年	証券取引所
1743年	ヴァンディエール公を伴いローマへ行き、王宮建築長への任命を約束される
1755年	サント・ジュヌヴィエーヴ聖堂の設計競技に入選し、設計者に任命される
1780年	パリで死去
1792年	サント＝ジュヌヴィエーヴ聖堂竣工

ると、次第に名声を得るようになった。そして1750年代には、ロージェから「完全なる建築の最初の実例」と称賛された、サント・ジュヌヴィエーヴ聖堂を手がけることになる。この聖堂では、ロージェの理論に沿いながら、古代ローマ建築のオーダーとゴシック建築の構造的軽快さの融合が目指された。スフロ自身は様式よりも構造へのこだわりが強かったようだが、技術的な理由から周壁が設けられるなど、スフロの意図は完全には反映されないまま、完成を待つことなく1780年に没した。

考古学と幻想的な版画で古代ローマを再評価

ジョヴァンニ・バッティスタ・ピラネージ

1720〜1778
イタリア

『ローマの景観』の1つであるコロッセオ。コロッセオは1776年に、エッチングとエングレーヴィングという技法で刻まれた銅版画

18世紀イタリアの建築家であるジョヴァンニ・バッティスタ・ピラネージは、版画家としても活動し、古代ローマの風景を中心に生涯千点を超えるドローイングを描いた。

１７２０年、ベネチア近郊に左官の子として生まれたピラネージは、技師・建築家として修行を積み、特に透視図法と舞台装飾を学んだ。１７４０年にはローマに渡り、エッチング技法を習得し、以後『ローマの景観』や『牢獄』といった版画集を多数出版した。ピラネージが描いた版画は、自ら実施した古代ローマ遺跡の考古学的調査に基づき復元したものであったが、そこに彼独自の解釈や空想が重ねられ、単なる復元を超えた幻想的な版画作品として、現代においても高く評価されている。

古代ローマの幻想的版画集
ローマの景観
(1748〜)

古代ローマの遺跡・廃墟・建築群を独特な遠近法で捉えた最初期の作品。ピラネージが描いた膨大な都市景観図は、ヨーロッパでの古代への関心の高まりとあいまって、当時流行していたイタリア旅行の二産物の1つとして好評を博した。続く版画作品の『牢獄』では、実在しないような迷宮の空間を描き、建築ドローイングの可能性を広げた

ピラネージ唯一の実現作
サンタ・マリア・デル・プリオラート聖堂
(イタリア・ローマ、1764〜66)

ピラネージによる唯一の実作とされているのが、アヴェンティーノの丘に建つマルタ騎士団修道院本部のサンタ・マリア・デル・プリオラート聖堂と、その前庭のマルタ騎士団広場である。古代ローマ風の趣の中にマルタ騎士を暗示する要素が散りばめられているが、版画作品に見られるような幻想的な力強さは残念ながら見られない

当時のヨーロッパは、古代ギリシア建築の再評価が始まった時期にあり、より合理的で純粋な建築はギリシア建築かローマ建築か、という論争が巻き起こっていた。これについてピラネージは、1761年に『ローマの建築と壮麗について(Della Mgnificenza ed Arcitettura de' Romani)』を出版し、古代ローマ建築を擁護する立場を取った。論争の結果はギリシア建築に軍配があがり、後の「グリーク・リバイバル」を呼んだが、ピラネージが新古典主義建築の勃興に与えた影響は大きい。

Profile
Giovanni Battista Piranesi

1720年	イタリア・ベネト州に左官の子として生まれ、叔父の弟子となり建築を学ぶ
1740年	ローマに移り、ジュゼッペ・ヴァーシのもとで版画を学ぶ
1743年	初の版画集『建築と透視画の初歩』を刊行
1750年	増補版『建築の各種の作品』『グロテスク』『カプリッチ』出版
1748年〜	『ローマの景観』に着手
1761年頃	『空想の牢獄』出版
1761年	『ローマの建築と壮麗について』出版
1764〜66年	サンタ・マリア・デル・プリオラート聖堂
1778年	ローマで死去

ピラネージの版画は、後にジョン・ソーン(64頁)へ贈呈され、自邸兼美術館となったジョン・ソーン美術館に収蔵されている

フランス革命期を生きた「幻視の建築家」

クロード・ニコラ・ルドゥー

1736〜1806
フランス

ルドゥーによるドローイング「耕作の番人のための家」。当時の新古典主義によって開かれた幾何学の可能性を示している

クロード・ニコラ・ルドゥーは、新古典主義の潮流の中、フランス革命期を生きた建築家である。ボザールでの建築教育は受けておらず、いくつかの工房で働きながら実務を学んだ。ルイ15世の公妾デュ・バリー夫人に気に入られていたルドゥーは、その後押しもあり、1770年代には王室建築家の称号を得て、アルケ・スナンの王立製塩工場などを手がけた。しかし1789年のフランス革命を機に投獄され、実作の機会を失った。その後は実現しなかった計画案の整理や著作に専念し、架空の建築や都市を描いた幻想的なドローイングを数多く残した。

ルドゥーは、同時期に活躍したエティエンヌ・ルイ・ブレーとともに、「幻視の建築家」と呼ばれている。厳格な立方体のシルエット、直線的な構成、半円のドー

ルドゥーの理想都市
アルケ・スナンの王立製塩工場
(フランス・アルケ・スナン、1774～79)

フランス東部のドゥー県アルケ・スナン市にある旧製塩所。ルドゥーは理想の工業都市を目指して、都市計画から手がけた。幾何学的な設計を追求し、都市は円形のプランで計画されたが、資金難などの理由から半円状に縮小されて完成することとなった。当時の都市計画の考え方を残すものとして高く評価され、世界遺産に認定された。現在は博物館・資料館として公開されている

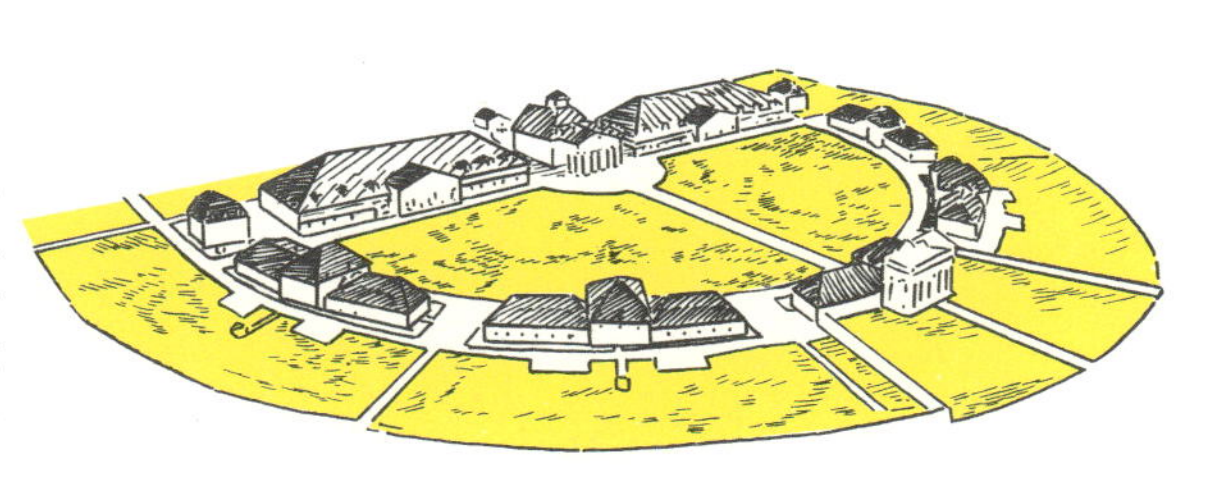

単純な幾何学形態でできた古典的建築
ラ・ヴィレットの関門
(フランス・パリ、1789)

パリ東北部ラ・ヴィレットに建つ、通行税取り立てのための関門の1つ。円筒形などの単純な幾何学的形態を組み合わせて、古典建築の様式を簡略化している。ルドゥーは革命前のフランスで王室建築家として、同様の関門をパリ市内50か所以上に設計していたが、これはその頃に建てられたルドゥーの代表作

ム、ドーリア・トスカナ式のオーダーを重視するなど、それまでの新古典主義における古代ギリシア・ローマの様式の再評価や引用にとどまらない、純粋幾何学に基づいたもう1つの可能性を示したといえる。

1952年に出版された建築史家エミール・カウフマンの『三人の革命的建築家―ブレ、ルドゥー、ルクー』では、後のモダニズム建築に影響を与えた革新的な存在として評価されている。

Profile
Claude Nicolas Ledoux

1736年	フランス・ドルマンに生まれ、幼いうちにパリに移り、建築家を志してブロンデルのアカデミーに入る
1762年頃	設計活動を始める
1766年	オテル・ダルウィル
1773年	王立建築アカデミー会員となり、ルイ15世の建築家となる
1774年	アルケ・スナンの王立製塩工場の監査役に任命される
1779年	アルケ・スナンの王立製塩工場
1789年	ラ・ヴィレットの関門
1793年	フランス革命後、2年間投獄される
1806年	パリで死去

「ピクチャレスク」でロンドンを彩った建築家

ジョン・ナッシュ

1752〜1835
イギリス

風景のような建築「ピクチャレスク」。その特徴である非対称性や曲線を、ナッシュはリージェント・ストリートに代表されるロンドンの都市計画に応用した

ジョン・ソーン（64頁）と同時代に活躍したロンドンの建築家・都市計画家。ソーンを内部空間の建築家とするならば、ナッシュはファサードの建築家であったとされる。当時イギリスで流行していた、非対称性、多様性、折衷主義を重視する「ピクチャレスク」運動の代表的な建築家の1人でもある。

ロンドン南部の水車大工の家に生まれたナッシュは、18世紀イギリスの建築家ロバート・テイラーのもとで見習いとして働きながら建築を学んだ。やがて資金を得て独立を果たすが、破産や離婚を経験し、いったん隠居生活を送ることになる。

1790年代後半、ピクチャレスク運動の高まりから再起を期して、造園家のハンフリー・レプトンと組んで郊外住宅を手がけていく。その後もレプトンとの

ジョン・ナッシュと王室の絆
ロイヤル・パビリオン
（イギリス・ブライトン、1808）

自由奔放な王子として知られたジョージ4世が、海辺の別荘として改築させた王室の離宮。ナッシュが設計を担当し、インドのイスラム様式を基調とした外観に対して、内部空間には当時流行していた中国風の細部や装飾を取り入れることで、西洋と東洋が混ざり合った多彩なピクチャレスク建築をつくりあげた

ロンドンに残るジョン・ナッシュ作品
オール・ソウルズ教会
（イギリス・ロンドン、1822〜25）

ロンドン中心部を南北に貫くリージェント・ストリートの、北側突き当たりに建つ教会。円形の列柱廊と高い尖塔が特徴的で、リージェント・ストリートにおけるランドマークになっている。後にリージェント・ストリートは大幅に改築され、オール・ソウルズ教会は現在のストリート内でナッシュの設計のオリジナルを見ることができる、数少ない建物の1つとなった

Profile
John Nash

1752年	イギリス・ロンドンに生まれる
1767〜78年	ロバート・テイラーのもとで働く
1778年〜	独立後、叔父の遺産をもとに5軒の家を再建
1783年	破産宣言をし、ウェールズに隠居
1796年頃	ハンフリー・レプトンと組み、カントリーハウスや庭園を設計し、成功を収める
1798年	後のジョージ4世の愛人と再婚、これ以降王室の保護を受ける
1808年	ロイヤル・パビリオン
1813年頃	リージェンツ・パーク
1819〜25年	リージェント・ストリート
1815〜23年	王室離宮（ブライトン）
1822〜25年	オール・ソウルズ教会
1825年	バッキンガム宮の増築を依頼される
1830年	王の死に際してライト島へ引退
1835年	死去

コンビで、イタリア風、中国風、インド風など、あらゆる様式の組み合わせと非対称プランを特徴に、建築におけるピクチャレスクを実践していった。

1811年には王室所有地の開発を依頼され、1813〜25年にかけて、リージェンツ・パークとリージェント・ストリートを手がけた。庭園と建築のピクチャレスクな関係を都市計画にまで拡張したもので、以後の田園都市像を予見したものとして高く評価されている。

ジョン・ソーン

内観から考えるイギリスの折衷主義

1753〜1837
イギリス

外観は一見普通だが、古典古代の遺品やモチーフが散りばめられたドーム、可動式パネルが壁一面についた絵画室など、部屋ごとに内部の様式や印象が大きく異なるソーン美術館

18世紀のフランスで勃興した新古典主義は、その後さまざまな影響をヨーロッパ各地へ及ぼしていった。ギリシア古典様式を根源的な美として見直すことから始まった新古典主義運動だが、イギリスではむしろ、過去のさまざまな様式を自在に組み合わせていく折衷主義的な潮流として展開していった。その中心的建築家が、ジョン・ソーンである。ソーンは新古典主義建築やゴシック建築などさまざまな様式・要素を再構成し、独創的な空間、特に複雑で詩的な内部空間をデザインした。

1753年、イギリスのオックスフォードシャーで大工の子として生まれたソーンは、1771年にロイヤル・アカデミー・オブ・アーツ（英国王立芸術学院）に入学した。その後優秀な成績を修め奨学金を得て、

建築デザインのコレクション
ピッツハンガー・マナー
(イギリス・ロンドン、1800〜04)

ソーンが大幅な改築を行い、家族で暮らした邸宅。当初は新築するつもりだったが、ピッツハンガー・マナーの荘園が売りに出されているのを知り、購入し改築することになった。ソーンはピッツハンガー・マナーを自身の建築デザインのコレクションとして設計しており、内部にはアーチ天井をはじめ、ソーンの内装デザインのエッセンスが詰まっている

ソーンのコレクションが詰め込まれた
サー・ジョン・ソーン美術館
(イギリス・ロンドン、1812〜13)

ソーンの邸宅兼スタジオを利用した美術館。ソーンが収集した美術品のほか、ソーン自身が手がけた建築図面や模型が所蔵・展示されている。作品のジャンルや時代が複雑に混ざり合うような展示空間が演出され、独創的なトップライトやゴシック調のアーチが重なることで、内部空間全体が1つの芸術作品として高められている

3年間イタリアへ留学。そこでピラネージ(58頁)と知り合ったとされる。1780年にロンドンに戻ると、1788年には代表作となるイングランド銀行の監督に任用され、建築家としてのキャリアをスタートさせた。イングランド銀行はその後の大幅な改修により、ソーンの設計は失われてしまったが、続くピッツハンガー・マナーやサー・ジョン・ソーン美術館でもソーン独自の複雑な内装デザインがいかんなく発揮され、現在でも多くの人びとを魅了している。

Profile
John Soane

1753年	イギリス・オックスフォードシャーに生まれる
1771年	ロイヤル・アカデミー・オブ・アーツに入学
1780年	イタリア留学を経て帰国
1788年	イングランド銀行の建築家に任命される
1800〜04年	ピッツハンガー・マナー
1806年	ロイヤル・アカデミーの教授に就任
1811〜14年	ダリッジ・カレッジのギャラリー
1812〜13年	サー・ジョン・ソーン美術館
1837年	ロンドンで死去

サー・ジョン・ソーン美術館内には、古代ギリシアやローマの発掘品、ピラネージをはじめとした建築的ドローイング、絵画作品、自作の模型・スケッチなどが所蔵され、1833年に国の指定美術館に認定された

ドイツ新古典主義を代表する建築家

カール・フリードリヒ・シンケル

1781～1841
ドイツ

ドイツ建築の巨匠シンケルは、ギリシア建築を参照しながら、
実用性を妨げない合理的な建築を模索していった

19世紀初頭、ナポレオンとの戦いに大敗したプロイセン王国が国民国家体制へと移行する中で、新しい国家像を象徴するモニュメントとしての機能が建築に求められていった。ドイツの新古典主義建築は、ルネサンス以降使い古されたローマ建築ではなく、もう1つの起源である古代ギリシア建築を参照したことから、「グリーク・リバイバル」と呼ばれるようになる。

カール・フリードリヒ・シンケルは、19世紀ドイツ最大の建築家であり、ドイツ新古典主義を代表する建築家である。プロイセン王国で生まれ、設立されたばかりのアカデミーで建築家フリードリヒ・ジリーから建築を学んだ。1803年にはイタリアとフランスに留学。帰国後は建築指導官、建築庁顧問など官職に就きながらプロイセン王室の建築家として生涯プロイセン

古代ギリシア建築の柱頭が並ぶ
アルテス・ムゼウム
(ドイツ・ベルリン、1823～30)

ベルリンのムゼーウムス島に建つ帝室美術館(現在はベルリン国立美術館の旧館)。王室のコレクションを公開する目的で建設された。2つの中庭をもつ2階建の構成で、中央にパンテオン形の円形ホールがある。正面ファサードはイオニア式オーダーの円柱が18本並ぶ87mの柱廊玄関(ポルチコ)で、壁画もシンケル自身が描いたが、第二次世界大戦の際に焼失した

ドイツ新古典主義建築の代表作
ノイエ・ヴァッヘ
(ドイツ・ベルリン、1816～18)

ベルリンの目抜き通り、ウンター・デン・リンデン街に建てられた元衛兵所。正面にドリス式の柱廊玄関(ポルチコ)、四隅に重厚な塔、中央に中庭をもつ。1931年に第一次世界大戦の戦没者慰霊の場として改造され、現在は第一次世界大戦以後すべての戦争犠牲者を対象とした国立追悼施設として利用されている

で仕事をし、ノイエ・ヴァッヘ、ベルリン王立劇場、アルテス・ムゼウムなど、多くの作品を残した。また建築設計にとどまらず、絵画や舞台美術も手がけた。

作風はギリシア建築を参照した新古典主義だが、様式によって建物の実用性が妨げられない点や、優れた幾何学と比例をもつ点から、ペーター・ベーレンス(98頁)、ヴァルター・グロピウス(108頁)、ミース・ファン・デル・ローエ(110頁)ら、後のドイツのモダニズム建築家たちに多大な影響を与えた。

Profile
Karl Friedrich Schinkel

1781年	プロイセン王国(現ドイツ)に生まれる
1794年	ベルリンへ移り、アカデミーに入学
1803～05年	イタリアとフランスへ留学
1810年	建設指導官となる
1815年	建設庁顧問となる
1816～18年	ノイエ・ヴァッヘ
1818～21年	ベルリン王立劇場
1823～30年	アルテス・ムゼウム
1841年	死去

技術者が切り拓いた鉄とガラスの建築

ジョセフ・パクストン

1803～1865
イギリス

水晶宮に使用された約30万枚のガラス板と1,000本もの鉄柱は、同時代に発明された鉄道でイギリス中から集められた。中央部分は高さ30mを超え、公園の樹木をすっぽりと覆えるようになっていた

19世紀初頭のイギリスで活躍した造園家・建築家。農夫の子としてロンドン北西の村ミルトン・ブライアンに生まれ、若い頃から庭師として貴族の庭園管理に従事した。1826年、ダービーシャー公爵のカントリー・ハウスであるチャッツワース・ハウスの主任庭師に任用され、以後そこでの温室改良事業に取り組み、鉄とガラスを用いた新しい構造の温室を生み出した。チャッツワース・グリーンハウスを皮切りに、ノコギリ屋根の温室やスチーム暖房を備えた温室など数多くの温室を完成させ、同時に排水設備や架構システムの開発において特許を取得し、技術革新を進めた。

1851年には、ロンドンで開催された第1回万国博覧会の会場を、鉄道技師チャールズ・フォックスとともに手がけた。「水晶宮（クリスタル・パレス）」と呼

水晶宮の前身的大温室

チャッツワース・グリーンハウス

（イギリス・チャッツワース、1836～40）

16世紀につくられたイギリス貴族のカントリー・ハウスであるチャッツワース・ハウスに、パクストンが建てた大温室。グリーンハウスをはじめとする一連の温室設計を通して、安くて軽い木フレームを用いてガラス屋根を架ける構法について実験を重ねていき、1851年の水晶宮へと結実していった

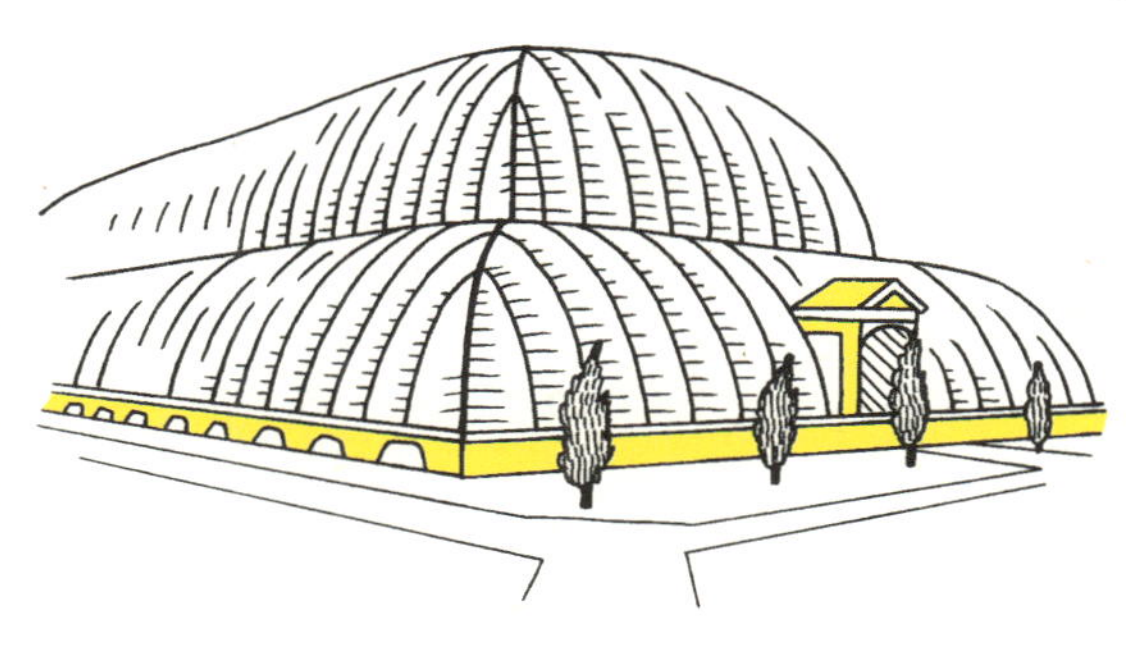

画期的な工法と材料で建てられた博覧会建築

水晶宮（クリスタル・パレス）

（イギリス・ロンドン→シドナム、1851・1854）

1851年にロンドンのハイド・パークで開かれた第1回万国博覧会の会場として建てられた。鉄骨とガラスでつくられた巨大な建物で、屋根のアーチ部には木造が取り入れられ、プレハブ建築物の先駆けとされる。その後、ロンドン南部のシドナムに移築されるが火災により消失。現在はその地にクリスタル・パレスの名前のみが残る

ばれたその博覧会建築物は、鉄とガラスを中心とした100×500mを超える巨大な構造物であったにもかかわらず、約9か月間という短い工期で建てられた。

産業革命によってもたらされた鉄やガラスという新しい材料は、様式建築を手がける旧来の建築家たちの手によってではなく、むしろ温室技師や鉄道技師といった技術者たちの手によって、具現化されていったのだった。

Profile

Joseph Paxton

1803年	イギリスで農夫の息子として生まれ、庭師として働くようになる
1826年	ダービーシャー公のチャッツワース・ハウスの主任庭師に任命され、チャッツワースで温室の実験・改良を重ねる
1831年	構造と一体となった水切りで特許取得
1842年	リヴァプールのプリンス・パーク
1843年	スラウのアプトン・パーク、バーケンヘッド・パーク
1844年	ヨークシャーのボルトン・アビー
1851年	水晶宮（クリスタル・パレス）
1852年	パクストン・パーク
1854年	水晶宮をシドナムに移築（1936年に焼失）
1856～57年	ハリファックスのピープルズ・パーク
1859年	ダンディーのバクスター・パーク
1864～65年	ダンファームリンのパブリック・パーク
1865年	シドナムで死去

「水晶宮」という名前は、雑誌「パンチ（Punch）」によって名付けられた

神話的建築観から技術的建築観への転換

ゴットフリート・ゼンパー

1803〜1879
ドイツ

建築を構成する諸要素について、「炉」を中心に、「床」「屋根」、壁の役割を担う織物などの「皮膜」、この4つの要素が建築の基本要素であるとゼンパーは定義した

ゼンパーは19世紀ドイツ、ハンブルク近郊の実業家の子として生まれた。大学では史学史と数学を学んだ後に建築を学ぶようになるが、決闘事件を起こしパリへと逃亡し、それを期にイタリアやギリシアをまわって古典主義建築に触れ、感銘を受けた。

１８３４年にドレスデンのザクセン王立芸術学校教授に任命され、そこで代表作となるオペラ座ゼンパー・オーパーを手がけた。１８４８年の革命を期にドレスデンでも暴動が起こると、これを支持したゼンパーは亡命を余儀なくされ、パリからロンドンへと渡った。１８５５年には設立されたばかりのチューリッヒ工科大学に教授として招かれ、亡命中からスイスに至るまでに蓄積していた研究をまとめていった。

１８５１年にゼンパーが著した『建築の四要素』で

ワーグナーが指揮した州立歌劇場
ゼンパー・オーパー
（ドイツ・ドレスデン、1838〜41）

ドイツのドレスデンにある州立歌劇場。1838年から1841年にかけて、ゼンパーの設計により建設されたが、その後火災による消失を経て、1871年に同じくゼンパーの設計で再建された。半円形の前面が特徴で、再建後はよりバロック的になったといわれている

ヨーゼフ1世の命により建てられた
美術史美術館
（オーストリア・ウィーン、1872〜81）

オーストリア・ウィーンの美術館。フランツ・ヨーゼフ1世の命によりゼンパーが設計し、ゼンパー没後はカール・フォン・ハーゼナウアが引き継いで1881年に完成させた。ネオ・ルネサンス様式の3層構成で、平面計画はゼンパーによるものとされている。エントランスにはドリス式、イオニア式、コリント式の柱頭が並ぶ

は、「炉」「床」「屋根」「皮膜（壁）」の4つが建築をかたちづくる基本要素である、と定義されている。ここで重要なのは、「炉」には冶金や窯業、「床」には石工、「屋根」には木工、「皮膜」には織物というように、建物を構成する部位と素材の加工技術との対応から、建築を説明しようとしたことにある。古典主義建築の神話的な世界観から、建築は人間の技術的な営みから生まれるという考え方へと、建築観が大きく転換する契機となったとされる。

Profile
Gottfried Semper

1803年	ドイツに生まれる
1823年	ゲッチンゲン大学で史学史や数学を学んだ後、建築へ転向
1825年	ミュンヘンでゲルトナーに学ぶ
1834年	ザクセン王立芸術学校教授に就任
1841年	ドレスデンの宮廷劇場
1849〜51年	フランス・パリへ亡命
1851年	『建築の四要素』出版
1851〜55年	イギリス・ロンドンへ亡命
1855年	チューリッヒ工科大学教授に就任
1860〜63年	『工芸および建築における様式（Der Stil in den technischen und tektonischen Künsten）』出版
1869年	ヴィンテルトゥル市庁舎
1871年	ウィーン大学教授就任
1879年	死去

ゼンパーは音楽家リヒャルト・ワーグナーと親交をもち、ワーグナーのためにミュンヘン祝祭劇場を設計したが、建設には至らなかった

「ゴシック・リバイバル」の理論的支柱となった建築家

オーガスタス・ウェルビー・ノースモア・ピュージン

1812～1852
イギリス

中世キリスト教社会を理想と考えたピュージンは、ゴシック様式の正当性と合理性を理論と実作で示した

ヨーロッパに新古典主義の流れが広がる中、18世紀後半のイギリスでは、中世ゴシックを復興させようとする「ゴシック・リバイバル」が起こった。ロマン主義やピクチャレスクの流れから、ある種の文人趣味として捉えられていたゴシック・リバイバルだが、オーガスタス・ウェルビー・ノースモア・ピュージンの登場によって理論的に整理され、建築界に急速に広がっていったのである。

1812年にロンドンに生まれたピュージンは、フランス革命後イギリスに亡命した銅版画家の父のもとで、仕事を手伝いながらデザインの感覚を養った。早熟だったピュージンは、若くして建築だけでなく家具や装飾のデザインも詳細にこなしたという。その後建築家チャールズ・バリーにその腕を買われ、イギリス

ゴシック装飾で彩られた荘厳なウェストミンスター宮殿

イギリス国会議事堂

(イギリス・ロンドン、1836〜67)

チャールズ・バリーによる新国会議事堂コンペ案をもとに、バリーが平面・立面・断面の計画を立て、ピュージンがゴシック様式の詳細部を担当した。結果として、バリーによる極めてピクチャレスク(折衷的)な構成と、ピュージンによる密度の高い後期ゴシックの装飾が融合した、完成度の高い建築となった

中世ゴシック様式を再現した非対称の教会

セント・オーガスティン教会堂

(イギリス・ラムズゲート、1845〜50)

ピュージン自邸の隣に建ち、自身が出資者となって完成させた教会。ここでは、ピュージンが最も評価していた13〜14世紀の中世ゴシック様式を考古学的に正確に再現した。一方で、塔の配置は意図的な非対称とされており、19世紀イギリスの教会建築に影響を与えたとされる

国会議事堂の設計助手として細部を任されることになり、以降ゴシック建築に情熱を注いでいくことになる。

ピュージンは中世こそがキリスト教の正当な時代であると考えた。そして中世ゴシック建築が古典建築に比べて構造的・機能的・装飾的に優れていることを著作を通して理論的に示し、それを自らの建築作品を通して証明しようとした。こうしたピュージンの機能主義的な主張は、やがてヨーロッパの教会建築の規範として広がっていった。

Profile

Augustus Welby Northmore Pugin

1812年	フランスからイギリスへ亡命した銅版画家の父のもと、イギリス・ロンドンに生まれる
1834〜37年	キングエドワード高等学校
1836年	『コントラスト(Contrasts)』出版
1836〜67年	イギリス国会議事堂
1841年	『ゴシックのキリスト教教会の原点(The True Principles of Pointed Christian Architecture)』出版
1841〜46年	セント・ジャイルス教会
1841〜63年	ラムスゲート邸
1845〜50年	セント・オーガスティン教会堂
1852年	ラムスゲートで死去

イギリス国会議事堂設計時のピュージンの貢献度について、バリーのアシスタントに過ぎなかったという説、ゴシック様式の建築家としてバリーの代わりを務めたという説など、評価は分かれる。これについて両者の死後、それぞれの息子が論争を繰り広げた

ヴィオレ・ル・デュク

ゴシック建築の構造的解釈に挑んだ修復建築家

1814〜1879
フランス

修復建築家として知られるデュクは、15世紀の要塞ピエール・フォン城をはじめ、ゴシック建築を中心に数多くの修復に携わった

1814年、パリの裕福な家庭に生まれたヴィオレ・ル・デュクは、幼い頃から教養レベルの高い家庭環境で育った。若くして絵画の才能を示すが、フランスの伝統的な建築教育機関エコール・デ・ボザールの権威主義に反発し、入学を拒否。その後はデッサン学校で教えながら各地を巡り、中世建築のデッサンを通して建築を学んでいった。当時のデュクは古代ローマ偏重の古典主義であったが、イタリアへのデッサン旅行を通じて、改めて中世ゴシックへの関心を深めていく。その後、フランスの歴史建築修復官であった作家プロスペル・メリメの依頼により、古建築の修復に関わる機会を得て、ヴェズレーのラ・マドレーヌ教会堂の修復を皮切りに、パリのノートル・ダム大聖堂の修復など数多くの修復に携わった。その経験をもとに『11〜16

蘇ったロマネスク建築の傑作

ヴェズレーのラ・マドレーヌ教会堂

（フランス・ヴェズレー、1840～76［修復］）

デュクが最初に修復を手がけた建築。実測調査で構造的欠陥を把握し、構造補強を行いながら修復していった。デュクの「修復」は、彼独自の解釈が持ち込まれ、決してもとの建物に忠実な修復ではなかったため賛否両論であったが、ロマネスク期の教会堂を現存させた功績は大きい

ヴィクトル・ユゴーが遺したパリの大聖堂

ノートル・ダム大聖堂

（フランス・パリ、1842［修復］）

フランス革命の激動を経て廃墟と化していた、大聖堂の修復計画。当初の案は控えめなものだったが、最終的にはオリジナルにない高さの尖塔や彫刻を加え、批判を受けることとなった。デュクの修復計画には正確な復元にこだわらず、建築としての機能を重視する側面があった

世紀フランス建築事典』や『建築講話』などを著し、自らの建築理論を構築していった。

デュクは、ゴシック建築をすべて構造力学的に説明することを目指し、宗教建築の各部位に対して、合理的かつ機能的に整合性を与えた。また、当時まだ新しい素材だった鉄の利用も認めており、ゴシック建築の合理的解釈を拡大し、懐古趣味に陥りがちだったゴシック・リバイバルを、機能美を追求する20世紀の近代建築運動（モダニズム）に繋げる役割を果たした。

Profile

Eugène Viollet-le-Duc

1814年	フランス・パリに生まれる
1840～76年	ヴェズレーのラ・マドレーヌ聖堂（修復）
1842年	パリのノートル・ダム大聖堂（修復）
1854～68年	『11～16世紀フランス建築事典』出版
1857～85年	ピエール・フォン城（修復）
1862～72年	『建築講話』出版
1864～67年	サン・ドニ・ド・レストレ教会堂
1879年	ローザンヌで死去

デュクの数少ない新築の実作として、サン・ドニ・ド・レストレ教会堂がある。サン・ドニ大聖堂（19頁）の付属建物で、デュクが新たな様式を創作しようとしていた痕跡が随所にうかがえる

シャルル・ガルニエ

ナポレオン3世の第二帝政時代を体現したネオ・バロック

1825～1898
フランス

ダイナミックな階段空間に、豪奢な装飾が施されたパリのオペラ座は、ガルニエが手がけたネオ・バロックの傑作

1825年、パリの下町で教育熱心な両親のもとに生まれたシャルル・ガルニエは、1842年にパリのエコール・デ・ボザールに入学し、建築を学んだ。1848年には若手芸術家の登竜門であるローマ大賞を受賞し、奨学金を得てローマへ留学。留学中はギリシア、ローマの古代建築を熱心に巡り、特にギリシア装飾の色彩に関心を寄せたという。

帰国後は、数多くの宗教建築を手がけたフランスの建築家テオドール・バリューのもとで修行に励んだ。1860年には、ジョルジュ・オースマンのパリ改造計画の一環として公募された新オペラ座の建築設計競技において、当時すでに大家として名を馳せていたヴィオレ・ル・デュク（74頁）を破り当選し、壮麗豪華なパリのオペラ座を完成させた。バロックの要素を大胆に

バロック復興の契機となった傑作

オペラ座

（フランス・パリ、1862～75）

ネオ・バロックの傑作であり、設計者の名前から「ガルニエ宮」とも呼ばれる。建築面積に対して座席数は少なめで、舞台や大階段、ホワイエ（ロビー）に十分なスペースを確保し、絢爛豪華に装飾している。当時最大の劇場として、新素材であった鉄を構造部に採用し、合計2,000席以上、5階建の巨大な劇場空間を実現した

バカンスの地に建つネオ・バロック

モンテカルロ国営カジノ

（モナコ・モンテカルロ、1878～81）

ガルニエによるネオ・バロックのもう1つの代表作。1,000人規模の大広間を中心に、ルーレットのある部屋が配置され、各室がそれぞれ彫刻などで豪華に装飾されている。同じくガルニエ設計のモンテカルロ歌劇場も併設されている

取り入れたことから、同時代に完成したルーヴル宮殿新館とともに、「ネオ・バロック」と呼ばれるバロック復興のきっかけとなった作品である。

時はナポレオン3世による第二帝政時代。19世紀フランスから始まったネオ・バロックは、帝国主義的競争が激化していたヨーロッパ諸国において、国家の威信を表現する最適な様式として、20世紀前半にかけて各国で流行した。

Profile

Charles Garnier

1825年	フランス・パリに生まれる
1842年	エコール・デ・ボザールに入学
1848年	ローマ大賞設計競技で首席となり、ギリシア、イタリア、中近東を遊学
1860年	新オペラ座建築設計競技に当選
1862～75年	パリのオペラ座
1878～81年	モンテカルロ国営カジノ
1880～88年	モン・グロ天文観測所
1883年	マリニー劇場
1898年	死去

名劇場として名高いパリのオペラ座は、小説「オペラ座の怪人」の舞台にもなった

19世紀後半〜20世紀の建築家

Philip Webb
Otto Wagner
Antoni Gaudi
Louis Henry Sullivan
Victor Horta
Frank Lloyd Wright
Charles Rennie Mackintosh
Peter Behrens
Edwin Landseer Lutyens
Adolf Loos
Erich Mendelsohn
William Van Alen

フィリップ・ウェッブ

生活と芸術の融合「アーツ・アンド・クラフツ」の建築家

1831～1915
イギリス

レッド・ハウス（赤の家）は、内装までトータルに設計・デザインされており、「生活と芸術の融合」というアーツ・アンド・クラフツの思想が随所に見られる

19世紀後半のイギリスでは、産業革命以降の機械化による粗悪品の増加と、工場労働における人間疎外に対して、手仕事による中世的なギルド再興の思想が生まれていた。その思想を下敷きに、ウィリアム・モリスは絵画や彫刻のみを芸術とする従来の価値観を批判し、工芸品を「小芸術」と位置づけ、民衆の生活の中に芸術をもたらそうとする「アーツ・アンド・クラフツ運動」を興した。その運動を建築家として後押ししたのが、フィリップ・ウェッブだった。

オックスフォードに生まれたウェッブは、伝統的建造物の修繕を専門とする建築家のもとで修行し、その後ロンドンの建築家の事務所に移ったところでウィリアム・モリスと出会う。1861年には、ウェッブの処女作でもあるモリス自邸のレッド・ハウス（赤の家）

アーツ・アンド・クラフツの理想的住宅
レッド・ハウス（赤の家）
（イギリス・ロンドン、1859～60）

ロンドン郊外に位置する、ウィリアム・モリスの中世主義思想が初めて実践された自邸。16世紀イギリスの住宅様式として発展したチューダーゴシック様式をデザインに取り入れ、名前の由来でもある赤レンガを使用している。庭を囲むようにL字形に配されたプランは、ゴシック様式に典型的な非対称性をかたちづくっている

ウェッブ晩年の中世風住宅
スタンデン・ハウス
（イギリス・サセックス、1891～94）

ウェッブ晩年の建築作品。ロンドンの著名な弁護士夫婦のために建てられた住宅で、室内にはモリスのデザインしたカーペットや壁紙が使用された。レンガや石、木材といった多様な材料が使われた複雑な外観だが、丘の中腹に配置し、周囲の中世的な農園風景の中の建築群になじませるように設計されている

を手がけた仲間たちとともに、モリス・マーシャル・アンド・フォークナー商会を設立し、商会専属のデザイナーとして家具やステンドグラスをデザインした。

ウェッブが設計・デザインした建築や家具は、中世やゴシック・リバイバルの影響を受けながらも、独自性と実用性に支えられたモダニズムの萌芽が認められ、フランク・ロイド・ライト（92頁）のプレーリースタイルにも影響を与えたとされる。

Profile
Philip Webb

1831年	イギリス・オックスフォードに生まれる
1856年	ロンドンのG.E.ストリート事務所でウィリアム・モリスと出会う
1858年	事務所を開設
1859～60年	レッド・ハウス（赤の家）
1861年	モリスらとともにモリス・マーシャル・アンド・フォークナー商会を設立
1891～94年	スタンデン・ハウス
1915年	サセックスで死去

レッド・ハウス（赤の家）はウィリアム・モリスが5年間住んだ後、個人所有を経て、2003年にナショナル・トラストの管轄下となった

オットー・ワグナー

歴史主義から近代建築への脱却

1841〜1918
オーストリア

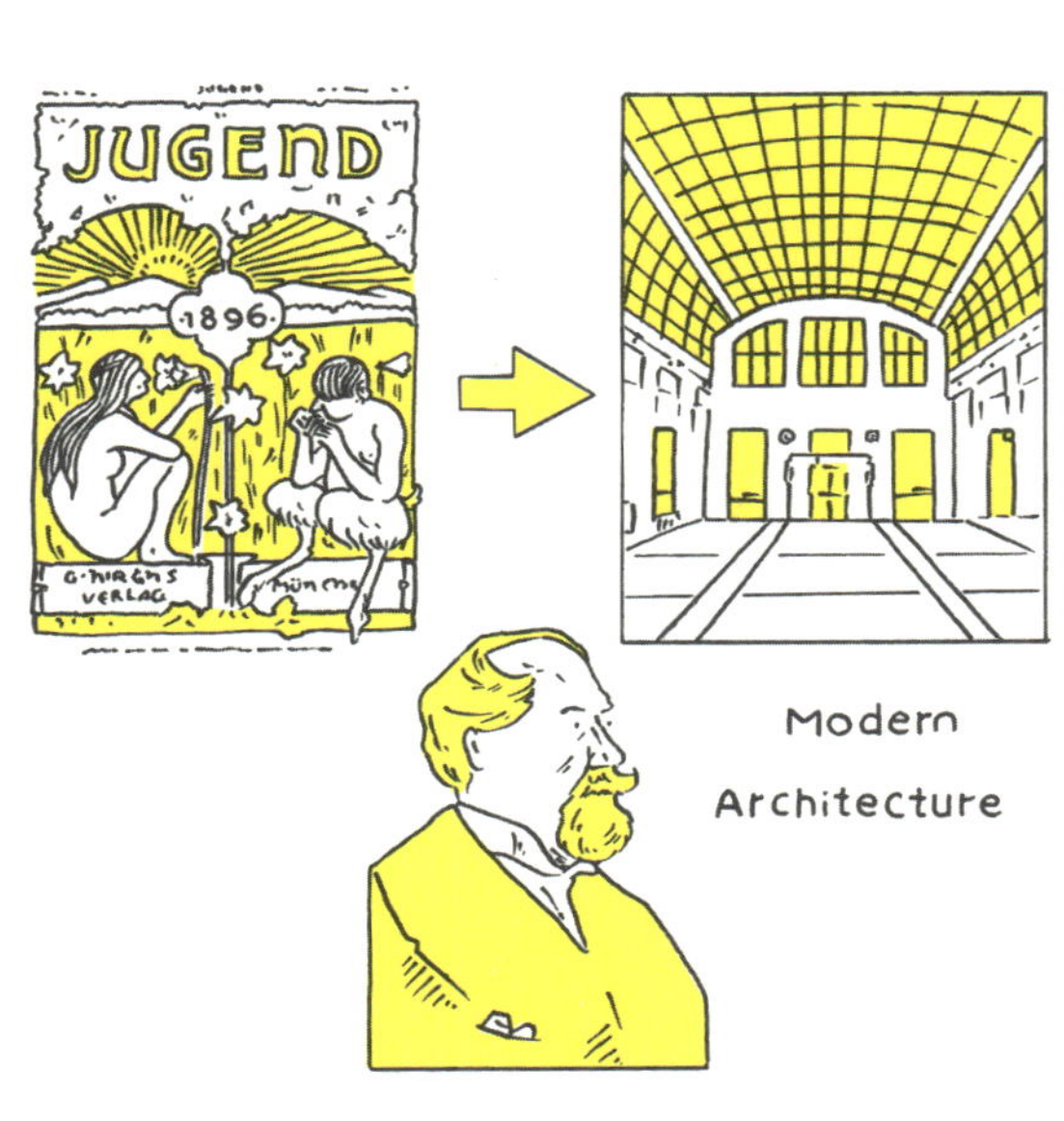

合理性や機能性を求めた名句「芸術は必要にのみ従う」は、近代建築への布石となった。ワグナーは歴史主義から近代建築への過渡期を生きた建築家であった

1841年にウィーン郊外に生まれたワグナーは、ウィーン工科大学や、ベルリンの建築アカデミーで学び、その後ウィーン美術アカデミーに進み1863年に卒業した。当時のウィーンでは、リングシュトラーセと呼ばれる新たな環状大通りに、さまざまな歴史様式による公共建築が次々に建てられていたが、ワグナーの初期の作品も同様に歴史主義的であった。

しかし50代になる1890年代以降は、ドイツ語圏のアール・ヌーヴォーである「ユーゲントシュティール」へと転身した。ウィーンの都市計画顧問となり、現在のウィーン交通の基礎ともなっている市営鉄道を計画すると同時に、駅舎や鉄橋、水門などを設計した。

1894年にはウィーン美術アカデミーの教授に就任し、講義をまとめた『近代建築』を1895年に出

金と緑を効果的に配した美しい旧駅舎

カールスプラッツ駅

（オーストリア・ウィーン、1899）

市営鉄道の建設に携わったワグナーによる駅舎の1つで、カールス広場北側に2棟が対となって建っている。ユーゲントシュティールの金色の装飾が施され、緑色のフレームで白い大理石の壁面パネルが固定されている

花模様のユーゲントシュティール

マジョリカ・ハウス

（オーストリア・ウィーン、1898）

ユーゲントシュティールの建築。「マジョリカ焼き」と呼ばれる花模様のタイルで外壁が覆われていることから、マジョリカ・ハウスと名付けられた。現在も集合住宅として使われている

近代建築の幕開け

ウィーン郵便貯金局

（オーストリア・ウィーン、1906〜12）

ユーゲントシュティールから脱した晩年期、近代建築の最初期の名作。それまでの装飾とは異なり、実用性に基づいた装飾が施されている。内部には、自然光を取り込むアーチ状の二重ガラス屋根のアトリウムがある

版した。そこでは歴史主義建築を批判し、ゴットフリート・ゼンパー（70頁）の理論を発展させながら、社会の変化に対応した新しい素材を用いる建築を主張し、「芸術は必要にのみ従う」という言葉を残した。

アカデミーでワグナーの教えを受けたヨゼフ・マリア・オルブリッヒとヨーゼフ・ホフマンらは、1897年に「ウィーン分離派（ゼセッション）」を結成し、後にワグナー自身もそこに参加している。

Profile

Otto Wagner

1841年	オーストリア・ウィーン郊外で生まれる
1857年	ウィーン工科大学卒業後、ベルリン建築アカデミー、ウィーン美術アカデミーに学ぶ
1863年	建築家として独立
1890年	ウィーンの都市計画顧問に就任
1894年	ウィーン美術アカデミーの教授に就任
1895年	『近代建築』出版
1898年	マジョリカ・ハウス
1899年	カールスプラッツ駅
1906〜12年	ウィーン郵便貯金局
1918年	ウィーンで死去

ユーゲントシュティールとは、ドイツ語で「青春様式」を意味する。週刊誌「ユーゲント」が名称の由来となった

バルセロナの奇才

アントニ・ガウディ

1852～1926
スペイン

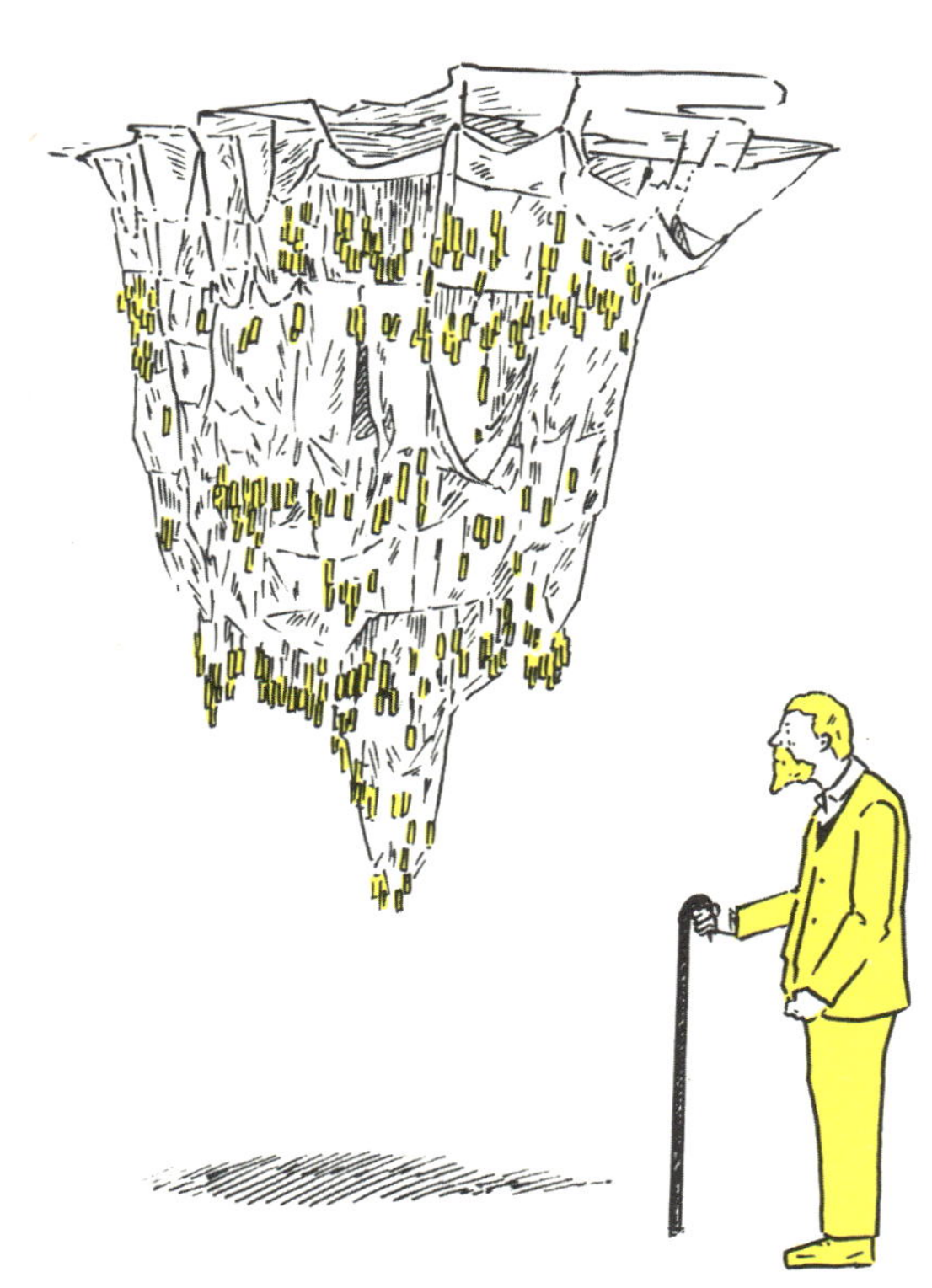

形態と構造が相互に依存しあうと考えたガウディは、ひもと重りとシルクペーパーを使った逆さ吊り模型「フニクラ」を用いた。フニクラを逆さに吊るし、それをもとにアーチやヴォールトの形状を決めていったという

未完の大作、サグラダ・ファミリアの設計者として知られるアントニ・ガウディは、スペインのカタルーニャ州に生まれ、州都バルセロナにおいて活躍した建築家である。19世紀前後のカタルーニャでは、産業革命の影響から鉄道が出現し、繊維業・貿易業の発達なども重なり、急激な都市化の時代を迎えていた。そんな中、都市計画家のイルデフォンス・セルダによるバルセロナ整備拡張計画が実行に移され、建築家として大きな役割を担ったのがガウディであった。ガウディは、バルセロナが国際都市へと変貌する中で、カ

ガウディの宗教建築

幻想的な光が差し込む地下の聖堂
コロニア・グエル教会地下聖堂
(スペイン・バルセロナ、1898～1916)

繊維業を営むエウゼビオ・グエルが労働者住宅地の一部として計画し、ガウディに設計を依頼した地下聖堂。逆さ吊り模型の実験を繰り返してアーチの設計を進めたとされるが、未完に終わった。ここでの経験が、傑作サグラダ・ファミリアへと引き継がれていった

死後も建設が続く未完の世界遺産
サグラダ・ファミリア
(スペイン・バルセロナ、1883～)

構造的合理性と有機的造形が融合した、未完の最高傑作。ガウディが31歳の時に前任者から引き継いで主任建築家に任命され、以後亡くなるまでライフワークとして設計に従事した。内戦などにより図面や模型の大半が失われ、わずかに残された資料をもとに、ガウディの設計思想を推察しながら、現在も建設が続けられている。2026年竣工予定

タルーニャ独自の文化を表現する建築作品を生み出していったのである。

父方も母方も銅細工職人の家系に生まれたガウディは、バルセロナ建築大学で学び、1878年に建築士資格を取得。同年に開催されたパリ万国博覧会スペイン館のショーケースをデザインしたことをきっかけに、後にパトロンとなる富豪エウゼビオ・グエルと出会い、以後バルセロナにグエル邸やグエル公園をはじめとした数々の建築作品を残していった。

ガウディの作風は、自然を模した細部装飾を用いる有機的な造形で知られるが、他方で「逆さ吊り模型」の実験によって構造合理性を示したように、構造力学への明晰さも備えていた。この造形と構造の調和こそがガウディの建築作品の特質であるといえるだろう。

ガウディの代表作

うねる壁面が視線を奪う

カサ・ミラ

（スペイン・バルセロナ、1906～10）

バルセロナの実業家ペドロ・ミラ夫婦のための住宅。2つの円形の中庭を囲みながら、敷地いっぱいに建てられている。外周は波打つ石の壁で構成され、バルコニーには海藻のような鉄の手摺が取り付く。ほとんど曲線で構成された丘陵のような建築

色とりどりのタイルが散りばめられた

カサ・バトリョ

（スペイン・バルセロナ、1906）

既存の建築をガウディが改修した。構造体には手を加えず、タイルやステンドグラスで装飾を施しながら、曲線的なデザインを大胆に導入し、人の動きに応じた有機的なインテリアをつくりあげた

タイルで彩られた公園

グエル公園

（スペイン・バルセロナ、1914）

エウゼビオ・グエルがガウディに依頼した、市場・劇場などを備えた都市住宅地計画から始まった都市公園。計画の敷地はバルセロナ郊外の丘一帯で、ガウディは自然と調和した総合芸術を目指し計画に取り組んだが、2戸が建てられたのみで未完に終わり、市の公園として寄付された

公園内にはトカゲをはじめ、さまざまなモチーフが色鮮やかなタイルで彩られる

初期のガウディ作品

グエル邸

（スペイン・バルセロナ、1886～89）

グエルのために設計された邸宅。アーチ・ヴォールトで支持されたサロンを中心に、天井ドームの多数の丸穴からは自然光が降り注ぐ。初期の代表作

グエル別邸

（スペイン・バルセロナ、1884～78）

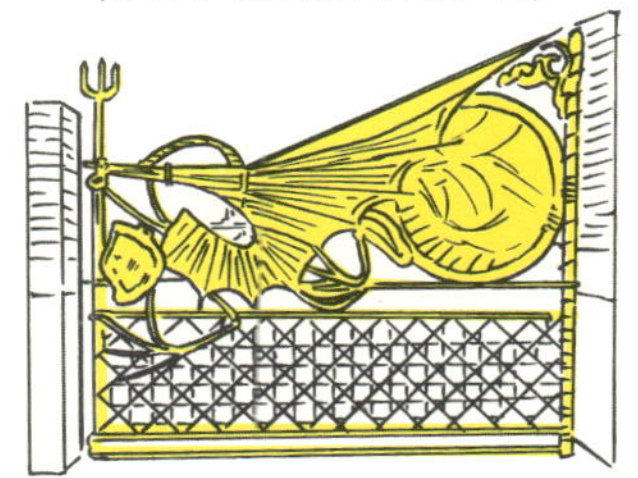

グエルからの初依頼の仕事。「龍の門」を中心に、管理人邸と厩舎の2つの建物が配置され、カタルーニャの伝統工法が随所に見られる

初期ガウディの色彩

カサ・ビセンス

（スペイン・バルセロナ、1878～85）

バルセロナに現存するガウディ初期の作品。アラビア・タイルの製造業を営むマヌエル・ビセンスの邸宅。イスラム芸術が融合したムデハル様式から影響を受け、色彩豊かなタイルで覆われた外観と植物を模した装飾が特徴

Profile

Antoni Gaudi

1852年	スペイン・カタルーニャ地方のタラゴナに生まれる
1878年	バルセロナ建築学校卒業、建築士となり、エウゼビオ・グエルと出会う
1883年	サグラダ・ファミリアの主任建築家に就任
1884～87年	グエル別邸
1886～89年	グエル邸
1906年	カサ・バトリョ
1906～10年	カサ・ミラ
1912年頃～	サグラダ・ファミリアの仕事に専念するようになる
1914年	グエル公園
1918年	エウゼビオ・グエル死去
1926年	路面電車にはねられ死去、サグラダ・ファミリアに埋葬される
2026年	サグラダ・ファミリア竣工予定

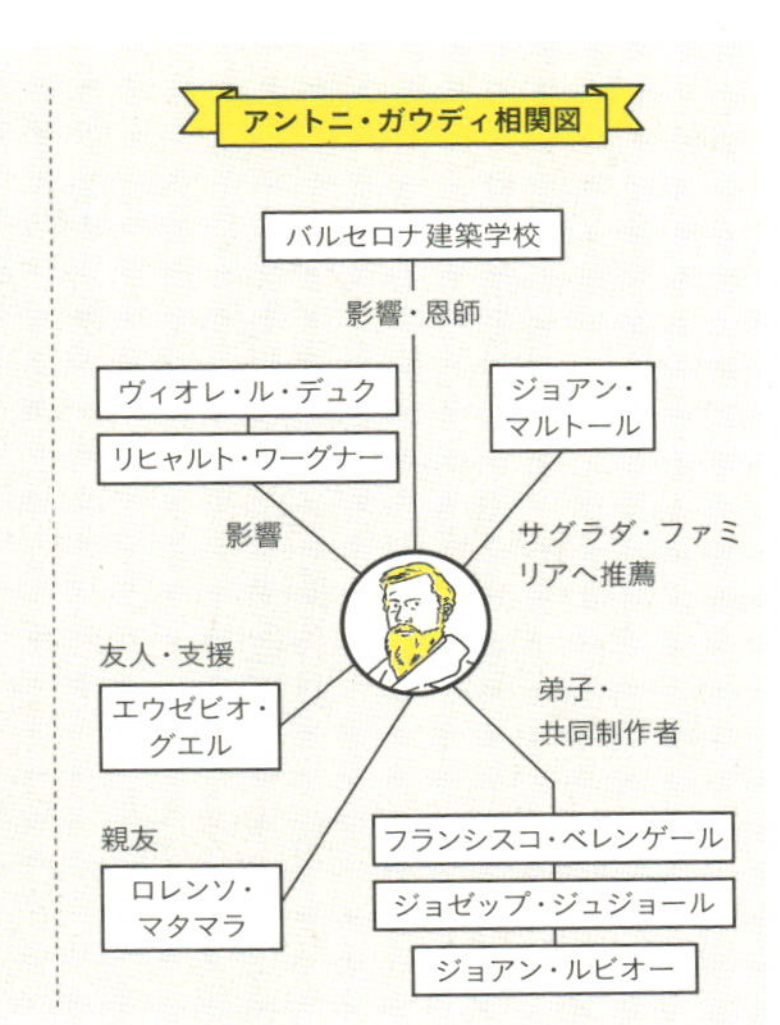

ガウディの弟子であり、共同制作者でもあったジュジョールは、カサ・バトリョのファサードやグエル公園のタイル装飾、カサ・ミラの仕上げなどを手がけた。ガウディは彼の独特の色彩感覚を高く評価していた

ルイス・サリヴァン

「形態は機能に従う」近代建築の幕明け

1856〜1924
アメリカ

サリヴァンの名言「形態は機能に従う」とは、既存の様式ではなく、建築の用途や機能に応じて形態が決められていく、という後の機能主義に連なる考え方であった

シカゴ派の中心的建築家であったルイス・サリヴァンは、アイルランド生まれの父とスイス生まれの母のもと、アメリカのボストンで生まれ、マサチューセッツ工科大学で建築を学んだ。設計事務所に勤めた後、1873年にはシカゴに移り、鉄骨ラーメン構造を採用したことで知られるウィリアム・ル・バロン・ジェニーの事務所に入所、鉄骨高層建築の経験を積んだ。その後パリ留学を経て、ダンクマール・アドラーの事務所に加わり、1881年には共同経営者となった。

2人の事務所は、1871年のシカゴ大火以降の復興建設需要に湧くシカゴで大きな成功を収め、10余年の間に100棟近くの建築を設計したといわれる。1889年にはオーディトリアム・ビル、1890年にはウェインライト・ビルをたて続けに完成させ、劇

鉄骨フレームの高層建築の先駆け

ウェインライト・ビル

(アメリカ・セントルイス、1890)

オーディトリアム・ビル以降、オフィスビルの設計に注力していったサリヴァンとアドラーの代表的な作品。高層建築としてエレベーターも導入された。産業革命による技術革新で鉄の大量生産が可能になり、この後、鉄骨フレームの高層建築が次々と生まれていった

シカゴ大火復興のシンボル

オーディトリアム・ビル

(アメリカ・シカゴ、1887〜89)

サリヴァンとアドラーの共同設計による、シカゴの代表的な建築。4,000席以上の劇場と、オフィスやホテル、商業施設を備えた大規模な複合施設となっている。この作品は、シカゴ大火からの復興の象徴であると同時にシカゴの文化的な象徴となり、1893年のシカゴ万国博覧会の誘致に影響を与えたとされる

場建築やオフィスビルを中心に名を馳せていった。

近代建築の格言「形態は機能に従う」を残したサリヴァンだが、一方で装飾にも魅せられており、自身の設計ではアール・ヌーヴォー的ともいえるような装飾を展開している。機能主義を標榜しながらも、自然と建築の有機的な融合を目指したサリヴァンの思想は、弟子であるフランク・ロイド・ライト(92頁)に引き継がれていったのだった。

Profile

Louis Henry Sullivan

1856年	アメリカ・ボストンに生まれ、マサチューセッツ工科大学で建築を学ぶ
1873年	フィラデルフィアのフランク・ファーネスの事務所を経て、シカゴのウィリアム・ル・バコン・ジェニーの事務所入所
1874年	フランス・パリのエコール・デ・ボザールに留学
1879年	ダンクマール・アドラーの事務所に入所
1881〜95年	アドラーと共同で設計事務所を運営
1887〜89年	オーディトリアム・ビル
1890年	ウェインライト・ビル
1899〜1904年	スコット百貨店
1894年	ギャランティ・ビル
1924年	シカゴで死去

ヴィクトール・オルタ

アール・ヌーヴォーと建築を初めて融合させた建築家

1861〜1947
ベルギー

植物のモチーフを用いた「アール・ヌーヴォー」のタッセル邸で、オルタは細い柱や流線形の手摺などによる流麗な空間をつくりだした

19世紀末から20世紀初頭にかけて、「新しい芸術」を意味する「アール・ヌーヴォー」と呼ばれる芸術潮流が、パリを中心に流行した。建築分野では過去の建築様式の模倣からの脱却が目指され、「ジャポニズム」などの非西欧圏の芸術や、「アーツ・アンド・クラフツ運動」の影響を受けながら、近代社会生活への新しい建築材料の応用方法を模索していた。

最初のアール・ヌーヴォー建築とされるタッセル邸を建設したのが、ヴィクトール・オルタである。オルタはベルギーのゲントに生まれ、パリでインテリア・デザイナーとして働くが、やがて帰国し、ブリュッセルの美術学校で建築を学んだ。大学教授で新古典主義建築家のアルフォンス・バラの助手となり、ガラスと鉄が用いられた王宮温室の設計に携わった後、１８８５

明るく開放的な美しい内部空間
オルタ邸
(ベルギー・サン＝ジル、1898〜1901)

オルタの自邸兼アトリエ。自邸とアトリエは、外部から見ると隣接し独立した建物となっているが、内部で繋がっている。スキップフロアとガラス天井をもつ階段室によって、明るく広がりのある内部空間を実現している。現在はオルタ美術館として使われている

史上初のアール・ヌーヴォー建築
タッセル邸
(ベルギー・ブリュッセル、1893〜94)

建築にアール・ヌーヴォーを融合させた最初の事例とされる。当時の新素材であった鉄とガラスを多用し、鉄を構造体としてだけでなく、植物を模した緻密な装飾としても用いた。ベルギーの古典的な間取りを変更し、家の中心に自然光の入る空間とした

年に独立。タッセル邸やソルヴェー邸など、いくつかの個人住宅を設計した。

ベルギーのアール・ヌーヴォーは政治的な社会状況とも密接に関わっており、オルタは労働党本部のほか、駅やホールなどの公共建築も手がけたが、20世紀に入るとアール・ヌーヴォーの作風を捨て、新しい作風を模索していった。その後は再び脚光を浴びることは少なくなったものの、オルタの残した建築は、後にフランスのアール・ヌーヴォー建築を牽引したエクトール・ギマールらに影響を与えた。

Profile
Victor Horta

1861年	ベルギー・ゲントで靴職人の息子として生まれる
1878年	パリに渡り、装飾デザインのスタジオで働く
1881年	ベルギーに戻り、美術学校で建築を学ぶ
1885年	ブリュッセルに設計事務所を開設
1893〜94年	タッセル邸
1894年	ソルヴェー邸
1898〜1901年	オルタ邸
1912年	ブリュッセル美術アカデミー教授に就任
1913年	ベルギー王立アカデミー美術部門の派遣員に就任
1927年	ベルギー王立アカデミー会長に就任
1932年	アルバート1世により男爵に叙せられる
1947年	ブリュッセルで死去

ベルギーの実業家のために設計されたソルヴェー邸は、予算に制限が設けられなかったため、外装から家具や調度品に至るまで、オルタ設計によるアール・ヌーヴォーの装飾が豪華に施されている

フランク・ロイド・ライト

建築に「流動性」と「有機性」をもたらした巨匠

1867〜1959
アメリカ

ライトの建築は、まるで土壌から芽生えたかのような「有機性」、内外の空間が溶け合うかのような「流動性」がある

フランク・ロイド・ライトは、ミース（110頁）、コルビュジエ（114頁）らとともに20世紀の三大巨匠と評される※。しかし彼は2人より20歳も年上で、2人の師ベーレンス（98頁）と同世代である。ライトは装飾の過剰さから「19世紀的」と批判を受けることもあったが、2人と同等に扱われるのは、60年以上にわたって設計活動を続け、死ぬまで進化し続けたからである。

サリヴァン（88頁）のもとで経験を積んだ彼は、アメリカを中心に膨大な数の作品を手がけ、時代とともに作風を変化させた。まず、20世紀初めには、

※ヴァルター・グロピウス（108頁）も加えて近代建築の四大巨匠とすることもある

ライトの傑作

自然と融合した究極の有機的建築

カウフマン邸（落水荘）

（アメリカ・ペンシルバニア、1936）

カウフマン邸は、ペンシルバニア州ベア・ランの森の中にある。滝を眺める場所ではなく、滝の上に建てられた。折り重なるコンクリートの床は抽象的でありながらも、土地との関わりを断ち切ろうとするヨーロッパ発の国際様式にはない、自然との一体感がある

巻貝のような螺旋状美術館

ソロモン・R・グッゲンハイム美術館

（アメリカ・ニューヨーク、1959）

セントラルパークを望む五番街沿いの敷地に建つ。スラブが螺旋状に、内側にも外側にも幅を広げながら上昇していく、巻貝を彷彿とさせる構造。訪問者は中央にあるエレベーターで一番上まで昇り、壁沿いに降りながら絵画を見るという計画で、床が斜めになっている珍しい美術館である。完成したのは、ライトの死から6か月後のことであった

螺旋の中央は大きな吹抜けで、天井はガラスになっている

螺旋の隙間にもガラスが入り、展示品を照らす光を導く

低層で軒を深くとり、建物内部と自然が融け合う「プレーリースタイル」を確立した。ロビー邸はその代表格である。1920年頃になると、コンクリートを用いた表現を追求し、マヤの神殿を思わせる装飾的なブロックを好んで使うようになる。バーンズドール邸はその好例で、日本で活躍した時期とも重なっている。晩年にかけては、装飾の少ない、より近代的な作風を展開させていった。落水荘や、死後完成したグッゲンハイム美術館は、その代表例である。

このように、彼の作風は各時期で変化したが、内外空間の「流動性」や、まるで土壌から芽生えたかのような「有機性」は彼の変わることのない特徴である。これは、近代建築にとって欠くことのできない重要な性質であった。

ライトは幼少の頃、ドイツの教育家フリートリヒ・フレーベルが開発した玩具（恩物）で遊び、その体験が創造力に大きく影響を与えたとされる

ザ・プレーリースタイル
ロビー邸
（アメリカ・シカゴ、1906）

ライトが確立した「プレーリースタイル」の代表作。重力に逆らう垂直方向の要素ではなく、水平方向のスラブを基調に、内外が連続する、自然となじむ姿が目指された

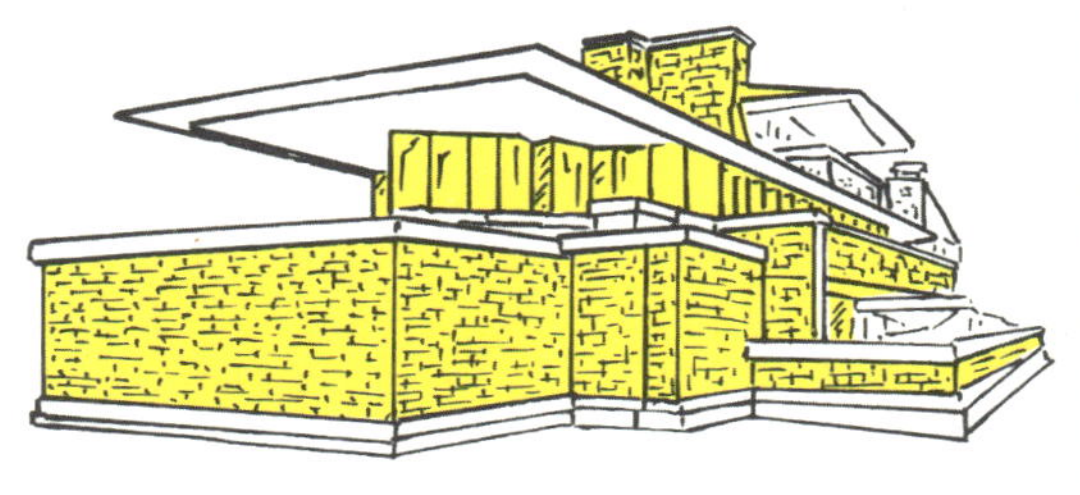

タチアオイの家
バーンズドール邸
（アメリカ・ロサンゼルス、1917〜20）

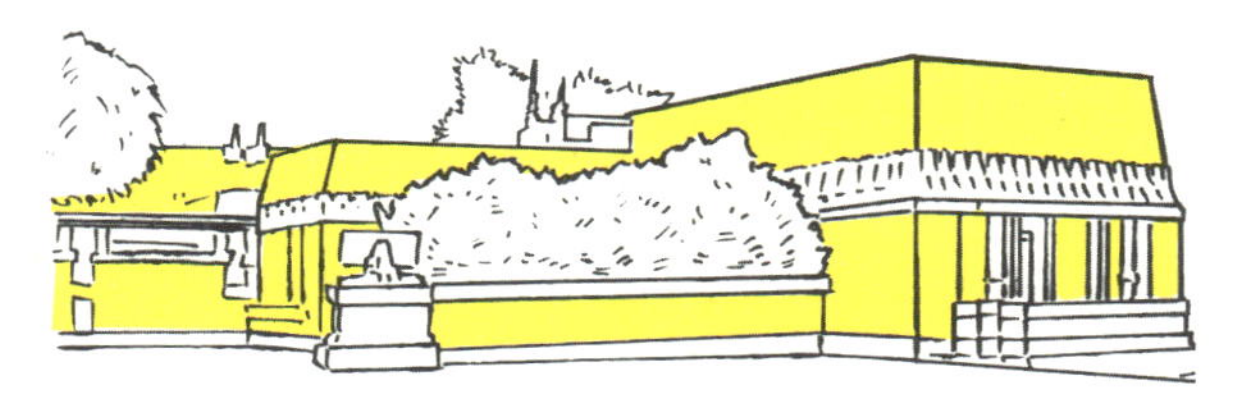

海まで見渡せるロサンゼルスの高台に建つ。敷地にタチアオイが自生していることから、ホリホック・ハウス（タチアオイの家）と名付けられた。壁面の装飾もタチアオイをモチーフにしている。20世紀初頭の現代アートのように、マヤ、アステカ、エジプトなどの古代文明の影響が指摘されているが、ライト自身はこの住宅を「まさしくカリフォルニア風」と言った

砂漠の地に建つライトの工房
タリアセン・ウェスト
（アメリカ・アリゾナ、1937〜59）

「タリアセン」とは、ライトの工房や弟子たちが共同生活を送るための建築群である。1911年からウィスコンシン州で建設が開始されたが、冬の厳しい寒さから逃れるため、1937年からアリゾナ州に「冬の家」としてタリアセン・ウェストが建設された。ライトは事務所をタリアセン・フェローシップという建築塾として運営していたが、毎年のように行われた増改築も、その弟子たちが手がけた

六角形の家
ハンナ・ハウス
（アメリカ・スタンフォード、1936）

柔軟性のある内部空間を実現しようと、ライトは六角形を単位としたプランニングも試みた。その最初の例が、このハンナ・ハウス。壁も六角形に沿って120度の角度で折れ曲がっている

最晩年のライト

マリン郡庁舎

（アメリカ・カリフォルニア、1966）

サンフランシスコの北、マリン郡サン・ラファエルに建つ庁舎で、ライトの最後のプロジェクト。吹抜け上部は天窓、下部には道路が走り、共有部には外気が入り込むつくりとなっている

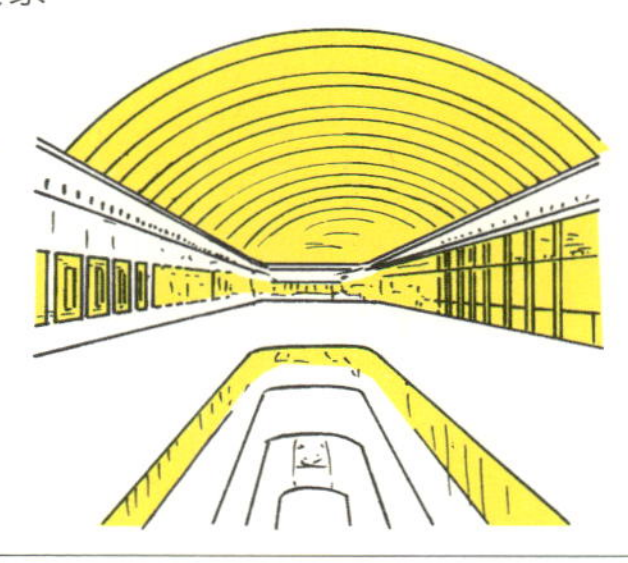

日本のライト作品

自由学園明日館

（日本・東京、1921）

ライトは日本に滞在した4年間のうちに目白の自由学園明日館、神戸の山邑邸も設計した。自由学園の創立者である羽仁吉一、もと子夫妻は、ライトのもとで働いていた建築家・遠藤新の友人だった

帝国ホテル

（日本・東京、1923）

ライト来日のきっかけとなった作品。オープニングパーティーの準備中に関東大震災に見舞われたが、このホテルは生き残り、現在は玄関部分が博物館明治村に移築保存されている

Profile

Frank Lloyd Wright

1867年	アメリカ・ウィスコンシン州に生まれる
1885年	ウィスコンシン大学土木科で学ぶも、中退しシカゴへ渡る
1887年	ルイス・サリヴァンら主宰の設計事務所に入所
1893年	シカゴで設計事務所を開設
1895年	独立後の初仕事ウィンズロー邸竣工
1906年	ロビー邸
1909年	妻子を残し、チェニー夫人とともに渡欧、自らの作品集の編集・監修を手がける
1910年	ベルリンのヴァスムート社より作品集出版
1911年	アメリカ帰国、タリアセン建設
1914年	タリアセンが放火され、夫人と子ども、弟子らが殺害される
1919年	帝国ホテル着工、アントニン・レーモンド夫妻を伴い来日
1918〜25年	山邑邸
1921年	自由学園明日館
1932年	タリアセン・フェローシップ設立、『自伝』出版
1936年	カウフマン邸（落水荘）
1959年	アリゾナで死去、グッゲンハイム美術館

フランク・ロイド・ライト相関図

日本で活躍した建築家アントニン・レーモンドは、帝国ホテル建設のためにライトとともに来日した。その後日本で設計事務所を開設し、前川國男ら日本の近代建築の巨匠たちに大きな影響を与えた

アール・ヌーヴォーの先駆者

チャールズ・レニー・マッキントッシュ

1868〜1928
イギリス

マッキントッシュはウィロー・ティー・ルームをはじめ、自ら設計した建築の内装も手がけた。また、「ハイバック・チェア」などで知られるように、インテリアでも数多くの名作を残した

スコットランドのグラスゴーに生まれたマッキントッシュは、子どもの頃から自然や城、民家などをスケッチしながら、建築家を目指していた。16歳でグラスゴーの建築家ジョン・ハッチソンのもとで働き始め、グラスゴー美術学校の夜間部で学んだ。

21歳になる頃には、後にパートナーとなるハニーマン&ケッピー事務所で働き始め、本格的な設計活動を開始した。その頃、グラスゴー美術学校で知り合った建築家ハーバート・マクネア、絵画と金工を専門としていたマクドナルド姉妹と「ザ・フォー」を結成。その活動はウィリアム・モリスらによる「アーツ・アンド・クラフツ運動」に触発されて始まったものであったが、アール・ヌーヴォーやジャポニズムの影響も受けながら、直線や幾何学を用いる「グラスゴー・スタイル」と

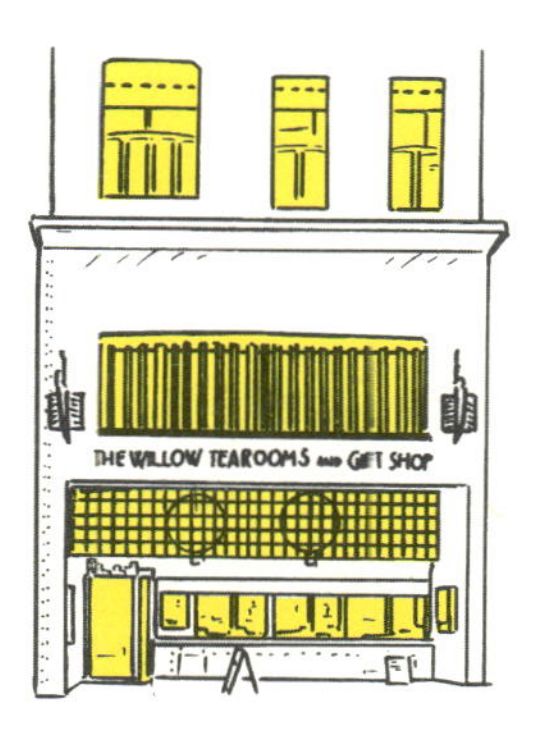

アール・ヌーヴォーからアール・デコへ
グラスゴー美術学校・図書館
(イギリス・グラスゴー、1897～1909)

予算不足のため建設は15年間に及び、その作風は二期に分かれた。一期は曲線を多用したデザインだったが、二期の図書館では幾何学的なエレメントが多用され、彼の作風の変遷をたどることができる

流麗なインテリア
ウィロー・ティー・ルーム
(イギリス・グラスゴー、1903)

マッキントッシュがデザインしたティールームのうち、最も有名なもの。インテリアは柳をモチーフとし、家具やテーブルウェア、グラフィックに至るまでデザインされている

伝統様式とデザインの融合
ヒルハウス
(イギリス・グラスゴー、1902～04)

スコットランドの伝統的な民家様式スコティッシュ・バロニアルに、幾何学的なデザインが掛け合わされた作品。機能的なL字形プランで、開口部や家具、調度品など、すべてがマッキントッシュにより設計・デザインされている

呼ばれる独自のスタイルを徐々に確立していった。彼らのデザインはイギリス国内では酷評を受けたが、ウィーンでの展覧会では称賛され、オットー・ワーグナー（82頁）とその弟子たちが中心となったウィーン分離派へ影響を与えた。

第一次世界大戦が始まった1914年以降はロンドンに移り住み設計活動を行い、1923年を境に建築設計の仕事から離れた。死去する1928年まで、南フランスで水彩画家として活動した。

Profile
Charles Rennie Mackintosh

1868年	イギリス・グラスゴーに生まれる
1884年～	ジョン・ハッチソンの事務所に入り建築を学び、グラスゴー美術学校夜間部に入学
1889年	ハニーマン＆ケッピー建築事務所に入所
1892年頃	マクドナルド姉妹、ハーバート・マグネアと出会い、「ザ・フォー」結成
1896年	グラスゴー美術学校設計競技に設計案が採用される
1897～1909年	グラスゴー美術学校・図書館
1902～04年	ヒルハウス
1903年	ウィロー・ティー・ルーム
1914年	ロンドンに移住
1923年	南フランスに渡る
1927年	病気のためロンドンに戻る
1928年	ロンドンで死去

近代建築史を体現する建築家

ペーター・ベーレンス

1868〜1940
ドイツ

ユーゲントシュティールの代表的な木版画「接吻」(左上)、ロマネスク教会に類例があるハーゲンの火葬場 (右上)、そしてAEG社のマーク (左下) や電気ケトル (右下) といったプロダクト製品などを手がけ、多様な活躍を見せた

ベーレンスは20代のとき、まず画家として有名になった。彼の描いた「接吻」はユーゲントシュティールを代表する作品の1つに数えられている。

30代に入ると、磁器やガラス、家具、建築と、その活動の幅を広げていく。32歳で手がけた自邸はまだ画家としての作風の延長にあったが、以降は古典主義、特にロマネスクを代表する教会堂サン・ミニアート・アル・モンテ聖堂（17頁）とよく似た作品を手がけた。

40代は、当時急成長を遂げた電気設備会社、ＡＥＧ社と深く関係し、多数の工業製品や工場の設計・デザインを手がけた。それらはＡＥＧタービン工場を中心に、技術と芸術の統合に成功した最初期の建築として称賛されている。この時期のベーレンスの興味は、新古典主義で有名なシンケル（66頁）に向いていたようで

ロゴから製品デザイン、工場設計まで

AEGタービン工場

（ドイツ・ベルリン、1909）

1904年に1,000馬力だったAEGのタービン製品の供給高は、1909年の初めには100万馬力に膨れ上がった。その飛躍的な需要の伸びに対応すべく建設されたのが、この新工場。奥行き207m（当初は123m）、幅25.6mの巨大な無柱空間と、それよりやや奥行きの短い2階建部分（左側）からなる

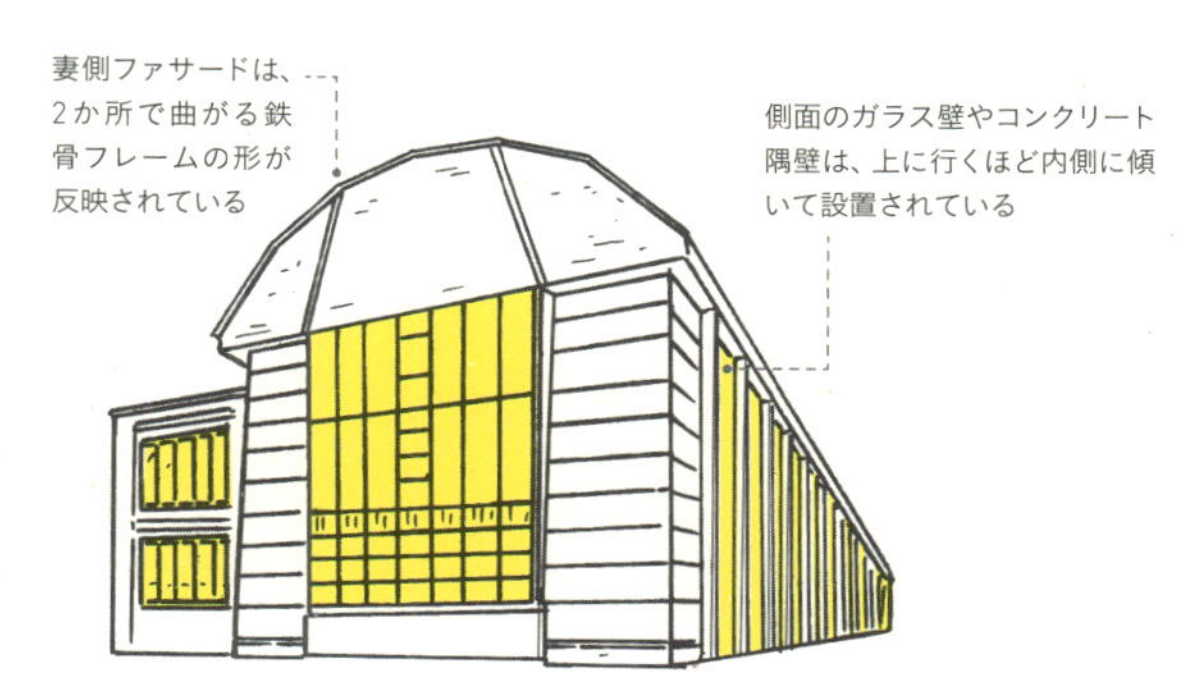

白い壁に緑釉のクリンカータイル、屋根には赤色の瓦が使用されている

玄関がある正面側は2階建、後ろ側は3階建。必然的に、各部屋は立体的に接続することになり、この点にも新鮮さが認められる

アーティストたちが集う村の家

ダルムシュタット芸術家村の自邸

（ドイツ・ダルムシュタット、1901）

ダルムシュタット芸術家村に建設された自邸。この村は、ドイツのヘッセン地方のダルムシュタットに、政治家や実業家の支持のもと、新しい社会や文化生活の中心となるよう計画されたもの。ほとんどの建物はヨーゼフ・マリア・オルブリッヒが担当したが、この自邸はベーレンスが手がけた

Profile

Peter Behrens

- 1868年 ドイツ・ハンブルクに生まれる
- 1903年 デュッセルドルフ美術工芸学校の校長に就任
- 1901年 ダルムシュタット芸術家村の自邸
- 1907年 ドイツ工作連盟設立、ドイツの大手電気設備会社・AEG社の芸術顧問となる
- 1909年 AGEタービン工場
- 1912年 ドイツ大使館（サンクトペテルブルク）
- 1922年 ウィーン芸術院の建築学校校長に就任
- 1936年 ベルリンのプロシャ美術学院建築科長に就任
- 1940年 ベルリンで死去

ある。ちなみに、後のモダニズムを牽引するグロピウス（108頁）やミース（110頁）、コルビュジエ（114頁）が事務所にいたのはこの時期だ。

50代に入ると、アムステルダム派寄りの表現主義へ移るが、50代の終わりには、いよいよ近代主義の表現を獲得するに至る。W・J・バセット＝ローク邸は英国最初の国際様式の邸宅となり、ヴァイセンホフ・ジードルンクではミースらとの共演まで果たした。

古典主義、新古典主義、表現主義、近代主義…。彼ほど、近代建築史を体現する建築家はほかにいないだろう。

ベーレンスの事務所にグロピウス、ミース、コルビュジエが在籍したのは、グロピウスが1908～10年、ミースが1908～11年、コルビュジエが1910年。近代建築の巨匠たちが一時期をベーレンスの事務所でともに過ごした

インドの首都・ニューデリーをつくった建築家
エドウィン・ランドシーア・ラッチェンス

1869～1944
イギリス

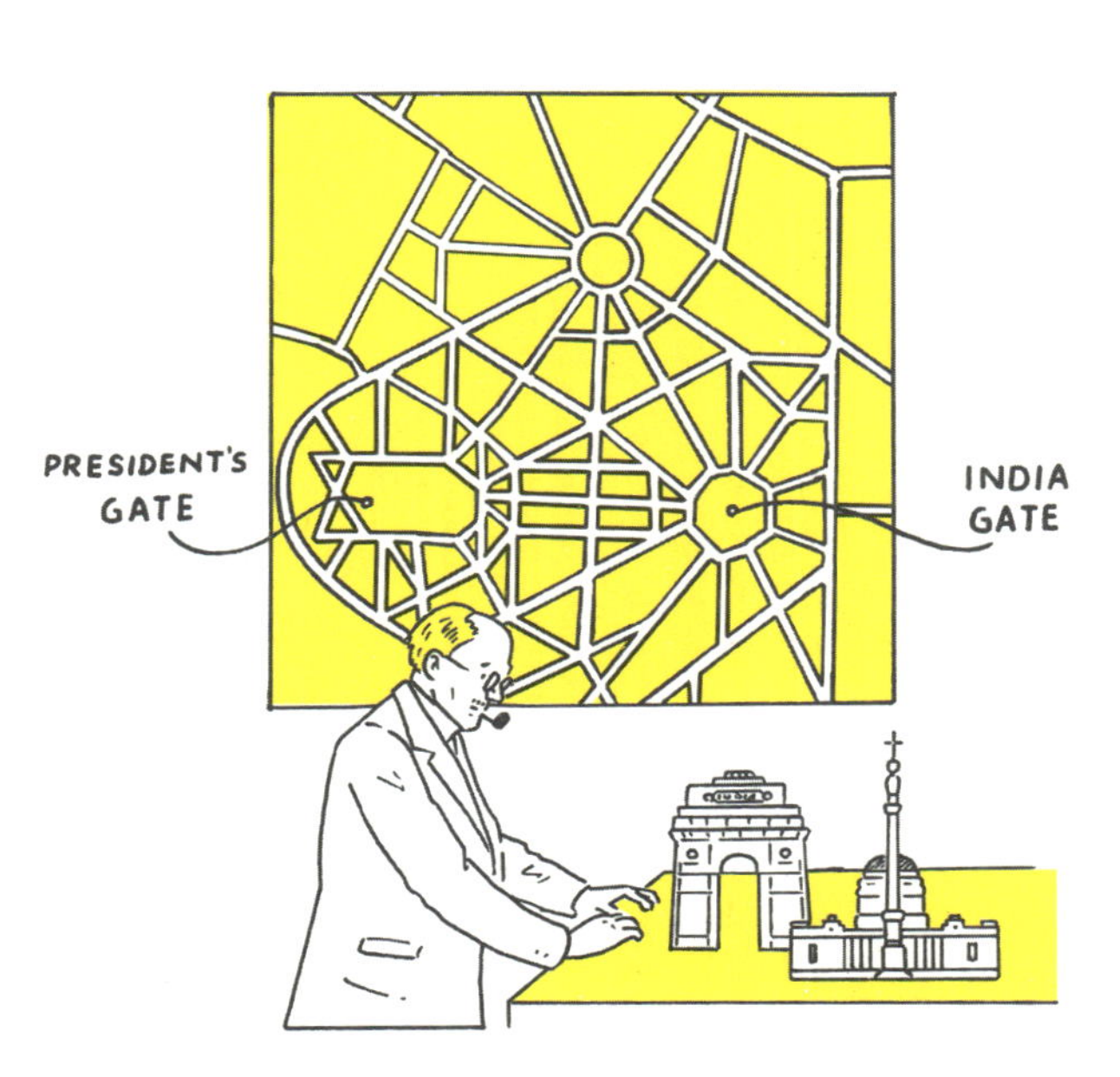

ニューデリー都市計画は、大統領官邸とインド門を結ぶ王の道、それと直行する民の道を主軸として、幾何学パターンでつくられた

ラッチェンスは、クリストファー・レン（46頁）と並び称される、英国史上最も有名な建築家の1人である。1889年、20歳のときにロンドンで独立すると、「アーツ・アンド・クラフツ運動」への好みが明らかな、田園的な住宅作品を数多く手がけた。それらの中には、イギリスで今も続く週刊誌『カントリーライフ』の創立者の家、ディーナリー・ガーデンがある。この週刊誌は、アーツ・アンド・クラフツ運動による住宅の支持層を読者に多くもったらしく、その創立者の家を設計していることは彼の作風をよく物語っている。

ところが、ラッチェンスの建築家人生は1912年に大転機を迎える。イギリス領インド帝国の首都移転に際して、その計画委員会の建築家にラッチェンスが指名されたのだ。これには、インド総監を務めたリッ

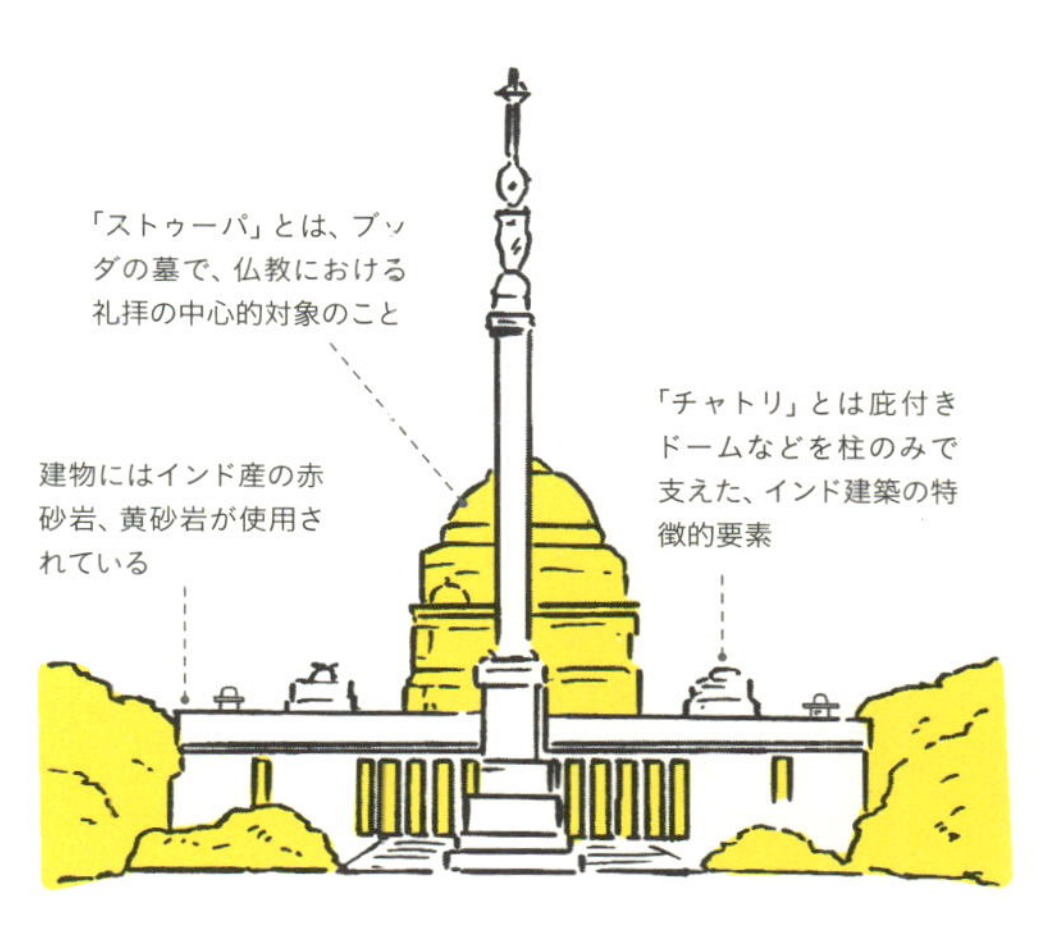

西洋古典主義とインドの融合

インド大統領官邸

（インド・ニューデリー、1929）

元インド帝国総督官邸、現在の大統領官邸である。西洋の古典主義を基礎としつつも、ストゥーパを思わせる中央ドームやチャトリ風の塔屋、塀の上部を飾る像の彫刻など、インド建築らしい要素があちらこちらに見られる

インド版凱旋門

インド門

（インド・デリー、1931）

ラッチェンスがキングスウェイ東端に設計した門。フランスの凱旋門をもとに、第一次世界大戦の戦没者慰霊のためのモニュメントとして設計された

トン伯爵の長女が彼の妻である、という背景があったようだ。都市や建築物の設計が完了したのは1931年のこと。約20年かけて、壮大なバロック的都市ニューデリーが完成した。緑が多く田園都市的でもある点は、どこかラッチェンスらしさを感じさせるが、大統領官邸やインド門を見ると、彼のその後の作風はアーツ・アンド・クラフツから古典主義へと移ったようである。西洋の古典主義をベースにインド建築のモチーフ、材料を折衷した巧みなデザインがなされている。

Profile

Edwin Landseer Lutyens

1869年	イギリスで生まれる
1885年～	サウスケンジントン美術学校で学ぶ
1889年	ロンドンで建築家として独立
1902年	ディーナリー・ガーデン
1912年～	インド・ニューデリーの建築計画に参画する
1929年	インド大統領官邸
1931年	インド門
1938年～	王立アカデミーの院長を務める
1944年	イギリスで死去

ニューデリーの「王の道」を東へ延長すると、王朝遺跡プラーナー・キラの北西角へ至るなど、ラッチェンスは王朝遺跡を巧みに取り込んだ都市計画を行った

アドルフ・ロース

「装飾は罪悪である」と言い放った実用主義的建築家

1870～1933
オーストリア

ロースは「装飾は罪悪である」という言葉で表層的な装飾を批判し、実用と結びついた純粋で明瞭な建築を目指した

現在のチェコ共和国東部ブルノに生まれたアドルフ・ロースは、ドイツのドレスデンで建築を学んだ後、アメリカへと渡った。3年間のアメリカ生活ではシカゴ万博を目にし、アメリカの合理主義や平等主義に接した。帰国後はウィーンを拠点に店舗や内装の設計を手がけながら、新聞や雑誌に論文を発表するなど旺盛な執筆活動で注目を集めた。

オットー・ワグナー（82頁）の実用主義の影響を受けていたロースは、当時のウィーンの街並を埋め尽くす表層的な装飾を批判し、「装飾は罪悪である」と言い放った。この挑発的な言葉の矛先は、ワグナーの直弟子でありながら、その教えの本質を忘れ装飾に走ったウィーン分離派に向かった。しかしながらロースは、装飾そのものを否定したわけではなかった。生活文化

「罪悪」である装飾を排除した話題作

ロースハウス

（オーストリア・ウィーン、1911）

ウィーン旧市街のミヒャエル広場に面する建築。上階が集合住宅、下階が商業施設として計画された。装飾を徹底的に排除し、庇すら設けなかったため「眉のない建物」と揶揄された上階に対し、下階はドリス式の円柱にガラスのショーウィンドウが挟まるなど、商業空間としての演出が見られる

三次元的に設計された家

ミュラー邸

（チェコ・プラハ、1930）

「ラウムプラン」によって設計された代表的な住宅。白く塗られた四角い外壁に黄色い窓枠のみの、極めてシンプルな外観から一転、内部は細かいレベル差のある空間が複雑に絡み合い、豊かで多様な空間が広がる。ラウムプランは、諸室を三次元的に効率よく配置する経済的な設計手法でもある

から乖離した表面的な装飾を徹底的に批判することで、むしろ実用と結びついた新たな表現や装飾を目指していたといえるだろう。

ロースのこうした考え方は、のちに「ラウムプラン」と呼ばれる独自の設計手法に結実していく。建築を二次元的な形式ではなく三次元の空間と捉え、生活に応じてボリュームを水平・垂直に割り当てることで、多様で変化に富む内部空間をもつ住宅作品を残したのだった。

Profile

Adolf Loos

1870年	モラヴィア地方ブルノに、石工の息子として生まれる
1890～93年	ドレスデン工科大学で学ぶ
1893～96年	アメリカに渡り、アメリカ近代建築やシカゴ派の革新的な建築に触れる
1906年	建築の自由派（Free School of Architecture）創設
1908年	『装飾と犯罪（Ornament und Verbrechen）』出版、アメリカン・バー
1910年	シュタイナー邸
1911年	ロースハウス
1922年	フランスに移住
1928年	オーストリアへ帰国
1930年	ミュラー邸
1933年	ウィーンにて死去

エーリヒ・メンデルゾーン

鉄筋コンクリート造による建築の解放を目指して

1887～1953
東プロイセン
→アメリカ

アインシュタイン塔は、太陽光を地下まで取り入れるためにL字形の断面形が要求された。メンデルゾーンはこれに彫塑的なフォルムを与え、表現主義の傑作を生み出した

エーリヒ・メンデルゾーンは、東プロイセン生まれのユダヤ人建築家だ。ミュンヘン大学で経済学を学び、その後ミュンヘン工科大学で建築を学んだ。大学ではブルーノ・タウトの師でもあるテオドール・フィッシャー教授から薫陶を受けた。卒業後に自身の設計事務所を開設するが、第一次世界大戦で兵役についたため、代表的な建築の完成は1920年代を待つことになる。1930年代になると、今度はナチス・ドイツの台頭により、迫害を恐れイギリスに渡った。その後アメリカのサンフランシスコへと移り、1945年には同地で事務所を開設し、以降アメリカで設計活動を行った。

メンデルゾーンの処女作であるアインシュタイン塔は、表現主義の代表作とされている。先行するアール・

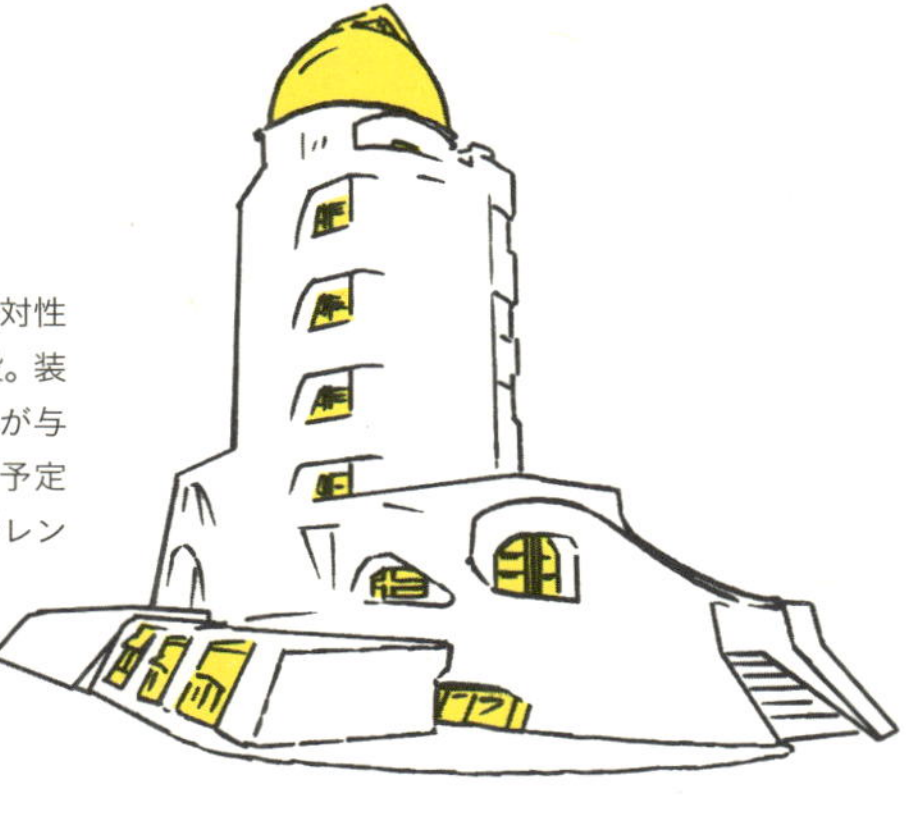

表現主義の傑作

アインシュタイン塔

(ドイツ・ポツダム、1924)

物理学者アルベルト・アインシュタインの相対性理論を実証するために建てられた実験施設。装飾は排除され、建築自体に流動的な造形性が与えられている。鉄筋コンクリート造とする予定だったが、技術的な理由から多くの部分でレンガが使われている

表現主義から近代建築へ

ショッケン百貨店

(ドイツ・ケムニッツ、1930)

ユダヤ人オーナーであるショッケン兄弟が、メンデルゾーンに設計を依頼した百貨店。ニュルンベルクとシュトゥットガルトにも支店があったが、現在残っているのはケムニッツのみ。湾曲したファサードが表現主義的ではあるが、どちらかというと正当な近代建築に接近している

ヌーヴォーやユーゲントシュティールがあくまで装飾表現としての自由の表明であったのに対して、第一次世界大戦前後のヨーロッパにおいて広がった表現主義は、建築全体の形態を既存の枠組みから解放しようとした運動であった。その中でメンデルゾーンは、当時新しく普及しつつあった鉄筋コンクリート造の造形性に着目して、大戦中に描き溜めていたドローイングをもとに、彫塑的で自由な形態を具現化していったのだった。

Profile

Erich Mendelsohn

1887年	東プロイセンに生まれる
1912年	ミュンヘン工科大学で建築を学び、卒業後事務所を開設
1914～18年	第一次世界大戦に従軍、塹壕の中でスケッチを描き留める
1924年	アインシュタイン塔
1921年	ルッケンヴァルトの帽子工場
1926年	写真集『アメリカ』出版
1927年	ペテルスドルフ百貨店、 ショッケン百貨店(シュトゥットガルト)
1930年	ショッケン百貨店(ケムニッツ)
1933年	イギリスへ亡命、セルジュ・シェルマイエフと共同で設計の仕事を行う
1941年	アメリカに移住
1945年	サンフランシスコに事務所を開設
1953年	サンフランシスコで死去

メンデルゾーンは第一次世界大戦中に描いたスケッチを、実家宛ての手紙に忍ばせて郵送し、持ち帰ったという

ニューヨークの摩天楼、アール・デコの傑作を造った建築家
ウィリアム・アレン

1883～1954
アメリカ

ニューヨークの摩天楼を彩るアール・デコ
クライスラー・ビル
(アメリカ・ニューヨーク、1930)

アメリカの自動車メーカー、クライスラー社の本社ビルとして建設された。重ねられた円弧と三角形からなるステンレスの尖塔部分や、車のラジエーターキャップを模した装飾をはじめ、エントランスや内装にも洗練されたアール・デコの装飾が施されている

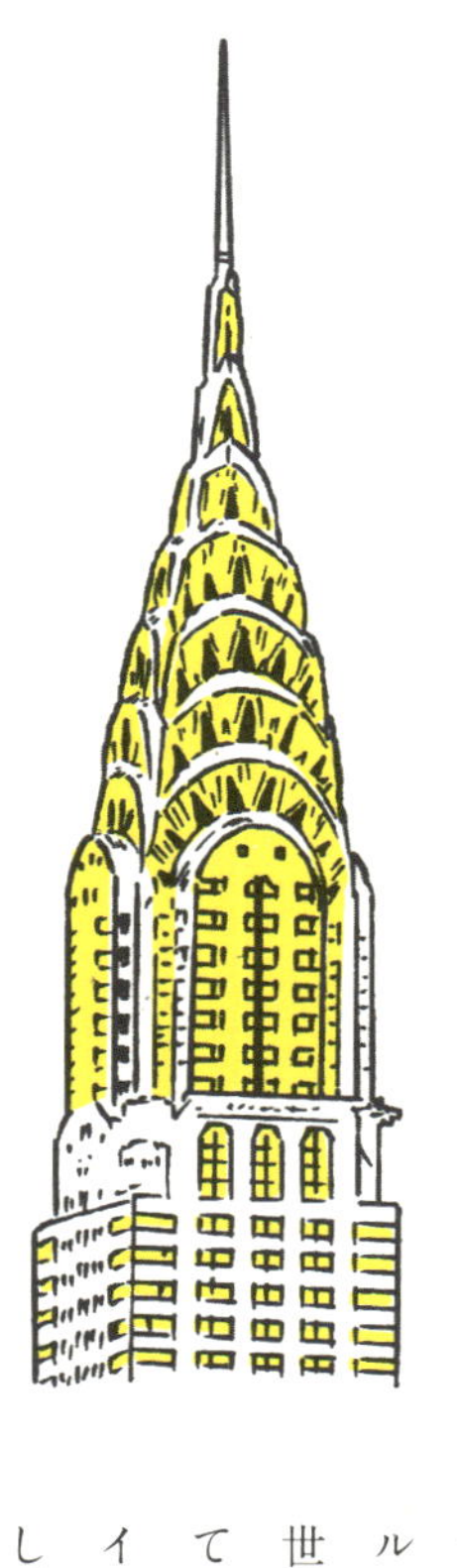

アール・デコ建築の傑作、クライスラー・ビルの設計者として知られるウィリアム・アレンは、アメリカ・ブルックリン生まれの建築家だ。当時のニューヨークは、世界一の高さを競う超高層ビルの建設ラッシュに湧いており、クライスラー・ビルは翌年に完成したエンパイアステート・ビルとともに、アール・デコの摩天楼としてニューヨークのシンボルとなっている。

アール・デコは、1920～30年代に世界的に流行した装飾表現・文化現象だが、特に大衆消費社会の黎明期であったアメリカで開花した。アール・ヌーヴォーが植物をモチーフとした曲線的・有機的なデザインの一品生産が中心だったのに対し、アール・デコは工業製品や都市生活をモチーフとした単純な幾何学的表現によって、広く大衆に受け入れられていった。

アレンはライバルのビルをだしぬくために、ビルの頂部に追加するための38mの尖塔を秘密裏につくった。ライバルのビルが完成した後にそれを設置し、高さ競争を制したという

20世紀の建築家

—

Walter Gropius
Ludwig Mies van der Rohe
Le Corbusier
Gerrit Thomas Rietveld
Konstantin Stepanovich Melnikov
Richard Buckminster Fuller
Alvar Aalto
Louis Kahn
Luis Barragan Morfin
Oscar Ribeiro de Almeida Niemeyer Soares
Ieoh Ming Pei
Jørn Utzon
Robert Venturi
James Stirling

—

「国際様式」の礎を築いた20世紀の巨匠

ヴァルター・グロピウス

1883〜1969
ドイツ
→アメリカ

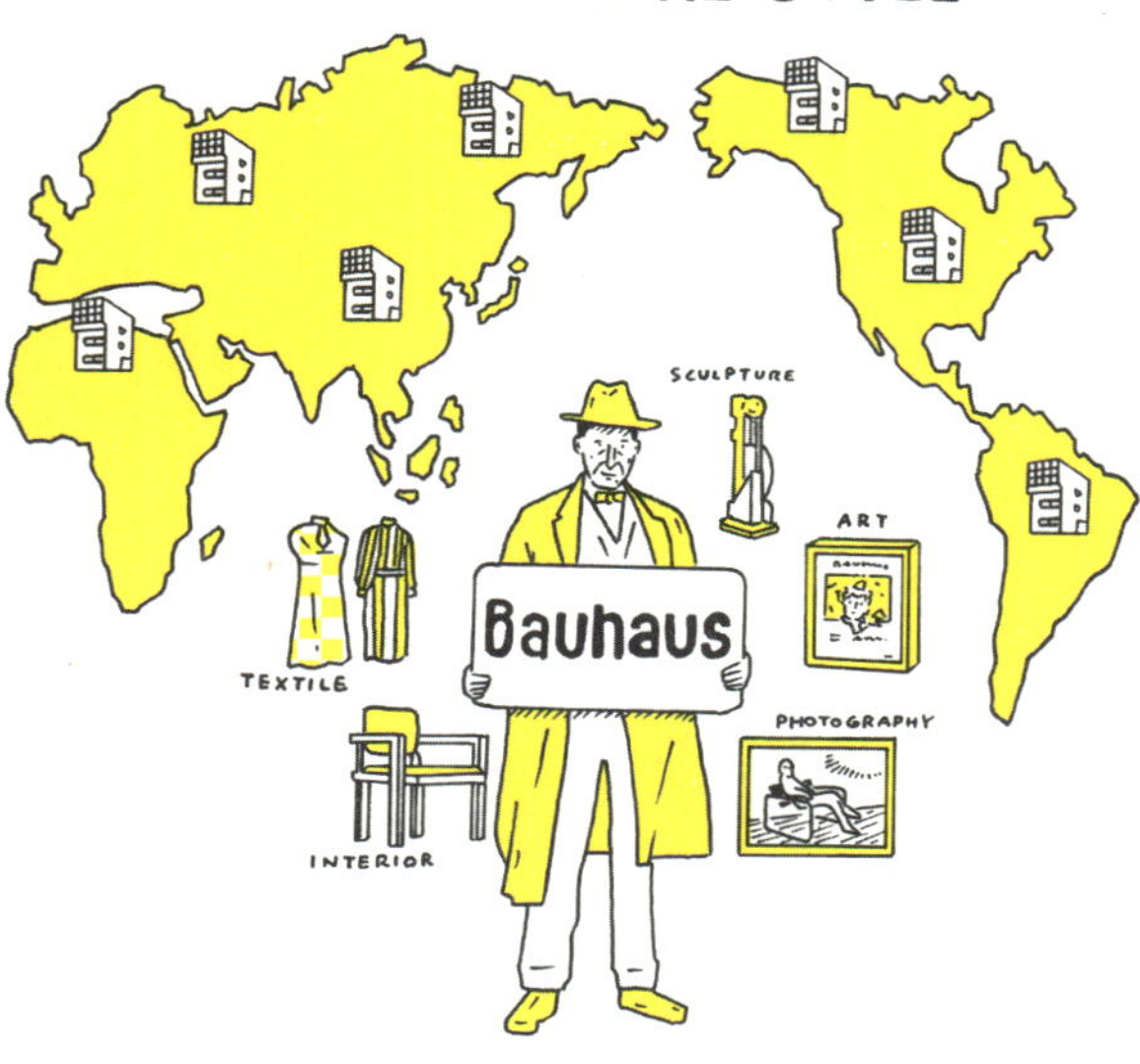

「国際様式」を提唱したグロピウスは、芸術学校「バウハウス」を開校。「建築とは芸術の総合である」との理念を掲げて教育に力を注いだ

グロピウスは、近代建築の四大巨匠の1人。バウハウスの創始者、初代校長として知られ、彼が自ら手がけたデッサウ校舎は、近代建築の記念碑としてあまりに有名だ。

1883年にドイツに生まれたグロピウスは、ベーレンス（98頁）の事務所を経て、1910年にアドルフ・マイヤーと事務所を設立する。ファグス靴工場は独立後すぐの作品であったが、ベーレンスのAEGタービン工場を下敷きに、そこで見られた古典主義的要素を排除し、近代的な材料や技術に基づく新たな造形のあり方を示した。

そうした新しい造形を考えた時、初めて「国際建築」という言葉を語ったのもやはりグロピウスだった。「国際建築」は『バウハウス叢書』第一巻のタイトルになっ

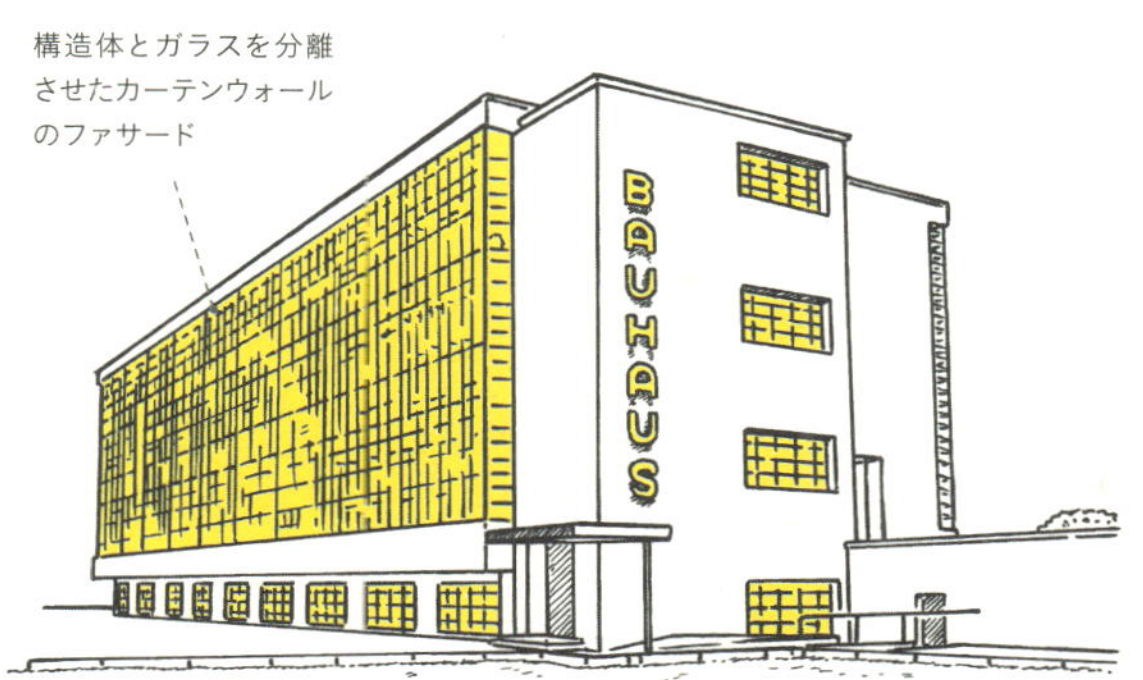

総合芸術の学び舎
バウハウス校舎
（ドイツ・デッサウ、1925～26）

ヴァイマルで開校したバウハウスは、1925年に閉鎖した。デッサウ移転後の新校舎は、「BAUHAUS」のサインが印象的なカーテンウォールの実験・工房館だ。実験・工房館の北に工学教室館、東にアトリエ館がある。大規模で多様な機能が抽象的な箱形の造形でまとめられている

師ベーレンスからの独立
ファグス靴工場
（ドイツ・アルフェルト、1911）

独立後最初の作品。ペーター・ベーレンスのAEGタービン工場をベースに、新古典主義的造形からの脱却が果たされた。カーテンウォールは、AEGタービン工場の妻側ガラス壁を引用している。よく見ると、柱は上に行くほど逓減しており、これもAEGタービン工場と似た造形である

ているが、時間や資金を切り詰める工業社会の建築が、国境を越えて共通の特徴をもつことを見抜いたもので、後にフィリップ・ジョンソンらによって様式としての確立が果たされた。

バウハウス退官後は、イギリス亡命を経て1937年にアメリカへ渡り、ハーバード大学で教鞭を執った。イオ・ミン・ペイ（132頁）やフィリップ・ジョンソンを育てたことでも知られ、教育者としても評価が高い。まさに、「国際様式」の礎を築いた人物といえよう。

Profile
Walter Gropius

1883年	ドイツ・ベルリンに生まれる
1903～07年	ミュンヘンやベルリンの工科大学で建築を学ぶ
1908～10年	ペーター・ベーレンスの事務所に勤務
1910年	アドルフ・マイヤーと事務所開設
1911年	ファグス靴工場（アドルフ・マイヤーとの共同設計）
1919年	バウハウス創立、初代学長に就任
1925年	デッサウへバウハウスを移転
1925～26年	バウハウス校舎（デッサウ）
1928年	バウハウス初代学長を辞任（後任はハンネス・マイヤー）
1934年	イギリスへ亡命
1937年	アメリカ・ハーバード大学大学院建築学科で教鞭を執る
1938年～	マルセル・ブロイヤーと建築事務所を共同経営
1946年	建築家共同体TACを設立
1969年	マサチューセッツで死去

「バウハウス（bauhaus）」はドイツ語で「建築（bau）の家（haus）」を意味する

ミース・ファン・デル・ローエ

モダニズム建築を限界まで磨きあげた巨匠

1886〜1969
ドイツ
→アメリカ

Less is more

「Less is more（より少ないことは、より豊かなことである）」というミースの名句は、モダニズムの性質を端的に表している

近代建築の三大巨匠の1人、ミース・ファン・デル・ローエは、「Less is more（より少ないことは、より豊かなこと）」や「God is in the detail（神は細部に宿る）」といった名句で知られる建築家である。

ドイツ生まれのミースは、ベーレンス（98頁）に師事し、鉄やガラスといった新しい素材の可能性を学んだ。また素材に対する率直な態度をオランダの建築家ベルラーへのレンガの扱い方から学び、ベルリンで開かれたライト（92頁）の展覧会では、その空間がもつ流動性に大きな衝撃を受けたという。

ミースの傑作

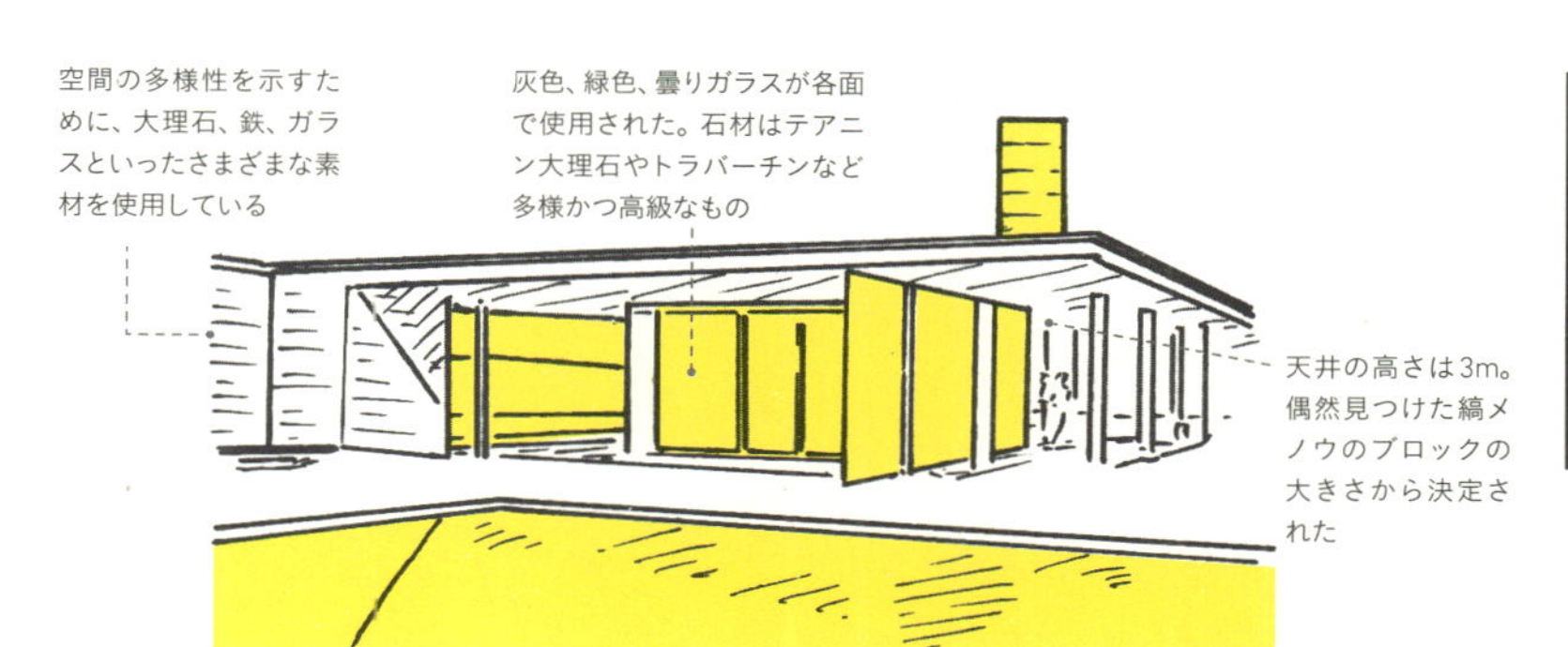

空間の多様性を示すために、大理石、鉄、ガラスといったさまざまな素材を使用している
灰色、緑色、曇りガラスが各面で使用された。石材はテアニン大理石やトラバーチンなど多様かつ高級なもの
天井の高さは3m。偶然見つけた縞メノウのブロックの大きさから決定された

面の造形が生み出す流動性
バルセロナ・パビリオン
（スペイン・バルセロナ、1929［1986に復元］）

1929年に開催されたバルセロナ万博ドイツ館。近代主義建築の傑作中の傑作である。トラバーチンの基壇にクローム合金で覆われた十字形の8本の柱を建て、1枚の鉄筋コンクリートの屋根スラブを支えている。天井いっぱいの高さのガラスは、大きな基壇の上に流動的かつ多様な空間をつくり出している

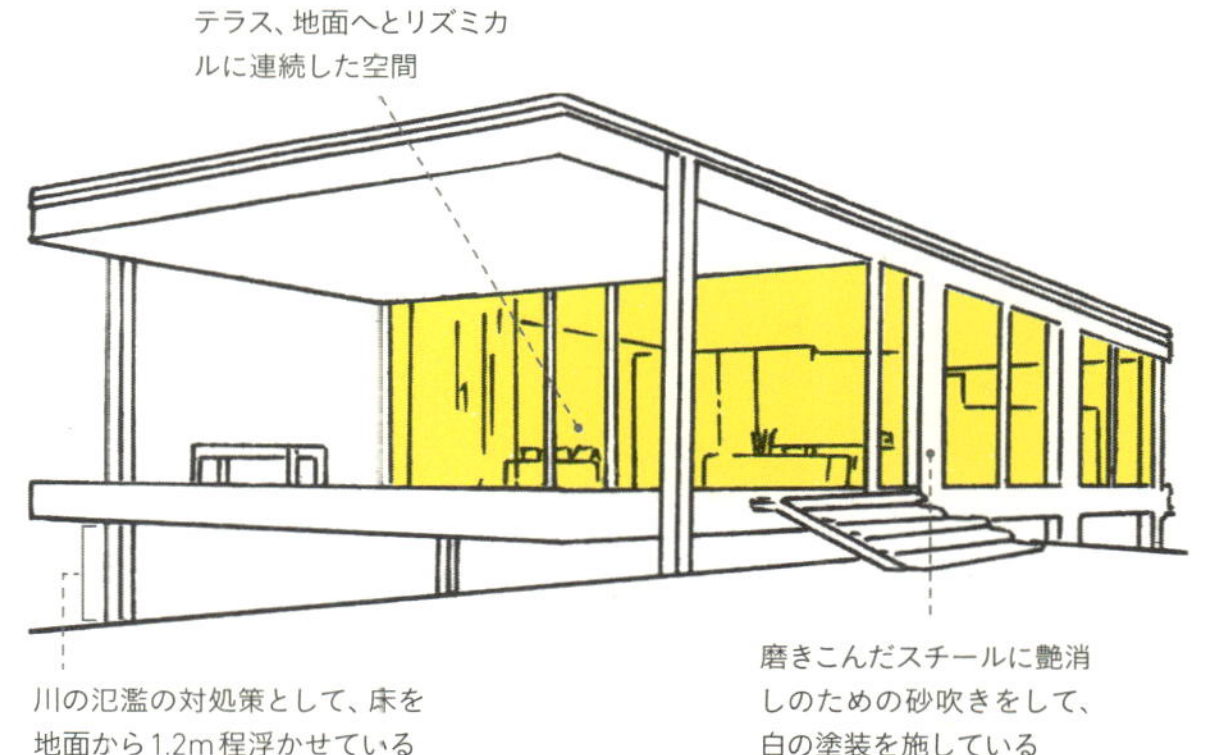

構造から解放されたワンルームの家
ファンズワース邸
（アメリカ・イリノイ、1951）

イリノイ州フォックス川沿いの広大な敷地に建つ、女性医師の週末住宅。床と屋根スラブの周囲に溝型鋼をまわし、8本の柱は外側から溶接して支え、ガラスサッシは溝型鋼に直接溶接している。内部は構造から解放され、仕切りのないワンルーム空間が広がる

こうした教えや影響を受けたミースの思想から、独立後の5つの計画案やバルセロナ・パビリオンなどの傑作が生み出されていった。しかし、グロピウス（108頁）から引き継いだバウハウスがナチスにより閉鎖に追い込まれると、活動の場をアメリカに移すことになる。

渡米後のミースは、アメリカの充実した建設技術を背景に、新しい素材がもつ可能性について本格的な追求をスタートさせた。内部空間を構造から解放し、さまざまな機能を許容する「ユニバーサル・スペース」のアイデアや、ファサードに現れた極限的に単純なディテールが、その追求の答えだ。シーグラム・ビルやファンズワース邸はその特徴をよく示しており、彼の名句を体現している。

プリツカー賞初代受賞者であるフィリップ・ジョンソンの代表作・ガラスの家（1949）は、ミースのファンズワース邸のプランから着想を得て設計したといわれている（113頁へ）

ミースの代表作

ヴァイセンホフ・ジードルンク

(ドイツ・シュトゥットガルト、1927)

1926年にドイツ工作連盟副会長に就任したミースによる、集合住宅展。コルビュジエやグロピウスら、当時の著名建築家総勢17名が参加した。ミースは鉄骨造4層のアパートを設計。可動間仕切りによる自由度の高い平面は、生活の多様性に応えるものであった

イリノイ工科大学(I.I.T.)クラウンホール

(アメリカ・イリノイ、1956)

イリノイ工科大学建築科の学舎。1階床は地上より1.8m程高く、半地下の工作室にも採光が確保されている。ファンズワース邸を彷彿させる構造である

トゥーゲンハット邸

(チェコ・ブルノ、1930)

ブルノの市街を見下ろす丘に建つ、実業家のための住宅作品。各室が仕切りなしで展開する。近代建築の五原則のうち、「自由な平面」はこの作品で発展を遂げたとの評価もある

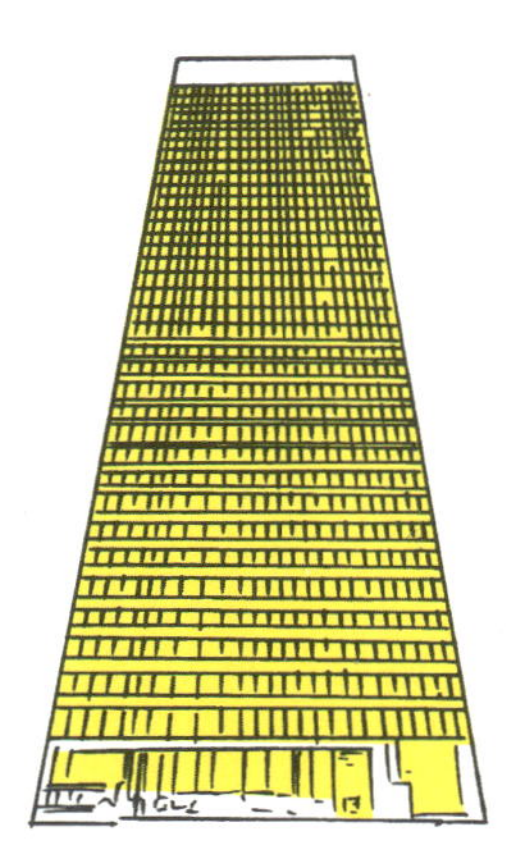

シーグラム・ビル

(アメリカ・マンハッタン、1958)

ニューヨークにありながら、敷地手前に広いプラザをもつ40階建のビル。外被には、視覚効果と耐久性からブロンズが選ばれた

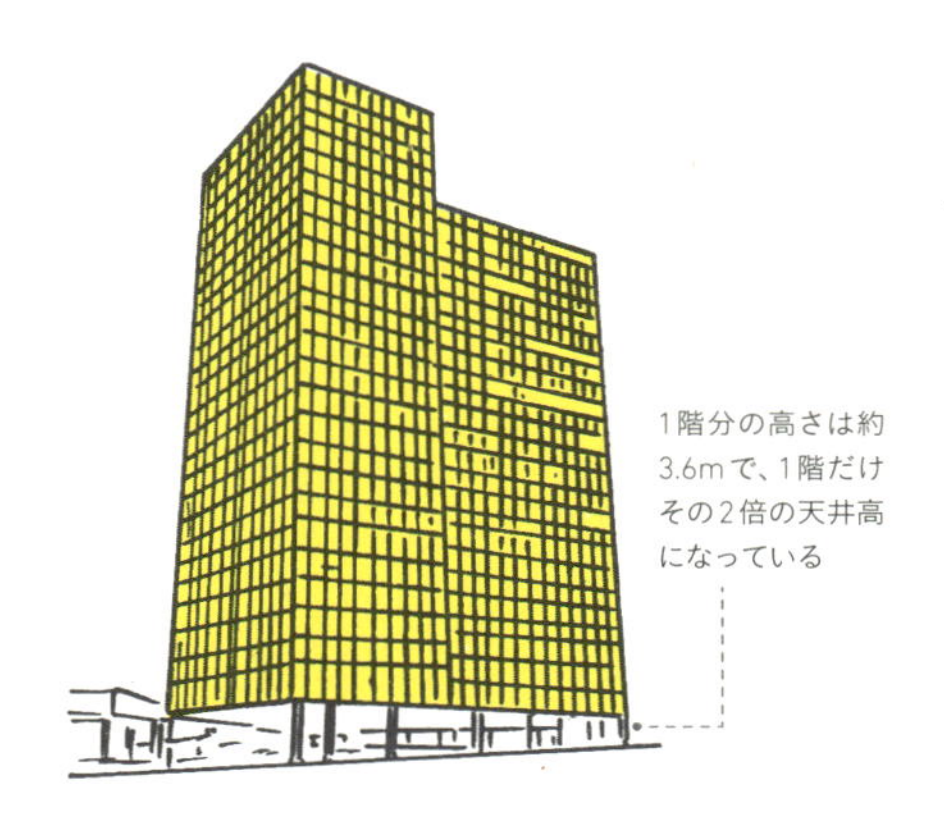

1階分の高さは約3.6mで、1階だけその2倍の天井高になっている

レイクショア・ドライブ・アパートメント

(アメリカ・イリノイ、1951)

地下2階・地上26階建のアパートメント。1921年の摩天楼計画案は、ここで初めて実現した

ミースの初期計画案

鉄とガラスの摩天楼計画
(1920〜21)

第一次大戦に従軍したミースは、1919年に帰還後、5つの計画案を発表した。いびつな五角形の敷地に計画されたオフィスビル案は、2つのコアを複雑に曲がりくねったガラスが取り巻き、ガラスの屈曲がもたらす新たな表現の可能性を示した

鉄筋コンクリートのオフィスビル計画
(1922)

5つの計画案のうちの1つ。オフィスの使いやすさから構造グリッドの間隔を決定し、片持ち梁でファサードを構造から開放した案。梁の小口を腰壁で抑え、水平に連続する窓が生まれる

レンガ造田園住宅計画
(1924)

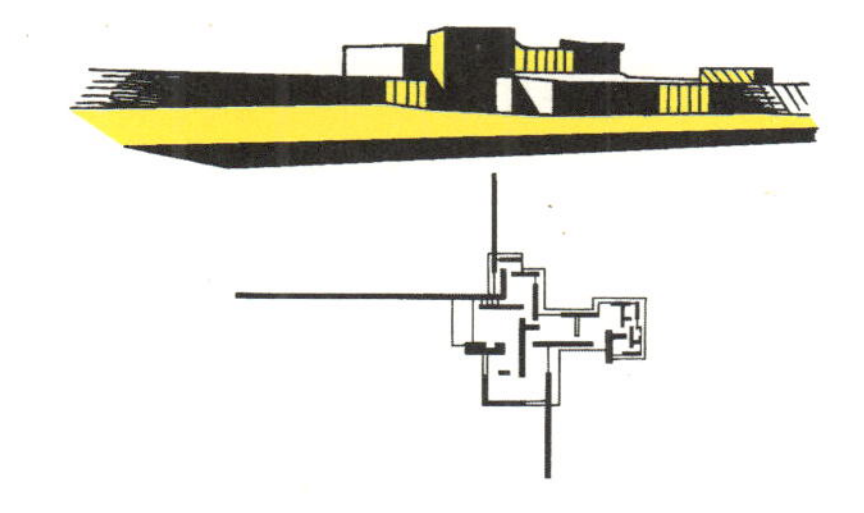

ミースがベルリンで開催されたライト展を見たのは1910年。構成主義のグループ「G」をつくったのは、1921年。この計画は、それらの関係を顕著に示す事例であり、バルセロナ・パビリオンで実を結んだ

Profile

Ludwig Mies van der Rohe

1886年	ドイツ・アーヘンに石工の息子として生まれる
1905年	ベルリンに移り、ブルーノ・パウルの事務所で働く
1908年	ペーター・ベーレンスの事務所に勤務
1912年	ベルリンで事務所を開設
1915年	第一次世界大戦で兵役につき、設計活動を中断
1924年	ドイツ工作連盟に加入
1927年	ヴァイセンホフ・ジードルンク展
1929年	バルセロナ・パビリオン
1930年	バウハウスの3代目校長に就任
1933年	ナチスによりバウハウス閉鎖
1938年	アメリカ・シカゴに亡命、アーマー工科大学主任教授となる
1947年	MoMAでミース・ファン・デル・ローエ展開催
1951年	ファンズワース邸
1956年	I.I.T.クラウン・ホール
1958年	シーグラム・ビル
1969年	シカゴで死去

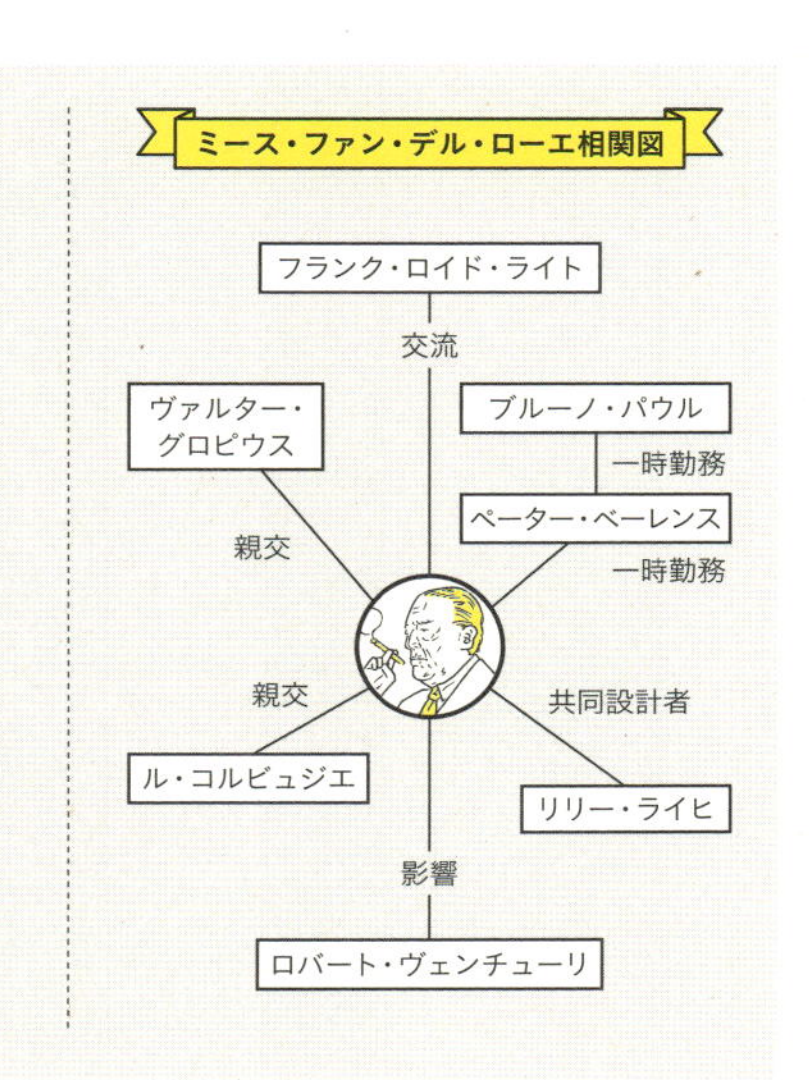

ファンズワース邸の方が先に着工していたが、ファンズワース邸はコスト超過などによる施主からの訴訟により工期が遅れたため、ガラスの家の方が先に竣工した

「モダニズム」の代名詞にして20世紀最大の建築家
ル・コルビュジエ

1887〜1965
スイス
→フランス

近代建築の五原則は、ピロティ、屋上庭園（1段目）、水平連続窓（2段目）、自由な立面、自由な平面（3段目）の5つからなる。ドミノシステム（下）は、コンクリートという新しい材料の可能性を追求した結果生まれたもの。近代建築の五原則より前に考案された

ヨーゼフ・ホフマン、トニー・ガルニエ、オーギュスト・ペレ、ペーター・ベーレンス（98頁）…。名だたる建築家たちのもとで経験を積んだコルビュジエは、20代で「ドミノ・システム」を考案し、モダニズムの基本原理を表現してみせた。30代でまとめた「近代建築の五原則」は、モダニズムの様式的条件として認識されるに至り、「住宅は住むための機械である」という名句で有名な彼の著書『建築をめざして』とともに、コルビュジエの名を世界中に広めた。この時期の彼の作風は「白の時代」とも呼ばれ、いずれも白くて

「近代建築の五原則」を体現した名作

サヴォア邸

(フランス・ポワシー、1931)

5mスパン4×4の正方形を基本とし、前後2面は1mずつ、壁や窓が突出している。そのため窓が水平に連続し、構造から分離したファサードになる。1階はピロティがつくられ、3階は屋内1室と屋外テラスの壁が円弧を描くなど、平面形に自由さを感じられる。2階一部のテラスは3階のテラスとスロープで繋がり、立体感のある屋外空間となっている

白の時代

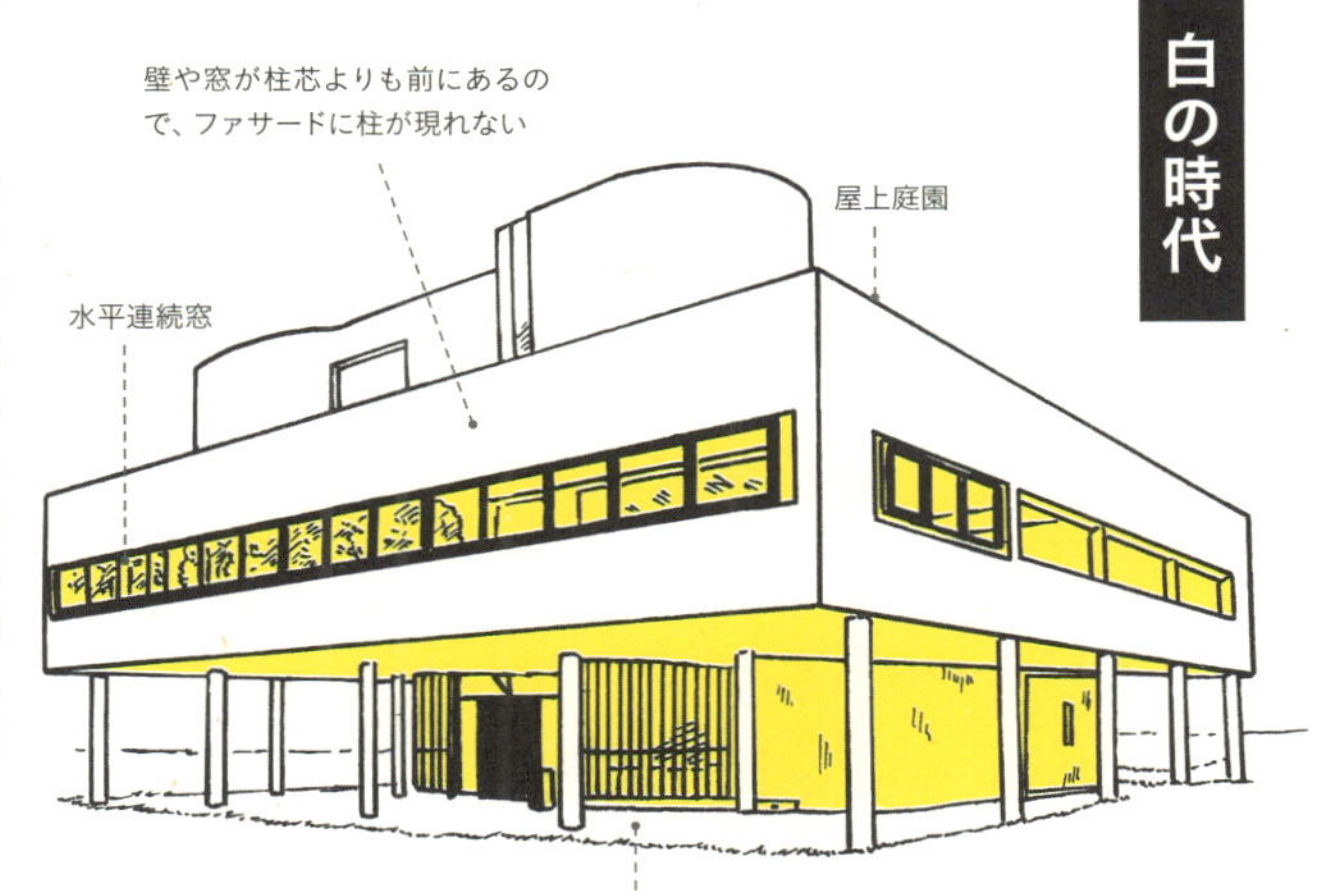

壁や窓が柱芯よりも前にあるので、ファサードに柱が現れない
屋上庭園
水平連続窓
1階はピロティ。車がUターンできるよう半円形の平面になっている

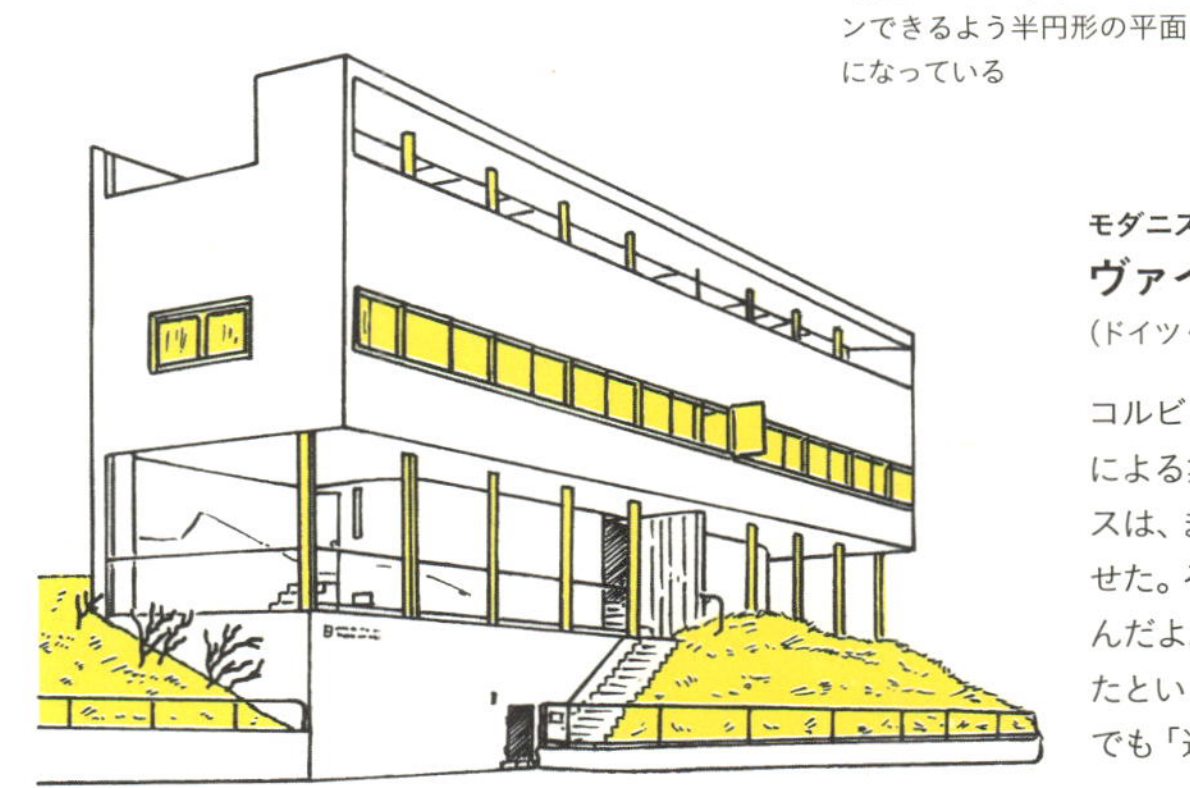

モダニズムの集合住宅展示場

ヴァイセンホフ・ジードルンク

(ドイツ・シュトゥットガルト、1927)

コルビュジエをはじめ、数多くの著名建築家による集合住宅群。この計画を主導したミースは、まずコルビュジエを呼んで敷地を選ばせた。その結果、「あいつは一番いい場所を選んだよ。あの男にはまったく目がある」と言ったという。コルビュジエは2棟を設計し、ここでも「近代建築の五原則」を示した

軽快な美しさをもっている。中でもサヴォア邸はその条件をよく示した作品だ。

ところが第二次世界大戦後、コルビュジエの作風は木や石を使った彫刻的な「ブルータリズム」へと舵を切った。その傾向はすでに1930年代には兆しを見せていたが、戦後一層顕著となり、次々と傑作が生み出されていった。東京の国立西洋美術館もこの時期の作品の1つである。

また彼は、早くから「300万人のための現代都市」などの都市計画や、ジュネーブの「国際連盟」のような団地設計を数多く提案していた。完成したのはチャンディーガルなど一部だったが、その手法は、世界各国に追随者を生み出した。

ル・コルビュジエは、蝶ネクタイ・黒縁の丸眼鏡・パイプがトレードマークだった

カニの甲羅に着想を得たブルータリズム

ロンシャン礼拝堂

（フランス・ロンシャン、1955）

巡礼の地、ロンシャンにある礼拝堂。もともとあった礼拝堂が第二次世界大戦で破壊され、その再建がコルビュジエに依頼された。甲羅のようなコンクリートのシェルの大屋根と、たくさんの小窓が開いた重厚で荒っぽい仕上げの壁面が特徴的である。彼のブルータリズムの象徴的な作品

大きな開口部がある面は身廊の側面を明るく照らし、小さな開口部がある面は祭壇の背面に星屑を散らしたような光をつくる

量感のある壁面の隙間の2か所に出入口がある。壁はスタッコで白く、荒々しく仕上げられている

ル・トロネ修道院に着想を得た近代修道院

ラ・トゥーレット修道院

（フランス・リヨン、1957）

1辺を教会、3辺を修道院とした口の字形平面を基本に、礼拝室や大回廊が付き、中庭を立体的に構成している。建物は傾斜した地面から持ち上がり、ピロティをつくる。中世の教会のような簡素な表情だが、内側は彩色で仕上げたトップライトやリズミカルな格子窓など、多様な光で満たされている

モデュロールハウス

ユニテ・ダビタシオン

（フランス・マルセイユ、1952）

このアパートの足元には、人体の形のモデュロール像が刻まれている。モデュロールは、人体寸法を分割して得た比例尺で、例えば手を上げた際の高さが天井の最低高さになる。ピロティも顕在だが、柱は犬の骨を模した造形で、コンクリート打放しの荒々しい表現。戦後顕著になった作風の変化をよく示す作品だ

世界のル・コルビュジエ作品

チャンディーガルの議事堂
（インド・パンジャーブ、1962）

チャンディーガル北部に設計された、官庁街の建築の1つ。議事堂のほか、裁判所や政庁舎が建設された

繊維業会館
（インド・アーメダバード、1956）

ファサードいっぱいのブリーズ・ソレイユ（日除け）で知られる作品。アプローチの大きなスロープも印象的

カプ・マルタンの休暇小屋
（フランス・コート・ダジュール、1952）

コルビュジエ夫妻の小屋。約3.6m四方の非常にコンパクトな平面。彼が海水浴中に亡くなった場所であり、木材への興味も感じられる作品だ

小さな家
（スイス・コルソーヴェヴィ、1923）

レマン湖のほとりに建てられた、両親のための家。水平連続窓から湖の景色を取り込み、屋上は緑化させ庭をつくった

Profile

Le Corbusier

1887年	スイスのラ・ショー・ド・フォンで、時計職人の息子として生まれる
1900年	地元の美術学校に入学、教師であるレプラトニエの勧めにより建築家を目指す
1908年	フランス・パリへ渡り、オーギュスト・ペレのもとで働く
1910年	ドイツ・ベルリンにて、ペーター・ベーレンス事務所に一時勤務
1911年	オリエント地方を旅する「東方旅行」に出発
1920年	雑誌『エスプリ・ヌーヴォー』を創刊、ペンネームとして「ル・コルビュジエ」の名前を使うようになる
1923年	『建築をめざして』出版
1931年	サヴォア邸
1932年	スイス学生会館
1951年	チャンディーガルの建築顧問に就任
1955年	ロンシャン礼拝堂
1965年	フランスのカプ・マルタンで海水浴中に心臓発作で死亡

ル・コルビュジエ相関図

シャルル・レプラトゥニエ
恩師

シャルロット・ペリアン
共同設計者

オーギュスト・ペレ
ペーター・ベーレンス
一時所属

いとこ・共同設計者
ピエール・ジャンヌレ

交流
アイリーン・グレイ

日本の弟子たち
前川國男
坂倉準三
吉阪隆正

本名は、シャルル・エドゥアール・ジャンヌレ。「ル・コルビュジエ」というペンネームは、母方の遠い親戚の姓に由来するといわれ、それに定冠詞「le」をつけて名乗った

デ・スティルから機能主義へ

ヘリット・トーマス・リートフェルト

1888～1964
オランダ

リートフェルトのレッド&ブルーチェアやシュレーダー邸は、画家モンドリアンの抽象画の立体版。デ・スティルの理念をよく表している

リートフェルトは、近代を代表するオランダの建築家、家具デザイナーである。レッド&ブルーチェアや、建築家として最初に手がけたシュレーダー邸は、「デ・スティル」の象徴的な作品としてあまりに有名である。デ・スティルとは、彼自身も参加したオランダのデザインムーブメントで、画家のモンドリアンが主張した「新造形主義」を理念とする。面を際立たせる造形や三原色が鮮やかなシュレーダー邸は、まるでモンドリアンの抽象画の立体版だ。

彼のほかの作品はあまり知られていないが、実際は住宅だけで100近く実現している。ただし、シュレーダー邸以降は、ガラスを多用した箱の造形へと変化していった。その背景には、1925年に始まり、彼自身も参加した新即物主義の運動の存在が指摘され

デ・スティルの象徴
シュレーダー邸
(オランダ・ユトレヒト、1924)

シュレーダー夫人と3人の子どもの家で、デ・スティルの象徴的な作品。竣工翌年から1933年までは、リートフェルトも1階を事務所として使用した。デ・スティルの絵画に特徴的な色彩で塗り分けられた各面が高い独立性をもって配されている

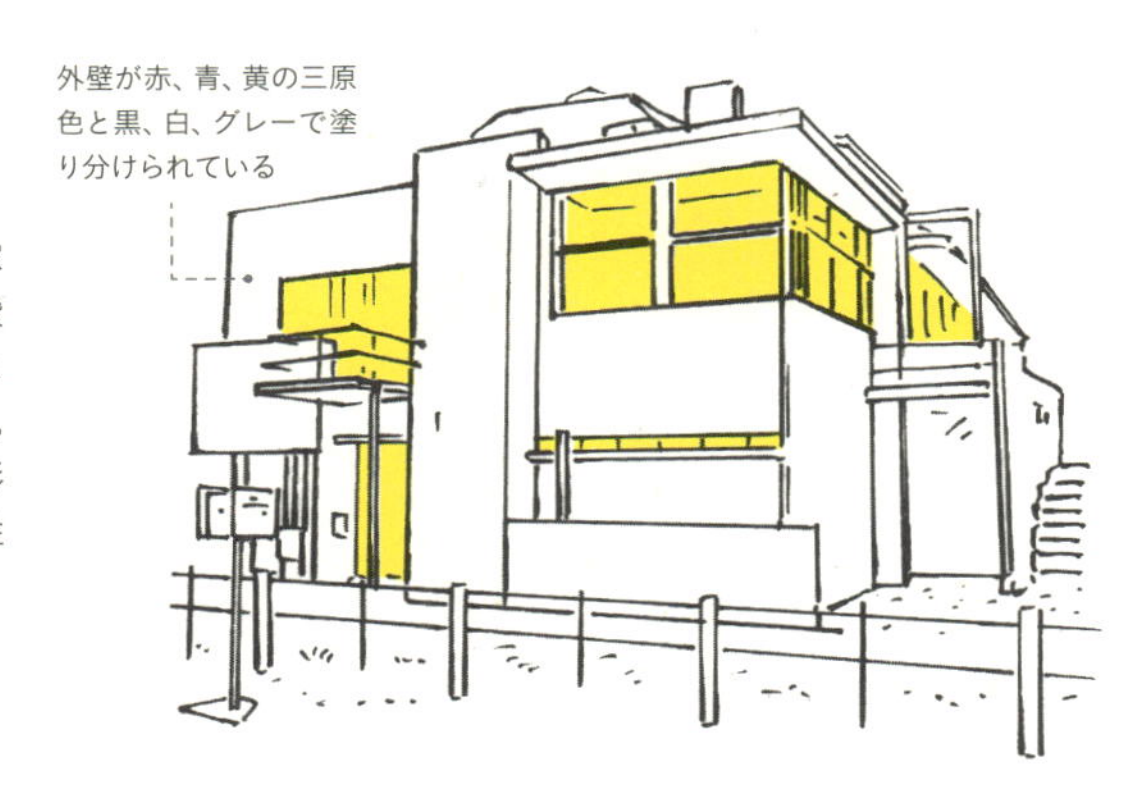

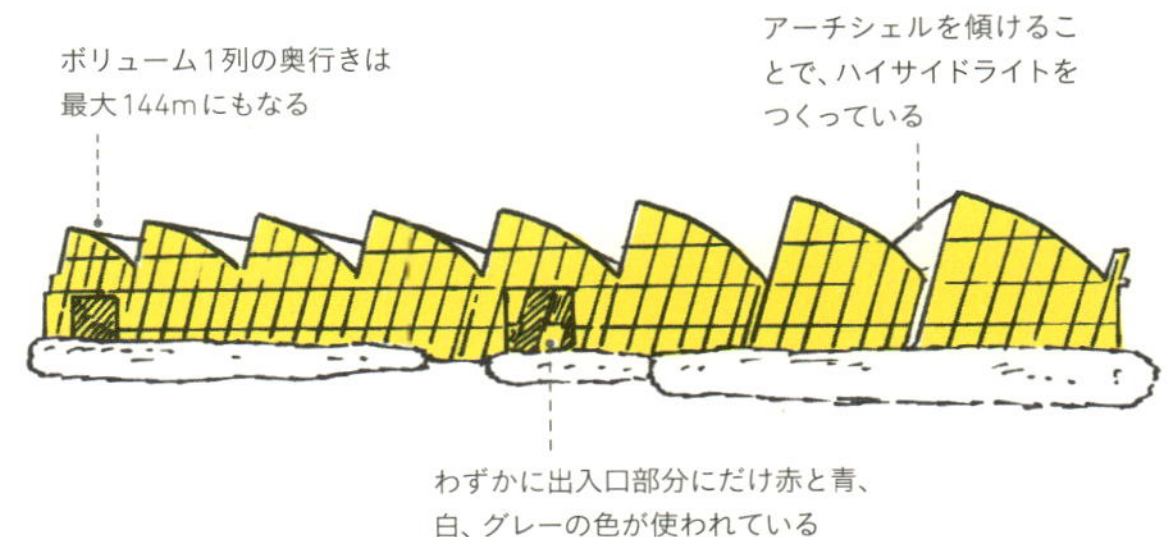

機能主義に添える抽象絵画の彩り
テキスタイル工場デ・プルッフ
(オランダ・ベルハイク、1956～58)

有名なテキスタイルブランドの工場。8×24mを単位としたRCフレームにアーチシェルを架ける。一つひとつの単位に角度をつけて採光を確保し、冷やかになりがちな工場建築に動きを与えている。壁面は、その角度を生かして分割され、それが出入口の建具意匠にも及ぶ

る。彼は、より生活の機能に根ざした合理的な造形を追求し、次第に機能主義へと転向を果たした。造形の対象も、ものから空間へと変化し、標準化やローコスト化といった課題にも取り組んでいる。

ところが、それらの作品から、面や線の自立した造形が完全に消えたわけではなかった。その空間には、どこか抽象絵画のような彩りが添えられている。シュレーダー邸以降の彼の功績は、機能主義をベースに、デ・スティルの成果を融合していった点に認められるようである。

Profile
Gerrit Thomas Rietveld

1888年	オランダ・ユトレヒトに、家具職人の息子として生まれる
1900年～	父の家具工房で見習いとして働く
1904～08年	ユトレヒトの美術学校夜間コースで建築を学ぶ
1917年	家具作家として独立
1918年	レッド&ブルーチェアの原型を制作
1919～31年	デ・スティルに参加
1924年	シュレーダー邸
1928年	CIAM第1回会議にオランダ代表として参加
1944～55年	アムステルダム、ロッテルダムなどで教鞭を執る
1954年	ヴェネチア・ビエンナーレオランダ館
1956～58年	デ・プルッフ
1964年	ユトレヒトで死去

レッド&ブルーチェアは当初、大量生産を前提としていたため、規格サイズの木材から組み立てられるようになっている

コンスタンチン・メーリニコフ

時代に翻弄された芸術的独自性

1890～1974
ロシア

ロシア・アバンギャルドの1人として位置づけられるメーリニコフは、六角形、メガホン、鳥かご、プロジェクターなど、さまざまなモチーフを建築に用いたが、一度使用したモチーフは決して再使用しなかった

メーリニコフは、1920年代にソビエトで活躍した建築家であり、その作風は画家のマレービッチやカンディンスキーで知られる「ロシア・アバンギャルド」に位置づけられている。ただしメーリニコフ本人は、前衛として語られることを嫌い、これらの運動には参加しなかった。ソビエトの建築界では一匹狼のような存在で、その作風も特定の様式に当てはめるのが難しい。

このことは、メーリニコフの建築家としての信念と関わっている。彼は建築において「芸術的独自性」をことさら重視し、自身のデザインでさえ反復することを嫌った。彼の多くの作品は幾何学を基本としているものの、プロジェクトごとに新たな組み合わせや空間が考案された。それを最もよく示す事例が1927年から計画された7つの労働者クラブで、似通った機能に

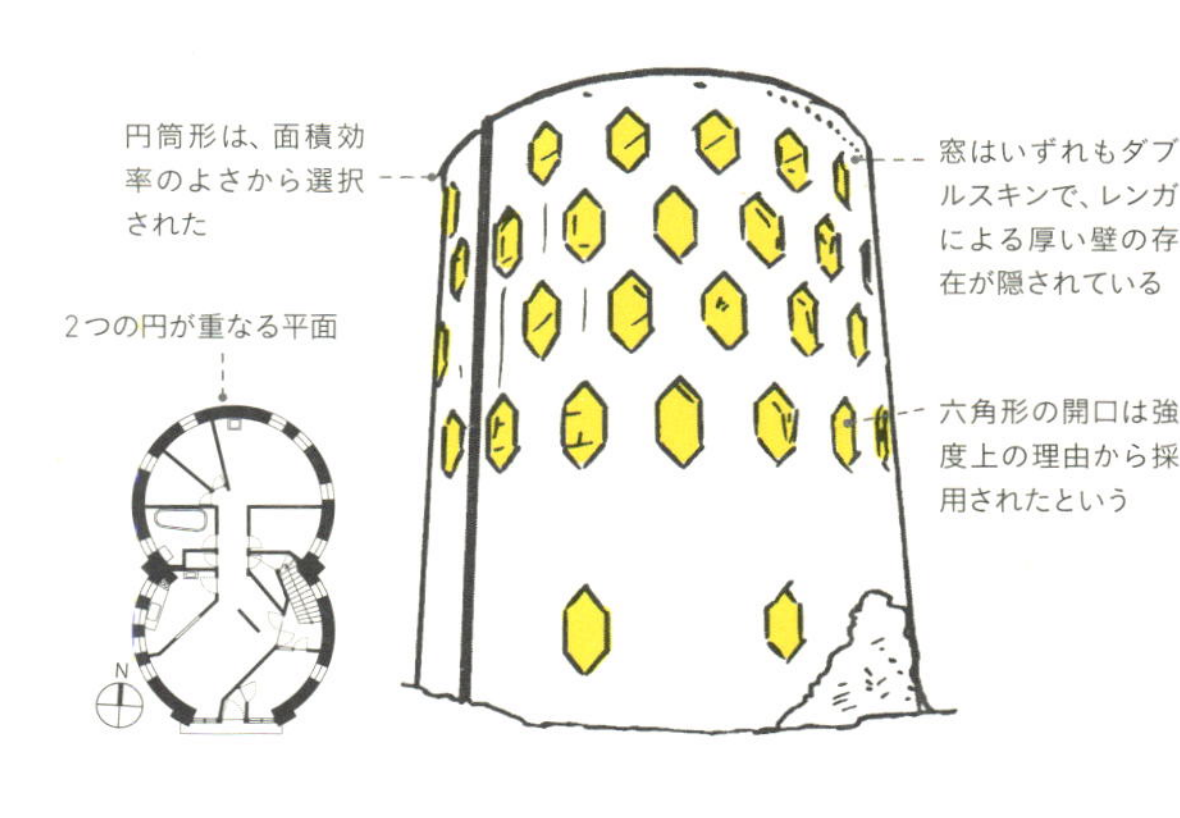

円筒形は、面積効率のよさから選択された
2つの円が重なる平面
窓はいずれもダブルスキンで、レンガによる厚い壁の存在が隠されている
六角形の開口は強度上の理由から採用されたという

円筒形に六角形の窓の独創的な自邸

メーリニコフ邸

（ロシア・モスクワ、1929）

高さの異なる円形の筒を重ねた、レンガ造3層の自邸。建物正面は筒を大きく開き、一面ガラス張りになっている。六角形の開口部は全体に200あるが、その内60だけが窓になっており、ほかは壁に埋まっている。改修時の窓の位置変更が容易で、機能的な側面も見せる

芸術的独自性を顕著に示す

ルサコフ・クラブ

（ロシア・モスクワ、1927～29）

1926年、ソ連政府が労働者クラブ建設に関する政令を出し、1927年から1928年にかけて建設ラッシュが興った。メーリニコフが全7件の依頼を得たのもその政令が端緒にある。ルサコフ・クラブは、7つの計画の中で最も有名な作品である

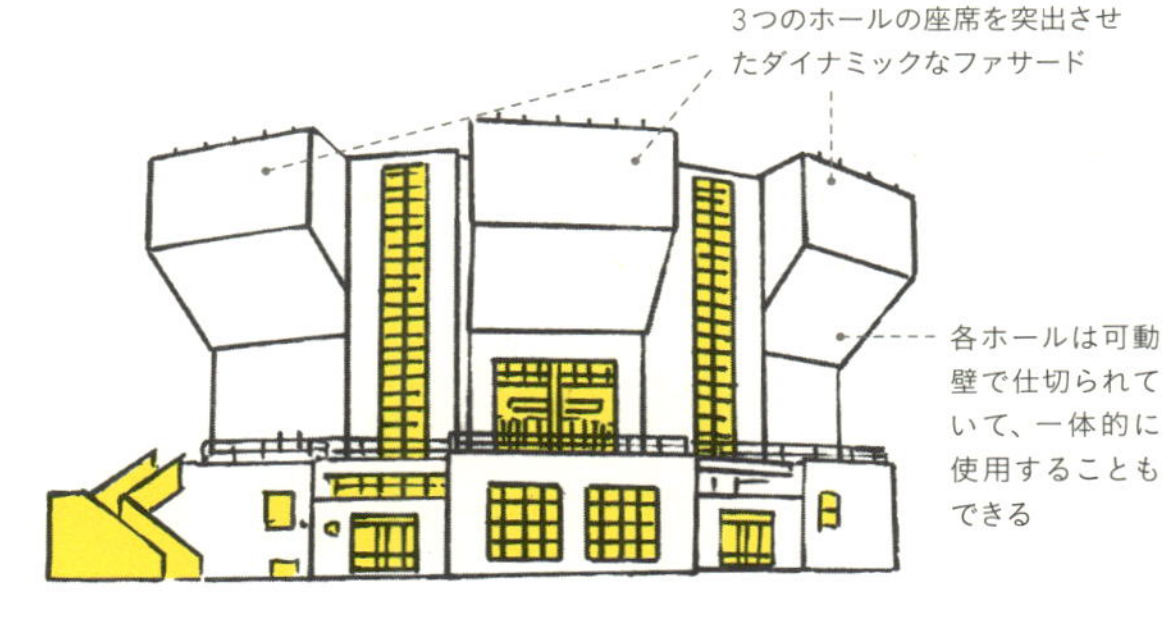

もかかわらず、すべて異なるデザインになっている。そこでは、ダイナミックかつエネルギッシュ、という印象が共通するだけだ。

1930年代になると、当局の締め付けが厳しくなり、前衛たちは苦境を迎える。彼自身も、作風の個人主義的傾向を批判され、1937年には建築家生命まで絶たれてしまった。1965年の個展でその名誉を回復したときには、すでに70歳を超えており、建築家として活躍したのはわずか十数年のことだった。

Profile

Konstantin Stepanovich Melnikov

1890年	モスクワ郊外の労働者階級の家庭に生まれる
1903年～	モスクワの実業家V.チャプリンに才能を見出され、援助を受ける
1905年	モスクワ絵画彫刻建築学校絵画科に入学
1914年	絵画科を卒業、同校建築科に進む
1920年～	建築事務所勤務を経て、モスクワ高等芸術技術工房（ヴフテマス）に研究室をもつ
1927～29年	ルサコフ・クラブ
1929年	メーリニコフ自邸
1933～37年	モスクワ第7都市建築設計室主任建築士に就任
1937年	現職解任が決定、事実上国内での建築家活動が絶たれる
1960年代	モスクワ構造技術大学通信コースで教鞭を執る
1965年	モスクワ建築家会館にて初の個展開催
1972年	ソビエト連邦名誉建築家の称号を授与される
1974年	モスクワで死去

「レンギス」などロシア・アバンギャルドのポスターを描いたアレクサンドル・ロトチェンコは、メーリニコフ設計によるソビエト館の内観インテリアも手がけた

性能と効率を求めた異端の発明型建築家

バックミンスター・フラー

1895～1983
アメリカ

ジオデシック・ドーム（左）は、最少の資源で最高の成果を得る、というフラーの考えを具現化したものだった。テンセグリティ（上）は、引っ張る力と圧縮する力で均衡を保つ構造のことで、フラーが提唱した

世界中で、何万と建てられたジオデシック・ドーム。これは、構造と空間が最も直接的に結びついた建築の一例であり、想定した空間を最小限の構造で生み出すことができるシステムだ。そういうわけで、近代の建築教育の現場でもよく演習として登場する。

このドームを発明したバックミンスター・フラーは、アメリカ生まれの発明家、数学者、はたまた実業家、そして建築家である。ハーバード大学を中退した後、建築資財の製造と建設を行う会社を義理の父と共同設立したところから建築の分野に入り、そこで産業工程や、より少ない資源で最大の成果をあげるという原則を学んだ。これは、ミース（110頁）の「Less is more（より少ないことは、より豊かなこと）」にも似た考えである。会社を追い出された1927年以降は、

生活のための機械・量産型住宅

ダイマクション・ハウス、ダイマクション・カー

（アメリカ、1927～29［ハウス］、1932～35［カー］）

建築家としてのキャリアスタートとなった大量生産住宅のモデル。当時の大量生産住宅と異なる点は、生活設備まで完備されていること。その後も穀物倉庫を改良した円筒形モデル（グレイン・ビン・ハウス）や、航空機産業の技術を利用したモデル（ウィチタ・ハウス）が試みられたが、大量生産には至らなかった

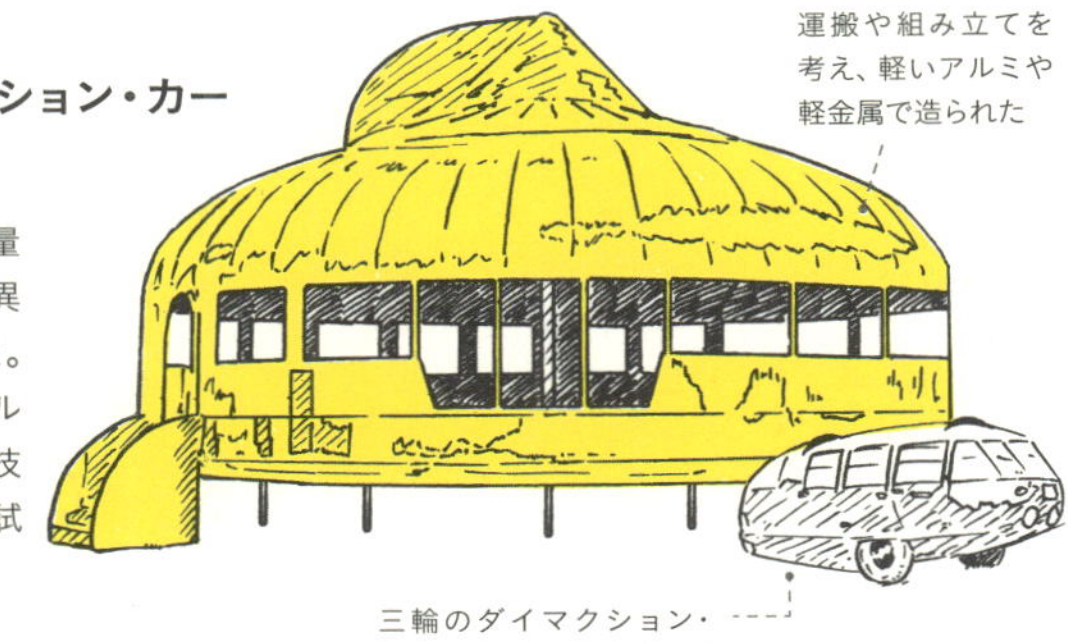

最少の部材で最大の空間を

モントリオール万博アメリカ館（ジオデシック・ドーム）

（カナダ・モントリオール、1967）

ジオデシック・ドームは、フラーが1945年から1949年にかけて開発した構造システムである。このドームでフラーは大成功を収め、数多くのドームが建設された。最小限の構造で最大限の強度をもたらすシステムの研究が実を結んだ作品

住宅をまるごと大量生産しようという考えのもと、「ダイマクション」と名の付いた、複数の住宅を開発した。その基礎には住宅を「生活のための機械」と捉えるフラーの思想があった。これは、コルビュジエ（114頁）が住宅を「住むための機械」と形容したことと、驚くほど類似している。

このように、フラーはミースやコルビュジエといったモダニズム建築家たちと類似した原理を抱いていたのだが、作品はそのどちらとも似ていない。それは、フラーが効率や性能を美学より優先する、異なる意識をもっていたからであろう。

Profile

Richard Buckminster Fuller

1895年	アメリカ・マサチューセッツ州で生まれる
1915年	ハーバード大学を中退
1918年	海軍兵学校に入学
1922年～	軽量建築建材の製造など、この頃から建設業に携わる
1927年	シカゴに拠点を移し、ダイマクション・ハウスを発表
1952年	アメリカ建築家協会ニューヨーク支部のアメリカ建築家協会賞受賞
1959年	アメリカ建築家協会名誉会員となる
1967年	モントリオール万博アメリカ館
1983年	ロサンゼルスで死去

「ダイマクション（Dymaxion）」とは、「ダイナミズム（Dynamism）」、「マキシマム（Maximum）」、「イオン（Ions）」を合わせた造語。フラーの代名詞となった

ヴィープリの図書館では、講堂を木のうねる天井とし、コンクリートでなくても彫塑的な造形は可能で、より温かみのある空間デザインができることを示した。数多くのチェアの作者としても知られる

近代建築に温かみを与えるフィンランドの建築家

アルヴァ・アアルト

1898～1976
フィンランド

木やレンガや銅板が放つ素材感、ときおり波のようにうねる面、温かみがあって、でも少し内向き。そんな印象を与える作品を残したアアルトは、フィンランドの土地と結びついて、近代主義建築に１つの新しい像を与えた建築家である。

１９２３年に建築家として独立したときの作風は、当時流行の新古典主義に影響を受けたものだった。近代主義へと大きく舵を切ったのは１９２７年頃で、やがて北欧の近代主義建築の旗手として世界的に有名になった。

ところが、１９３０年代半ば頃になると、木の使用頻度が増加していく。加えて戦後はレンガや銅板の使用も始まった。木や銅は、フィンランドで最も重要な資源である。レンガの使用は、戦後の物資不足が背景

近代主義建築の進むべき道
マイレア邸
（フィンランド・ノールマック、1938〜39）

アアルトの親友であり、よき理解者であった画家マイレアのための住宅。この作品には、家具制作などを通して学んだ木のさまざまな表現があふれている。アアルトが示す近代主義建築の新たな進路はこの作品にはっきりと現れている

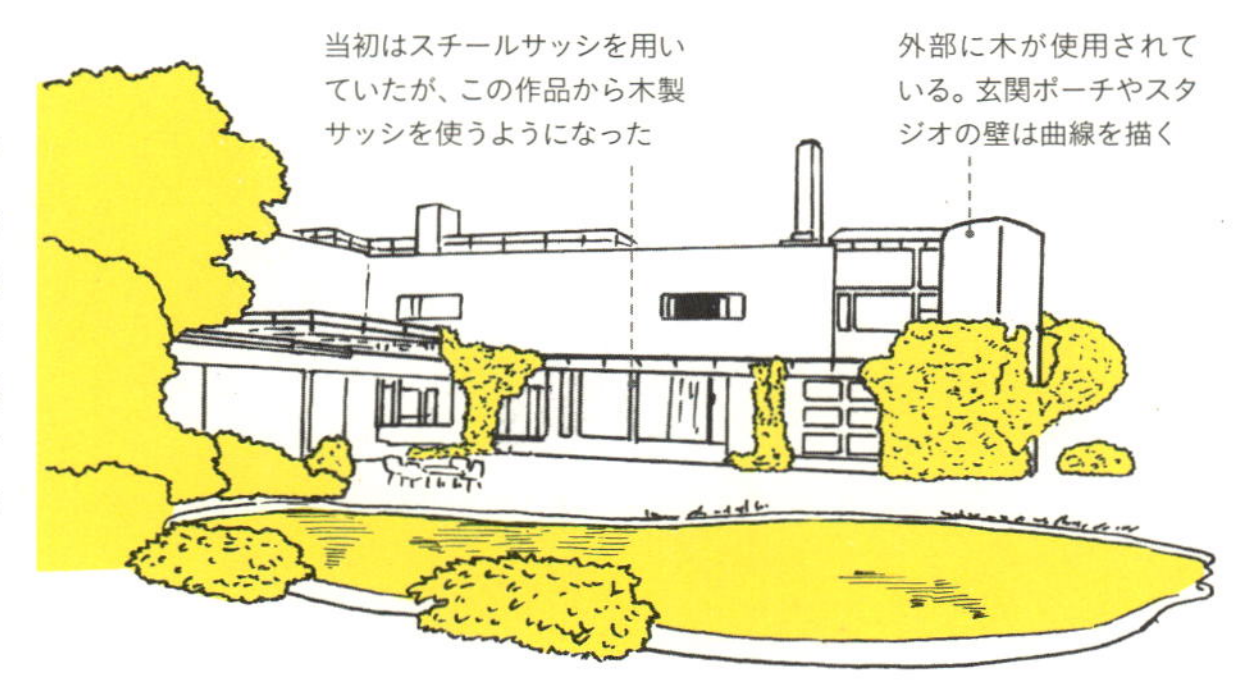

当初はスチールサッシを用いていたが、この作品から木製サッシを使うようになった
外部に木が使用されている。玄関ポーチやスタジオの壁は曲線を描く

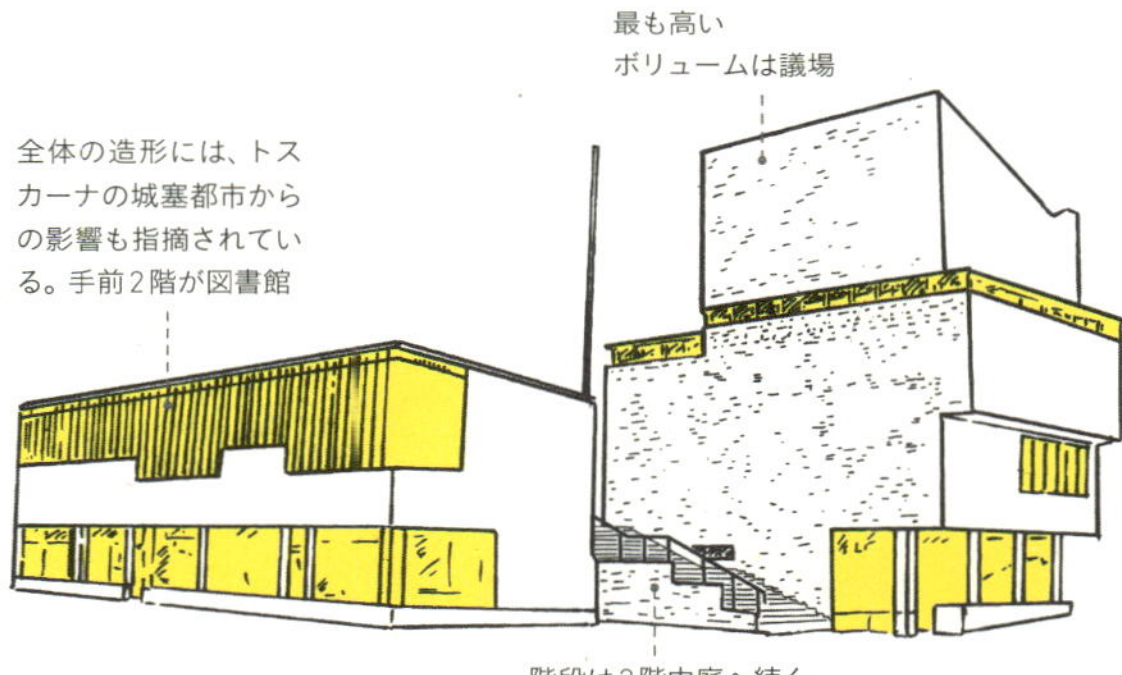

最も高いボリュームは議場
全体の造形には、トスカーナの城塞都市からの影響も指摘されている。手前2階が図書館
階段は2階中庭へ続く

森林の地の赤レンガの建物
セイナッツァロの役場
（フィンランド・セイナッツァロ、1948〜52）

未開の森林に巨大な合板工場が建設され、人口が増加したこの町のコミュニティのための計画をアアルトが手がけ、役場の設計競技も彼が勝ち取った。1階に商店、2階に中庭を囲んで役場と図書館がある。内向きなプランは厳しい自然との向き合い方を示している

にあったのでやむを得ない一面もあるが、こうした材料の使用が積極的であったことは、例えば波のようにうねる木の壁や天井などからも十分に想像できる。そこには近代主義建築の新たな進路を示さんとする意思があり、鉄やコンクリートを使わずとも新しい表現ができること、しかもより人間らしく、その地域らしい表現が可能なことを示した。

また彼の作品は、閉鎖的で、内向きなプランが多い。そのプランもやはり、寒さの厳しい地域と結びつけて説明されることが多い。

Profile
Alvar Aalto

1898年	フィンランド・クオルタネに生まれる
1921年	ヘルシンキ工科大学を卒業
1923年	フィンランド中部の都市ユヴァスキュラに事務所を設立
1924年	アイノ・マルシオと結婚
1929年	フランクフルトでのCIAM第2回大会に出席
1933年	ヘルシンキにアトリエを移す
1935年	マイレ・グリクセンらと家具販売会社「アルテック」を設立
1938〜39年	マイレア邸
1948〜52年	セイナッツァロの役場
1973年	ユヴァスキュラにアルヴァ・アアルト美術館開館
1976年	ヘルシンキで死去

「アアルト（aalto）」はフィンランド語で「波」を意味する

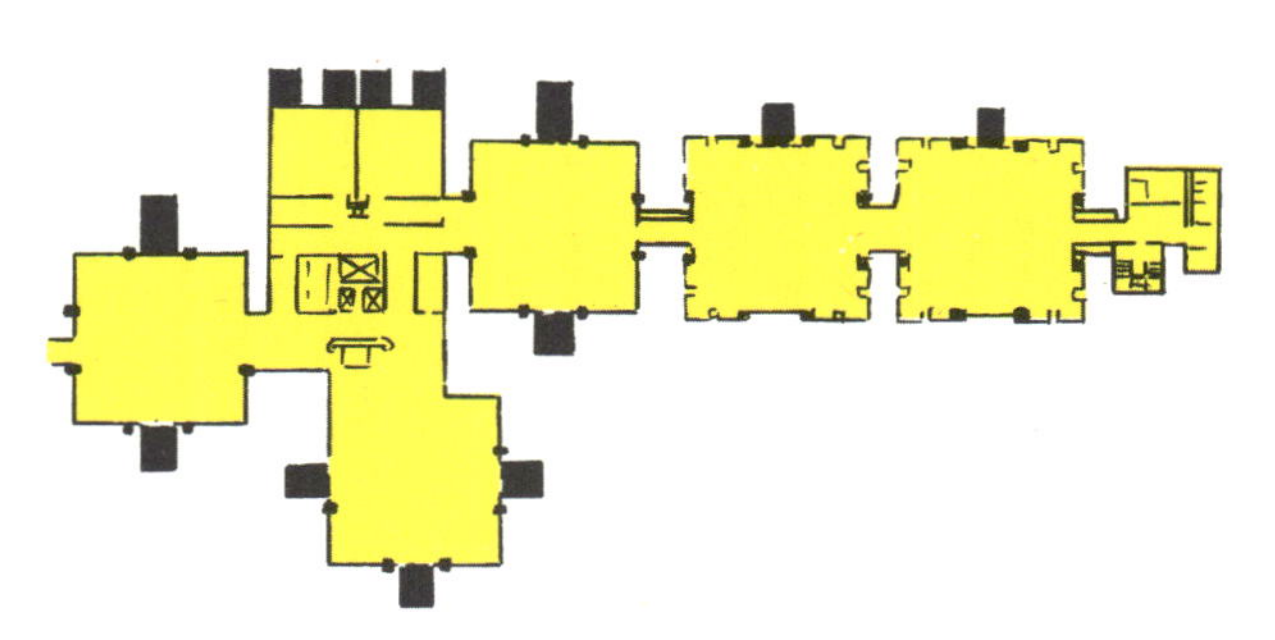

リチャーズ医学研究棟の平面図。「奉仕する空間（Servant Space）」と「奉仕される空間（Served Space）」に空間を明確に分けるカーンのアイデア。これは、ソーク生物学研究所でも応用された

20世紀最後の巨匠

ルイス・カーン

1901～1974
アメリカ

ルイス・カーンは遅咲きの、しかし「20世紀最後の巨匠」とまで評される建築家である。

カーンを世界的に有名にしたのは、60歳間近に完成したリチャーズ医学研究棟だった。そこでは、「奉仕する空間（Servant Space）」と「奉仕される空間（Served Space）」とを明確に区分するアイデアが示され、人の居住空間と設備の空間が分けられていた。空間ごとに構造が与えられる様子は、ミース（110頁）の「ユニバーサル・スペース」と真逆の方向を示しており、MoMA（ニューヨーク近代美術館）は、なんとこの1作品だけで展覧会を開催した。さらに同年のソーク生物学研究所では、平面だけではなく、断面にまでそのアイデアを展開させた。ここでは、フィーレンディール構造※で無柱の研究所を実現しつつ、それによって生

※四角形のフレームを単位とした構造骨組。橋桁などで多く使用される

奉仕する空間と奉仕される空間の分離
ソーク生物学研究所
(アメリカ・カリフォルニア、1965)

太平洋に面したサンディエゴ、ラ・ホヤの崖地に建つ。海を望むよう角度のついた壁と木製パネルの窓が印象的な研究室が中庭側、無柱空間の研究所がその外側に配置されている。細菌やそれを含んだ空気の扱いは研究のうえでも、人間にとっても厳重な注意が必要であるという要求が、カーンの理論を導いた

単純幾何学の設計手法
フィッシャー邸
(アメリカ・ペンシルバニア、1960〜67)

カーンの造形手法がよく示されている住宅作品。単純な形態の角が触れるようにして連結している。2つのキューブには、プライベートとパブリックという性格の区分もある。カーンはこの住宅の設計に6年もの歳月をかけた

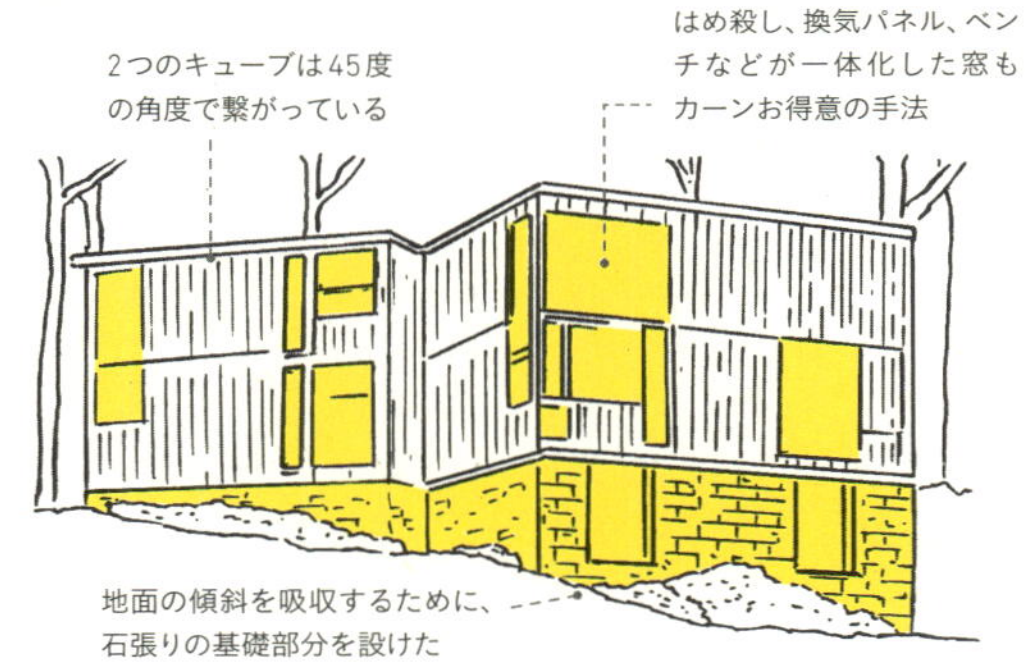

まれた広い天井裏を設備空間とする区分と、研究所と個人の研究室との区分の、二重の展開がなされている。

彼が同時代の建築家に与えた影響はこのアイデアだけではない。純粋な幾何学を扱い、原始的な印象を常に抱かせる造形もその1つだ。これは、1950年から51年にかけて、彼がヨーロッパ各地の古典建築に触れたことに一因があるという。フィッシャー邸は、個人宅のため外観の印象は柔らかいが、カーンの造形的特徴を最もよく示している作品だ。

Profile
Louis Kahn

1901年	サレーマー島(当時ロシア・現エストニア)で生まれる
1906年	アメリカ・フィラデルフィアへ移住
1915年	アメリカに帰化
1920〜24年	ペンシルバニア大学美術学部で学ぶ
1928年	設計事務所に勤務後、約1年間ヨーロッパを旅行、ル・コルビュジエを訪問
1929年	ポール・クレの事務所に勤務
1935年	建築家として独立
1939年	アメリカ合衆国住宅局の技術顧問となる
1941年	ジョージ・ハウ、オスカー・ストロノフとの共同事務所で設計活動をする
1947年	アメリカ計画家・建築家協会会長に就任、イェール大学で教鞭を執る
1955〜74年	ペンシルバニア大学で教鞭を執る
1966年	ニューヨーク近代美術館で回顧展が開かれる
1974年	ニューヨークのペンシルベニア駅構内にて、心臓発作により死去

フィッシャー邸は、基礎の石から外壁のスギまで、すべて地元産の素材でつくられた

ルイス・バラガン

国際様式を彩ったバラガンの鮮やかな色づかい

1902～1988
メキシコ

バラガンは、抽象的な造形を行う一方、空や花などに由来する、メキシコらしい色使いで彩りを添えた

ルイス・バラガンは、近現代のメキシコを代表する建築家である。近代主義的な造形手法に基礎を置きつつも、ガラスの大量使用を批判し、静寂や精神の安寧を求めた閉鎖性の強い、それゆえ光が印象的な建築を手がけた。その作風はメキシコの風土とも密接に関係しているようで、壁や天井に塗布された花や空、土に由来するという鮮やかな彩色、さらに漆喰壁や無垢の木、水の使い方によく表れている。国際様式の反省とともに近代建築家たちが向けた土着性へのまなざしの行方を、バラガンの建築は鮮やかに示しているのだ。作品としては圧倒的にプライベートな個人住宅が多いが、ランドスケープの設計や、住宅地開発などディベロッパーとしても活躍した。

バラガンの大学での専門は水力工学で、建築は独学

カーテンは窓の外にも設置。鳥がガラスにぶつからないための配慮らしい

色彩と光を駆使したバラガンの実験場

ルイス・バラガン邸

（メキシコ、メキシコシティ、1943［第1期］、1947［第2期］）

1940年代初め、バラガンはメキシコシティ、タクバヤの土地を手に入れ、その一画に自宅を建設した。敷地半分は高い塀で囲まれた緑いっぱいの中庭で、もう半分に3階建の自宅が建つ。竣工後も常に改修を繰り返していたという

十字形のフレームの窓は、バラガン作品で頻繁に紹介される。バラガンの抽象的な造形手法を顕著に示す要素

鮮やかなプール付きダイニング

フランシスコ・ギラルディ邸

（メキシコ、メキシコシティ、1978）

ギラルディ邸のダイニングは半分がプールで、室内に赤、青、黄色の壁が建ち、そこへ光が落ちるようになっている

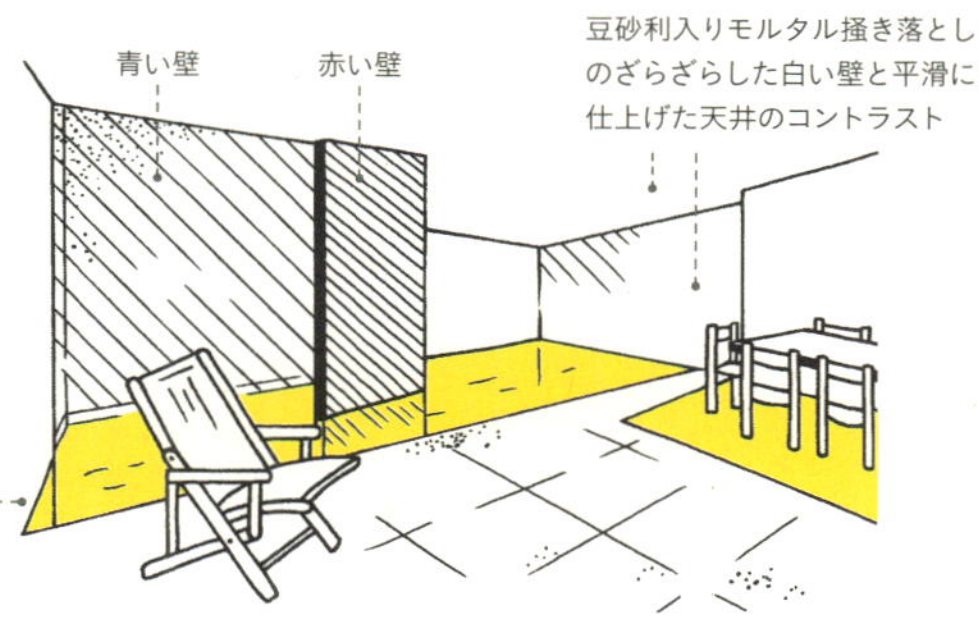

プールの色は、バラガンの自費で気に入るまで何回も塗り直したという

であった。1931年からの2年にわたる遊学ではフランスを訪れ、コルビュジエ（114頁）の講演に参加するなど、近代主義建築の研究に没頭した。ヴァイセンホフ・ジードルンクを見学した際には、大きな感動を覚えたという。しかし、そうした近代建築もバラガンを通しては、そのままではいられなかった。広大で自然豊かな農園、牧場で少年時代を過ごした影響か、1933年にメキシコに戻ったバラガンの作品には、風土から抽出された彩色が現れた。

Profile

Luis Barragan Morfin

1902年	メキシコ・グアダラハラに生まれる
1919年	グアダラハラの自由工科大学土木工学科に入学し、水力工学を専攻する
1925年〜	大学卒業後、ヨーロッパ各所へ遊学
1927年〜	グアダラハラでおもに住宅設計を手がける
1935年	メキシコシティへ活動拠点を移す
1943年	オルテガ邸
1976年	ニューヨーク近代美術館（MOMA）にて個展を開催
1978年	フランシスコ・ギラルディ邸
1980年	プリツカー賞受賞
1988年	死去
2004年	ルイス・バラガン邸がユネスコの世界遺産に登録される

バラガンはよく現場で設計をしたといわれ、ギラルディ邸の工事の際には自ら壁に穴をあけたり、壁を移動したり、色を塗り直したりしたという

オスカー・ニーマイヤー

ル・コルビュジエに薫陶を受け新首都をつくりあげた建築家

1907～2012
ブラジル

ブラジリア都市計画は、飛行機形の都市デザイン。ニーマイヤーは最高裁判所（右）や国会議事堂（下）など一連の建築群を手がけた。議事堂は水平・垂直の箱形にお椀のようなオブジェが載り、議会上下院の存在を象徴している

ブラジルを代表する建築家。ニューヨークの国際連合本部ビルでも協働したル・コルビュジエ（114頁）に強く影響を受けたが、その作風は単純幾何学に基づく静的なモダニズムとは大きく異なる。ニーマイヤーは山や川といった自然物、あるいは女性の体をインスピレーションの源泉にし、自由で感覚的な曲線を大胆に用いた。近代の幾何学性に、壮大な自然という南米の地域性をミックスした作風ともいえ、これにより彼の建築は、機能主義建築では到底獲得できないような、記念性と祝祭性を備えた造形美を誇るのだ。

1930年代から建築家としての活動を始めたニーマイヤーだが、国際的名声を確立させたのは、戦後ブラジルで建設された新首都ブラジリアにおける一連の建築群であった。師匠のルシオ・コスタがデザインし

ブラジルのシンボル

ブラジリア大聖堂

（ブラジル・ブラジリア、1958）

ニーマイヤーの造形センスが遺憾なく発揮されたのが、新首都ブラジリアである。大聖堂のデザインはより独創的だ。円状に配置された16本の湾曲した柱が、上部で連結することで無柱となった聖堂内は、天井のステンドグラスから落ちる光が横溢する開放的で荘厳な空間が実現した

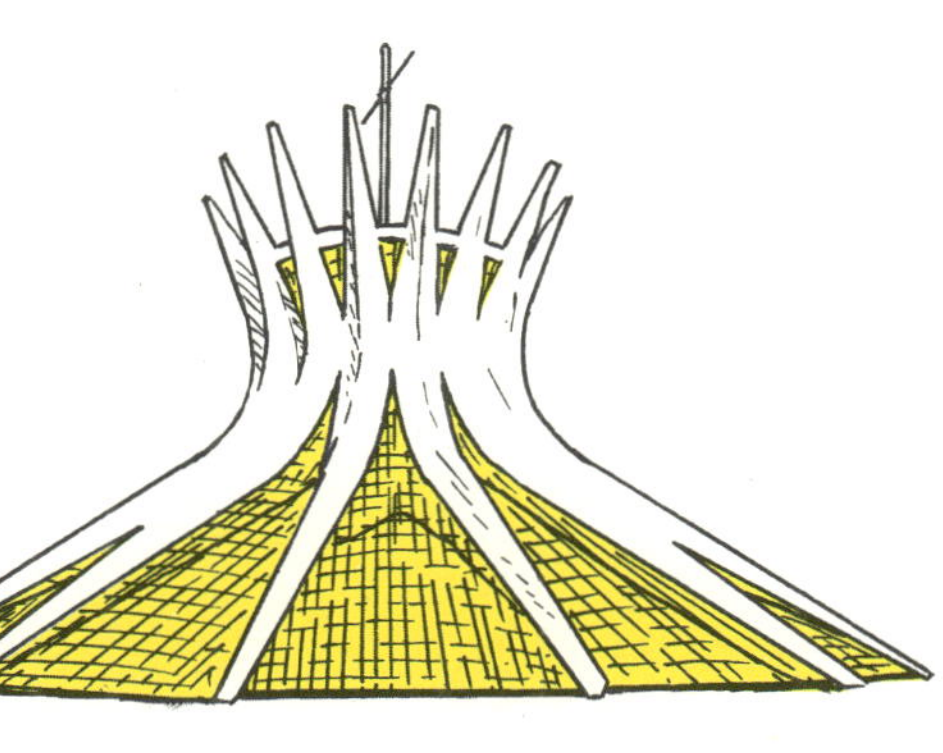

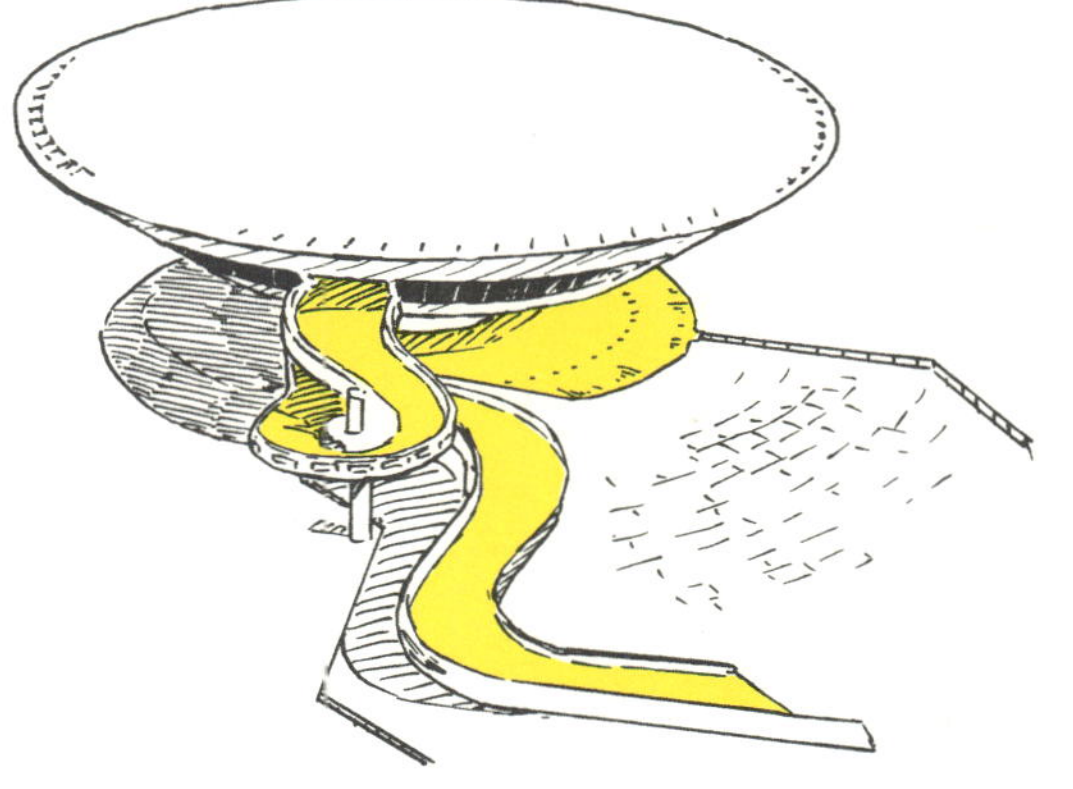

海岸に不時着した滑らかな宇宙船

ニテロイ現代美術館

（ブラジル・リオ・デ・ジャネイロ、1996）

リオ・デ・ジャネイロ近郊の美術館。曲線によって全体がシームレスにデザインされた外観は「海岸に不時着した宇宙船」といった表現がぴったりだ。全周に配された連続窓からは、周囲に広がる自然景観が望める。曲がりくねるエントランス・スロープも美しい

た飛行機形の都市計画の中で、ニーマイヤーは首都建設局の主任建築家として、国会議事堂や連邦最高裁判所、ブラジリア大聖堂などの国家的施設を一手に手がけた。いずれの建築も、可塑的かつ伸びやかでニーマイヤーらしい曲線造形が見られる。ブラジリアはモダニズムの原理原則に従ってゼロから建設された世界的にも珍しい都市であり、建設後40年にも満たない1987年に、世界遺産に登録された。

Profile

Oscar Ribeiro de Almeida Niemeyer Soares

1907年	ブラジル、リオ・デ・ジャネイロに生まれる
1934年	リオ・デ・ジャネイロ国立芸術大学建築学部卒業
1935年	ルシオ・コスタ＆カルロス・レオン事務所に入所
1936年	教育保健省プロジェクトに参画、ル・コルビュジエのブラジル訪問
1939年	ニューヨーク万博ブラジル館（ルシオ・コスタとの協働）
1940年	サンフランシスコ・デ・アシス教会
1952年	国際連合本部ビル（ル・コルビュジエと協働）
1956年～	ルシオ・ニスタとともにブラジリア建築群を設計
1967年頃	フランス・パリへ亡命
1975年	モンダドーリ出版社本社
1987年	ブラジリアがユネスコの世界遺産に登録される
1988年	プリツカー賞受賞
1996年	ニテロイ現代美術館
2002年	オスカー・ニーマイヤー美術館
2012年	リオ・デ・ジャネイロで死去

ニーマイヤーは、コルビュジエから学んだことを「熱帯地方化」したと言い、「私の建築は、形態は機能に従う必要はなく、形態は美に従う」と語ったともされる

中国生まれの正統派モダニスト

イオ・ミン・ペイ

1917～2019
中国
→アメリカ

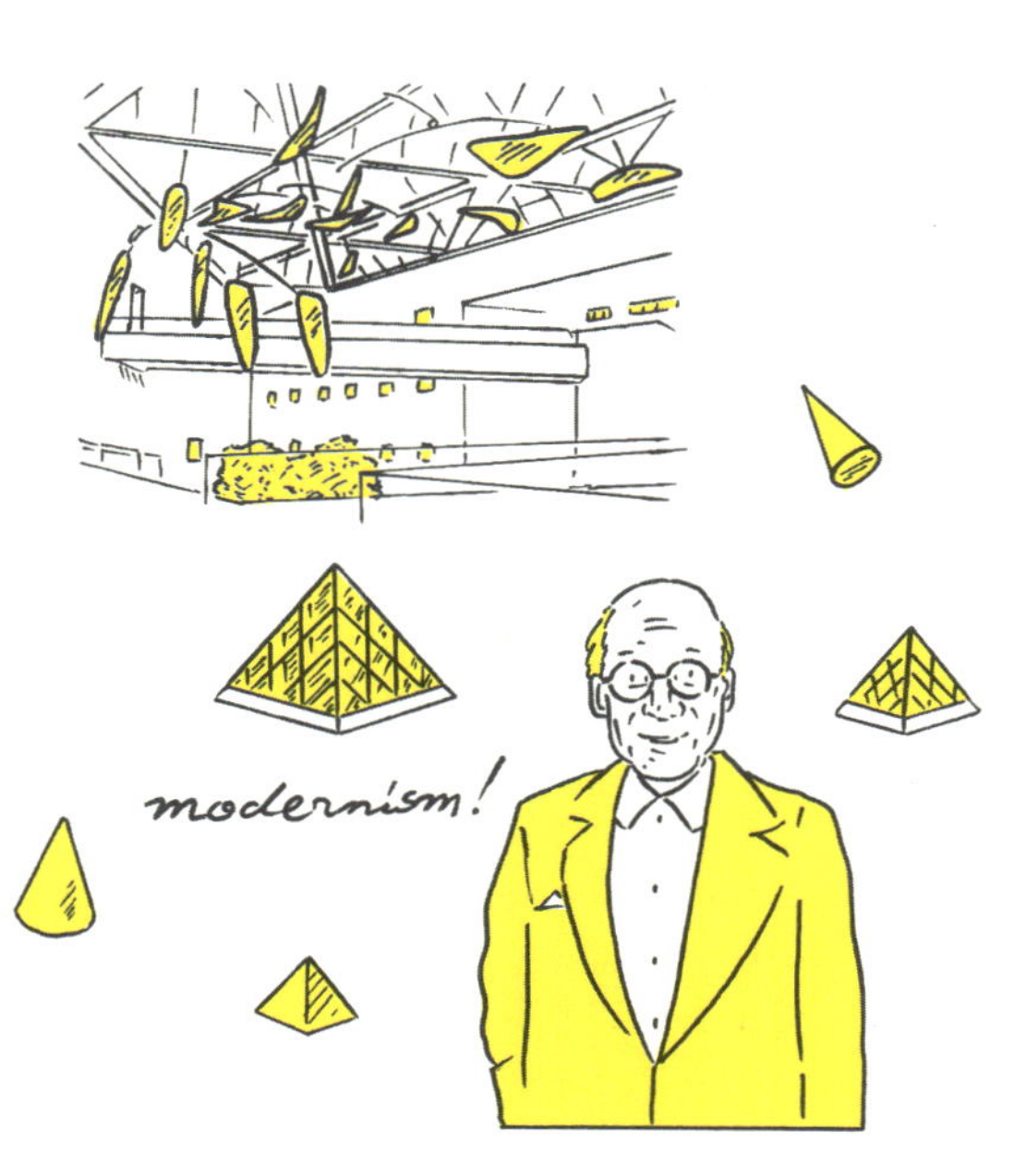

グロピウスから薫陶を受けたイオ・ミン・ペイは、正統派モダニズムの継承者として、三角形などの幾何学形態を用いたデザインを追求した

イオ・ミン・ペイの経歴は、20世紀の激動の世界史を象徴的に示している。生まれは1917年の中国で、中国共産党の中華人民共和国が成立する以前の中華民国時代だ。1935年に渡米し、さらにヨーロッパ留学を目指すが、第二次世界大戦の混乱もあって断念、最終的にはハーバード大学を修了した。師匠はナチスを逃れてアメリカに渡った巨匠グロピウス（108頁）である。

1960年代中頃に独立してからは、アメリカの大都市を中心に高層ビルや美術館などの大規模建築を多数手がけた。変転めまぐるしい経歴とは対照的に、ペイの建築デザインは強く一貫している点が興味深い。20世紀後半のアメリカでは、歴史建築の装飾を参照・引用するポストモダニズムや地域主義などのデザイン

ルーヴル・ピラミッド
（フランス・パリ、1989）

ルーヴル美術館の新エントランス。透明なガラスをひし形格子に割り付けて構築された、抽象的で近代的な建築だが、ピラミッドという古来の形態を援用することで、歴史的な空間との調和を生み出すことに成功した

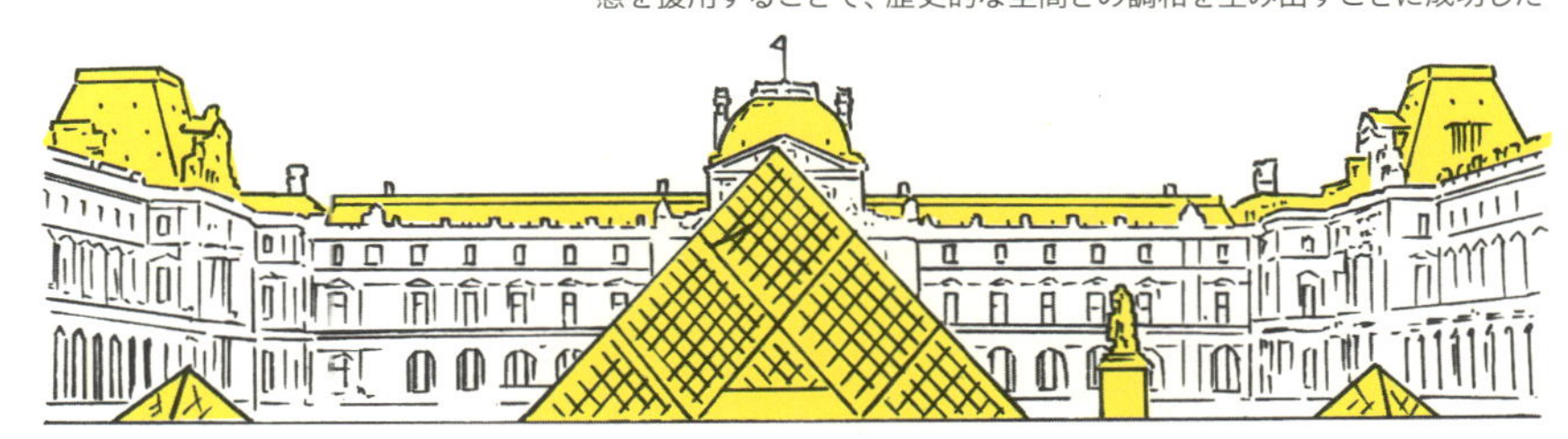

香山飯店
（中国・北京、1982）

北京の景勝地に建つホテル。デザインは真っ白に塗られた壁、灰色の彫刻的装飾、そしてひし形や梅花の形の窓は中国南方の伝統的民家を参照しており、ペイの作品譜中では異例のポストモダン建築となった

ナショナル・ギャラリー東館
（アメリカ・ワシントンD.C.、1978）

国立公園の一角に建てられた、現代美術館。平面や窓の形など、建築要素のあちこちにペイの好む三角形が多用されている。ロビーは天窓から自然光が落ちる巨大なアトリウム空間となっている

的流行が生まれたが、ペイはそれらに流されることなく、抽象的な幾何学形態と洗練されたディテールからなるモダニズムの美学を揺るぐことなく追求し続けた。

ペイの代表作には、ルーヴル・ピラミッドが挙げられよう。これはルーヴル美術館の中庭に設計された全面ガラスのピラミッド形エントランスだが、美術館本体とのボリュームの調整や、シャンゼリゼ大通りまでの都市軸との関係性を考え抜くことで、違和感のない姿を実現している。モダニズムの手法を用いながら、歴史建築との調和を図ることこそ、ペイの建築の真骨頂であるといえよう。

Profile
Ieoh Ming Pei

1917年	中国広東省に生まれる
1940年	マサチューセッツ工科大学卒業
1945〜46年	ハーバード大学院で学ぶ
1948〜55年	ウェブ・アンド・ナップ社の建築調査部長を務める
1955年	I.M.ペイ&パートナーズ設立
1965年	MIT地球学研究所、エバーソン美術館
1973年	ハーバード・F・ジョンション美術館
1978年	ナショナル・ギャラリー東館
1982年	香山飯店
1983年	プリツカー賞受賞
1989年	ルーヴル美術館増改築、香港中国銀行、高松宮殿下記念世界文化賞受賞
2012年	MIHO美学院中等教育学校チャペル
2019年	死去

ペイの作品は、滋賀県のMIHO MUSEUMなど、日本にも数点実作がある

シドニー・オペラハウスをつくった男

ヨーン・ウッツォン

1918〜2008
デンマーク

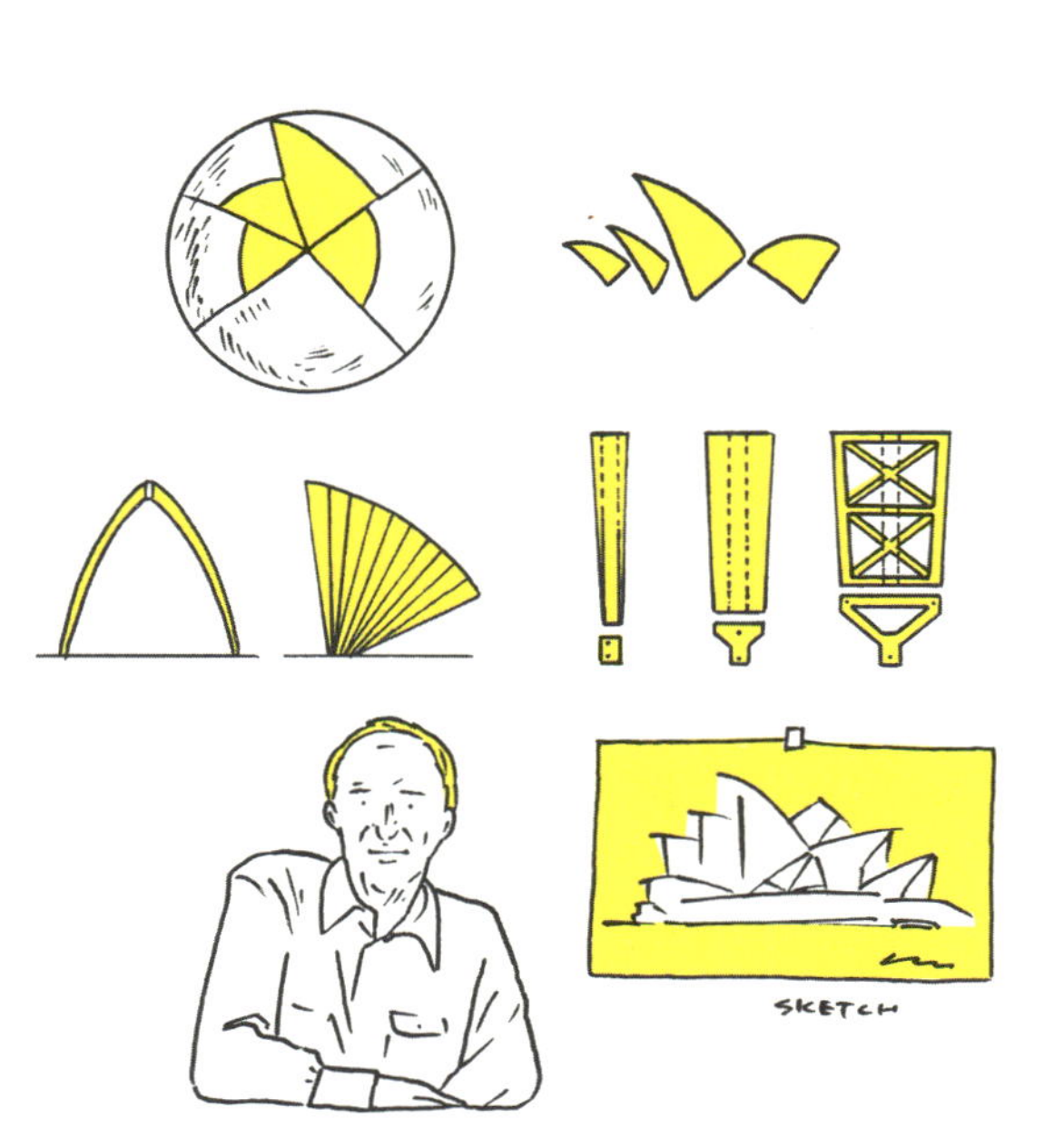

20世紀で最も重要な建築の1つとされるシドニー・オペラハウスの屋根は、最終的には同一の球体の一部を取り出す形で設計された

ウッツォンといえば、シドニー・オペラハウスである。シドニーの港に停泊する2隻の帆船のようなこの建物は、20世紀で最も重要な建築の1つに数えられている。帆の形をつくっているシェル構造は、設計競技が行われた1956年当時、ようやく試みが本格化したばかりの技術であった。審査員を務めたエーロ・サーリネンはシェル構造で有名な建築家だが、サーリネンでさえこれほど複雑なものは未経験だった。そのため最初はどうすれば建設できるのか分からない状態だったが、構造コンサルタントとしてオブ・アラップが加わり、20年近くかかってようやく実現した。

ウッツォンは、デンマーク出身の建築家である。父親が造船家という、いかにもこの作風らしい背景をもつ。彼は多作ではなかったが、それでも母国を中心に

シェルの可能性を切り拓いた
シドニー・オペラハウス
（オーストラリア・シドニー、1973）

「世界の中で偉大な建物の1つとなりうる可能性をもったもの」。コンペの審査員は、こうコメントを残した。前例がない複雑な構造だったが、プレキャストコンクリートからタイル仕上げまでが合理的に単純化されている。政権交代の荒波の中で、1966年にウッツォンは辞任を余儀なくされたが、20世紀を代表する偉大な建築となった。2007年には世界遺産に登録された

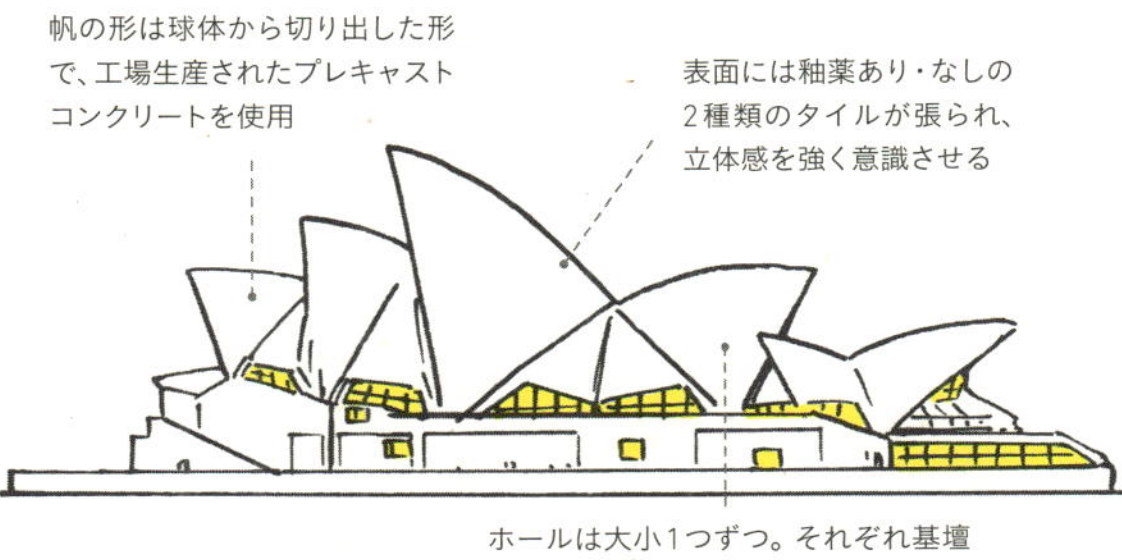

帆の形は球体から切り出した形で、工場生産されたプレキャストコンクリートを使用
表面には釉薬あり・なしの2種類のタイルが張られ、立体感を強く意識させる
ホールは大小1つずつ。それぞれ基壇部の軸から12度、9度傾いている

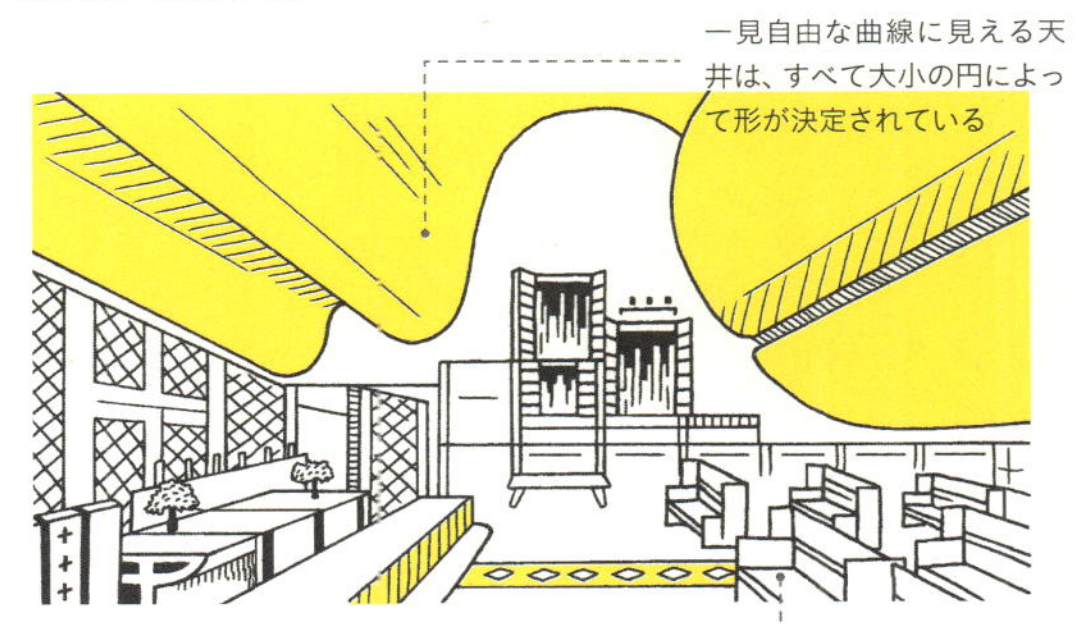

一見自由な曲線に見える天井は、すべて大小の円によって形が決定されている

側廊にはむき出しのコンクリート柱が並ぶ。側廊上には裸電球の列。木製家具は、ウッツォンの娘の作

雲が浮かぶ祈りの場所
バウスペア教会
（デンマーク・コペンハーゲン、1973～76）

一見すると工場のような外観の教会。しかし内部は一転、ヴォールト天井が印象的な真っ白で明るい、清々しい空間が広がる。ウッツォンは、この教会のイメージとして、遥かな荒野と青空を背景に、やや厚みをもって続いていく雲、その下にたたずむ人びとの一群を描いたが、この教会の天井は、確かに雲のように白く輝いている

住宅、集合住宅、銀行、教会などの設計を行った。彼の特徴は、オペラハウスがそうであるように、基壇と上部構造が明確に分離していることにある。これは帆船によく似た構成で、彼の出自を強く感じさせるが、旅先でマヤ遺跡を見た際に、その基壇部に魅了されたということも関係しているようだ。また金属を折り曲げて加工する折版や、ヴォールトを繰り返して大スパンの屋根を架けることも彼の特徴の1つとして指摘されている。バウスペア教会はそのよい例だろう。

Profile
Jørn Utzon

1918年	デンマーク・コペンハーゲンに生まれる
1942年	コペンハーゲン王立芸術アカデミー卒業、グンナール・アスプルンド、アルヴァ・アアルトのもとで働く
1949年	アメリカ、メキシコを旅行、ライトのタリアセンなどを訪れる
1956年	シドニー・オペラハウスの国際設計競技1等当選
1960年	キンゴー集合住宅
1966年	予算超過と工期延長によりオペラハウス工事から退く
1973年	シドニー・オペラハウス
1973～76年	バウスペア教会
2003年	プリツカー賞受賞
2007年	シドニー・オペラハウスがユネスコの世界遺産に登録される
2008年	死去

モダニズムからの脱却とポストモダニズムの創出

ロバート・ヴェンチューリ

1925～2018
アメリカ

「より少ないことは、退屈である」と言い放ったヴェンチューリは、象徴性や装飾性を重要視した作品や著作を発表し、ポストモダニズムを牽引した

ロバート・ヴェンチューリは、モダニズムを批判し、それに代わるポストモダンの建築の美学と理論を主導した建築家として知られる。設計と言論の両活動において、都市デザイナーである妻デニス・スコット・ブラウンと協働した。

ヴェンチューリの思想は、モダニズムの建築家ミース（110頁）の「Less is more（少ないことは豊かである）」を皮肉った「Less is bore（少ないことは退屈である）」という言葉に端的に示されている。ヴェンチューリは単純性・純粋性・普遍性・空間性を重視するモダニズム建築の美学を退屈な建築と喝破し、複合性・装飾性・趣味性・表象性といった概念の重要性を説き、建築をより多様で大衆に開かれた存在にすることを目指した。こうした態度は建築作品とともに2冊の主著

ポストモダニズムの象徴

母の家

（アメリカ・ペンシルベニア、1963）

頂部が割れた切妻屋根、軸線からずれた煙突、シンメトリーに設置された田の字形窓とモダニズムの水平連続窓など、アメリカの典型的住宅をベースに、さまざまな意匠が対立・併存するポストモダニズム建築の代表作

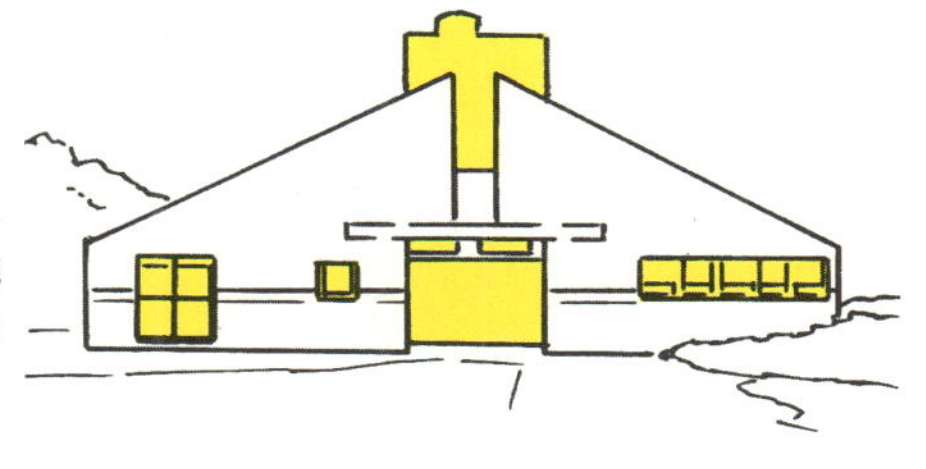

雑多な要素の共存

ギルド・ハウス

（アメリカ・ペンシルベニア、1965）

91戸の老人用集合住宅。レンガ張りのファサードは、黒大理石の円柱、穴あき鋼板の手摺、アイキャッチとなる巨大な看板とアーチ窓、屋根上のアンテナといった、古典から現代までの雑多な要素によってにぎやかな印象をつくり出す

唯一の日本の作品

メルパルク日光霧降

（日本・栃木、1997）

栃木県日光市につくられた旅館建築。ファサードの切妻屋根や垂木、ヴィレッジ・ストリートと呼ばれるロビー空間の提灯や公衆電話、郵便ポストの装飾パネルなど、日本の記号的表現が随所に展開されている

で明快に提示されている。1966年刊行の『建築の多様性と対立性』では、ヴェンチューリ個人が偏愛する年代も様式もばらばらな歴史建築を題材にし、1972年の『ラスベガス』では、ラスベガスという猥雑な消費都市に建てられた建築群へのリサーチを題材にして、モダニズムの美学が忘れ去った建築の多様なあり方を論じた。

特に『ラスベガス』で取りあげられた「装飾された小屋※1」と「あひる※2」という2つの建築は、建築の形態と機能をイコールで結ぶ近代的機能主義の失効を明らかにし、建築におけるポストモダンの幕開けを象徴した。

Profile

Robert Venturi

1925年	アメリカ・フィラデルフィアのイタリア系移民の家系に生まれる
1950年	プリンストン大学大学院修了
1954年〜	ローマに留学
1957年	ウィリアム・ショートと事務所を設立
1963年	母の家
1964年	ジョン・ローチと共同事務所を設立
1965年	ギルド・ハウス
1966年	『建築の多様性と対立性』出版
1966年〜	イェール大学教授を務める
1972年	『ラスベガス』出版
1991年	プリツカー賞受賞
1997年	メルパルク日光霧降
2018年	死去

※1 純粋な形態に、独立した装飾が施された建物のこと　※2 アメリカに実在するあひる形の店舗のように、象徴的な形態に内部空間や構造が非合理的に押し込められた建物のこと

戦後イギリス建築界の巨匠

ジェームズ・スターリング

1926～1992
イギリス

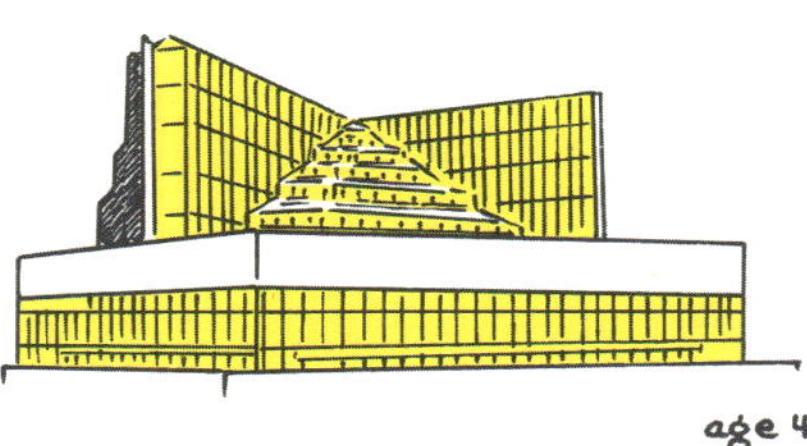

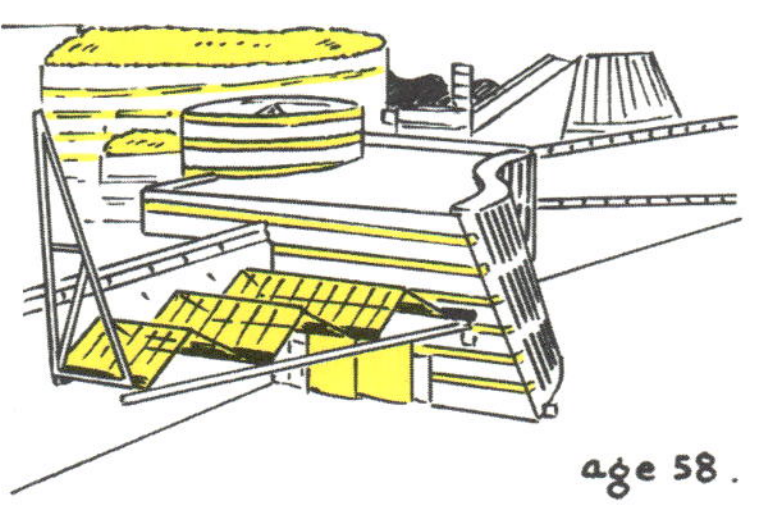

ケンブリッジ大学歴史学部棟（上）はブルータリズム、シュトゥットガルト州立美術館新館（下）はコンテクスチュアリズムに分類されるなど、スターリングはさまざまな作風の作品を残した

ジェームズ・スターリングは、戦後イギリス建築界の最も重要な建築家というべき存在だ。ただし、建築家としてのキャリアをスタートさせた1950年代から1992年に死去するまで、時期によって作風が微妙に変化し続けたため、歴史的に振り返ってみると、特有の「わかりにくさ」がある建築家でもある。

活動初期に設計したレスター大学、ケンブリッジ大学、オックスフォード大学の3つの校舎建築は「レッド・トリロジー」と呼ばれ、赤いレンガとガラスの粗い素材感が全面に押し出されている。19世紀イギリスの工場建築にも似たこれらの作品は、白い平滑な壁を特徴とする抽象的なモダニズムとは異なる、「ブルータリズム」の美学として高く評価された。一方、活動後期に手がけた一連の美術館建築では、歴史的建築を参照・

古典主義の名作を大胆に生かした美術館

シュトゥットガルト州立美術館新館

（ドイツ・シュトゥットガルト、1984）

スターリング後期の代表作。シンケル（66頁）のアルテス・ムゼウムをもとにした円形中庭を中心にもつ、古典主義的プランをベースに、曲面ガラスやカラフルな手摺などの多彩な造形が各部にコラージュ的に展開されている。旧美術館棟や前面道路、背面の住宅地との動線計画も周到に考慮されている

赤レンガシリーズ第1弾

レスター大学工学部棟

（イギリス・レスター、1963）

「レッド・トリロジー」第1章にあたる作品。ガラスのノコギリ屋根に覆われた実験棟と、赤レンガとガラスが皮膜する高層のオフィス棟・研究室棟が機能主義的に融合する。高層棟の部分ごとに形態を突き出す意匠は、ロシア構成主義のメーリニコフ（120頁）からの影響とされる

引用することでプランやディテールを設計するポストモダニズムの手法や、既存の建築物や周辺の都市環境との関係性を重視する「コンテクスチュアリズム※」の姿勢が垣間見られた。

このように作風に振れ幅のあるスターリングだが、あえて一貫性を見出そうとすれば、さまざまで異質な要素を積極的に取り込む、折衷主義的な創作態度だろう。近代の巨匠建築家たちはトレードマークとなる独自の「イズム」を一から創造することを求めたが、スターリングはむしろ歴史や伝統という大きな流れの中で、自身の作家性を形成しようとしたのだ。

Profile

James Stirling

1926年	イギリスで生まれ、リヴァプールで育つ
1950年	リヴァプール大学建築学部卒業
1956年	事務所を開設
1958年	ハムコモンの集合住宅
1963年	レスター大学工学部棟
1967年	ケンブリッジ大学歴史学部棟
1981年	プリツカー賞受賞
1982年	クローク・ギャラリー
1984年	シュトゥットガルト州立美術館新館
1992年	ナイト爵を授与され、その後死去
1996年	スターリング賞設立

※言葉は単独で意味を成すのではなく、文脈（contecst）の中で初めて意味をもつ、という哲学思想から広まった概念

20～21世紀の建築家

—

Frank Gehry
SOM
Peter Eisenman
Norman Foster
Renzo Piano
Peter Zumthor
Rem Koolhaas
Jean Nouvel
Zaha Hadid
Herzog & de Meuron
Santiago Calatrava

—

フランク・ゲーリー

建築とアートを融合させた脱構築主義の先駆者

1929〜
カナダ

ゲーリーの設計はまず、模型を直観的に作ることから始まる。模型作成を繰り返し行い、模型から構造解析を経ることで、独創性と合理性が両立した設計活動を実現している

ゲーリーは脱構築主義の先駆的建築家である。中でも彼の自邸は、金網やトタン波板などの安価な材料を使ってグシャグシャとした形態と空間をつくりあげ、一躍彼を有名にした作品だ。これは、ＭＯＭＡ（ニューヨーク近代美術館）が１９８８年に開催したデコンストラクティヴィスト建築展より、10年前のことだった。

ただし現代建築史におけるゲーリーの重要性は、脱構築主義という枠組みをはるかに飛び越える。例えばスペインの地方工業都市に設計されたビルバオ・グッゲンハイム美術館。河畔に打ちあげられた巨大魚のような躍動感のある類例のない魅力的なデザインによって、美術館自体が観光資源となり、都市全体の経済的・文化的復興に大きく貢献した。この現象は「ビルバオ・エフェクト」と呼ばれ、文化施設による都市再生モデ

衰退する地方都市を救ったゲーリー建築
ビルバオ・グッゲンハイム美術館
（スペイン・ビルバオ、1997）

優れたデザインの建築が、衰退する都市の再生手段になることを示した美術館。魚のような、躍動的な三次元の外形はチタンパネルの皮膜をまとう。内部は、単純な直方体の展示室から、現代アートと共鳴する自由な形の展示室まで、さまざまなバリエーションの展示室が計画的に配置されている

安価でいびつだけど成り立つ独創性
ゲーリー自邸
（アメリカ・カリフォルニア、1979）

ロサンゼルスの住宅地に建てられた自邸。一般的な戸建住宅を、トタン、金網、合板等々の広く流通する安価な工業製品を用いてグシャグシャとした形態に増改築した。いびつな形状の窓や壁によって異常な姿に見えるが、ゲーリーの巧みな手さばきにより、不思議な心地よさを備えた、開放的な室内環境が生み出されている

ルとなり、世界各地でアイコニックな建築が建つ潮流を生んだ。

建築の製作手段についてもゲーリーは革新をもたらした。ゲーリー建築は図面から始まるのではなく、手作業で直感的に作った模型をスキャン・モデリングし、構造解析を経ながらデザインされる。こうした設計プロセスは、技術会社ゲーリー・テクノロジーズ社によってさらなる発展がなされてきた。新たな技術を積極的に応用しながら、ゲーリーの独創的な建築は合理的に設計・施工されているのだ。

Profile
Frank Gehry

1929年	カナダ・トロントに生まれる
1947年	アメリカ・ロサンゼルスへ移住、ロサンゼルス・シティ・カレッジの夜間コースで学ぶ
1954年	南カリフォルニア大学建築学科卒業
1961年	フランス・パリへ移住
1962年	アメリカに戻り事務所開設
1979年	ゲーリー自邸（改築）
1988年	MoMAの「デコンストラクティヴィスト建築展」に出展
1989年	ヴィトラ・デザイン・ミュージアム、プリツカー賞受賞
1997年	ビルバオ・グッゲンハイム美術館
2002年	ウォルト・ディズニー・コンサートホール、ゲーリー・テクロノジーズ社開設
2007年	マルケス・デ・リスカル・ワイナリー

コンピューターを使用した設計の草分け的存在であるゲーリーが、コンピューターを使いこなした初期の作品に、バルセロナ・オリンピックに際してつくられた巨大モニュメント「FLYING FISH」がある。ゲーリー作品では魚のモチーフが定番となった

アメリカ発・世界最大級の建築設計組織

SOM（スキッドモア・オウイングス&メリル）

1936〜
アメリカ

1930年代に3人の建築家によって創設されたSOMは、数多くの有名建築家を輩出し、高層ビルや大型プロジェクトを手がけるアメリカの最大手設計事務所となった

1936年に、ルイス・スキッドモア、ネイサン・オウイングス、ジョン・メリルという3名の建築家が設立したアメリカの建築組織事務所。1970年代以降はロンドンや香港、ドバイなどにも事務所を拡張し、これまでにオフィスビル、大学、病院、空港、集合住宅といった大型プロジェクトを世界中で手がけている。

SOMの建築のベースにあるのは、コルビュジエ（114頁）やミース（110頁）らのモダニズムである。ニューヨークの24階建の高層建築レヴァー・ハウスはそんな彼らの代表作だ。これはモダニズムのデザイン原理を、鉄とガラスを用いながら実現した最初のオフィスビルとされ、以後世界中で建てられる高層建築のモデルとなった。設計を担当したのは、SOMの中心的デザイナーとして活躍したゴードン・バンシャ

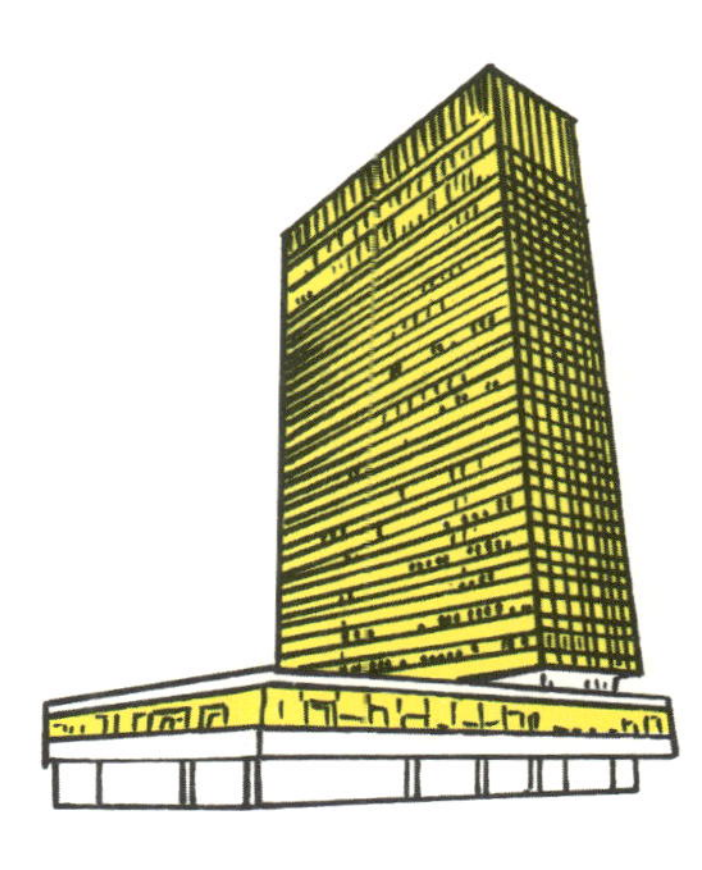

ゴードン・バンシャフトによる
モダニズム高層ビル
レヴァー・ハウス
（アメリカ・ニューヨーク、1952）

戦後のオフィスビルのあり方を決定づけた記念碑的建築。ピロティによって都市に開放された低層部と、ガラスのカーテンウォールによる抽象的な「箱」としての高層部という、2つのボリュームで構成される。戦前のアール・デコとは異なり、軽やかな印象の高層建築

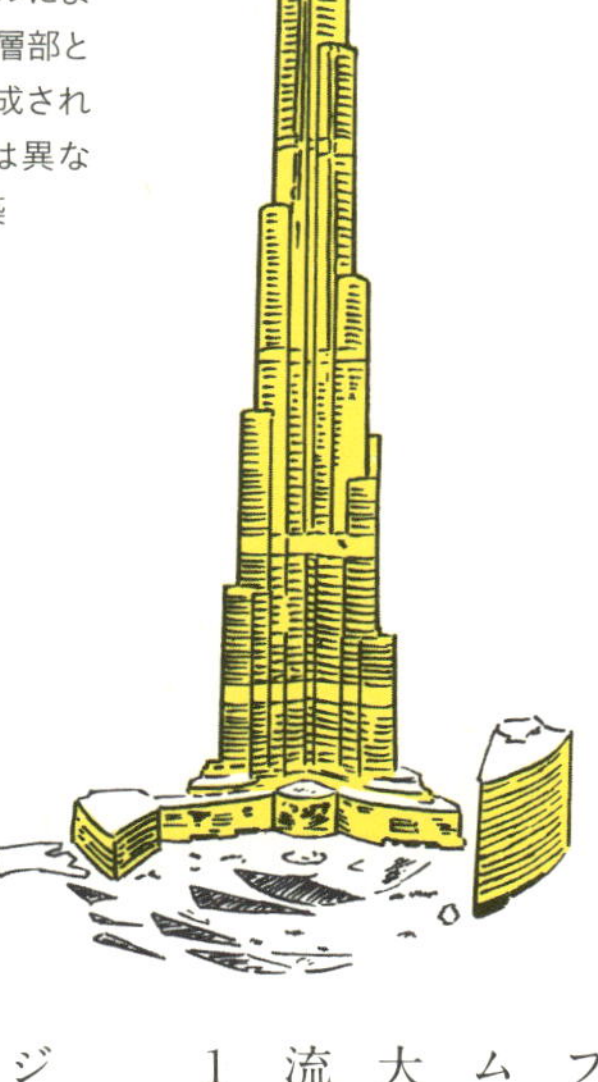

世界一裕福な国の世界一高いビル
ブルジュ・ハリファ
（UAE・ドバイ、2010）

世界一の高さを誇る超高層建築。用途は住居、ホテル、オフィスなど。三角形状のプランは砂漠の花ヒメノカリスをモチーフとし、中東ドバイの地域性が演出された。世界に類例のない高さの建築を実現すべく、構造システムや設備などの各方面において、SOMの専門的能力が存分に発揮されている

フト。レヴァー・ハウスのほかにも、花崗岩のフレームに薄い大理石がはめ込まれたファサードのイェール大学稀覯本図書館などの傑作を手がけており、SOM流のモダニズム・スタイルをつくりあげた建築家だ。1988年にはプリツカー賞も受賞した。

21世紀のSOMの作品はアジアや中東に多い。ブルジュ・ハリファは、206階建・全高828mと、2018年現在、世界で最も高い建築である。高層建築の主導的建築家集団のSOMらしいプロジェクトだ。

Profile

Skidmore, Owings & Merrill

1896年	ジョン・メリル生まれる
1897年	ルイス・スキッドモア生まれる
1903年	ナサニエル・オウイングス生まれる
1936年	スキッドモアとオウイングスにより共同事務所設立
1937年	ゴードン・バンシャフト加入
1939年	ジョン・メリル加入
1942〜46年	オークリッジ
1949年	バンシャフトがパートナーに加わる
1950年代〜	スキッドモアとメリルが第一線を退き、オウイングスが組織運営にあたる
1951年	ブルース・グラハムがシカゴのSOMに入所
1952年	レヴァー・ハウス
1961年	チェイス・マンハッタン銀行
1962年	ルイス・スキッドモア死去
1970年	ジョン・ハンコック・センター
1975年	ジョン・メリル死去
1984年	ナサニエル・オウイングス死去
2010年	ブルジュ・ハリファ

ピーター・アイゼンマン

建築の解体と再構築を試みる理論派脱構築主義

1932〜
アメリカ

アイゼンマンは実験住宅「住宅第2号」など、建築作品や言論活動において、建築の解体と再構成を目指す「脱構築主義（デコンストラクティビズム）」を牽引した

アイゼンマンは、アメリカの現代建築界を代表する理論派建築家だ。1970年代中頃のアメリカでは、土着的な建築を志向する「グレイ派」と、ル・コルビュジエ（114頁）の「白の時代」の住宅作品のような抽象的な表現を志向する「ホワイト派」の論争が起こったが、アイゼンマンは後者の代表格だ。初期の「住宅」シリーズに見られるように、アイゼンマンは幾何学的なフレームの操作を通じて、建築の形態と機能・意味の関係性を再考した。

また1980年代以降、アメリカを発信地とした「脱構築主義」の建築が世界的に注目を集めると、アイゼンマンはこの潮流の中の1人にも数えられた。「脱構築」とは、哲学者ジャック・デリダが提唱した、プラトン以来の西洋哲学における伝統的価値観の解体を意味

都市軸を象徴する立体フレーム

オハイオ州立大学ウェクスナー芸術センター

（アメリカ・オハイオ、1989）

既存の劇場施設の隙間を、「足場」と名付けられた白い立体フレームが一直線に伸びる建築。立体フレームの貫入角度は、立地するオハイオ州コロンバスの都市構成から引用した。都市や公園と施設を結ぶ軸線になるとともに、ガラス張りのギャラリーや図書館の機能を含む

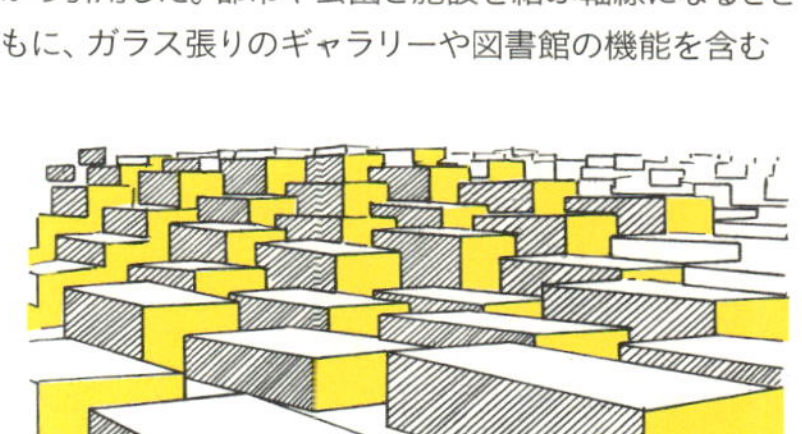

2,000個以上の石碑が並ぶ慰霊碑

ホロコースト記念碑
（虐殺されたヨーロッパのユダヤ人のための記念碑）

（ドイツ・ベルリン、2005）

ナチス・ドイツにより迫害されたユダヤ人犠牲者のための記念碑。具象的な表現はなく、2万㎡近い敷地に2,711個のコンクリート製の石碑がグリッドに従って整然と建ち並ぶ。地下空間には情報センターが設計されている

実験住宅の1作目

住宅第1号

（アメリカ・ニュージャージー、1968）

建築を特定の機能や計画から解き放ち、形態の自律的操作によるデザインを試みた実験住宅。「住宅」と名付けられてはいるが、実際は個人ギャラリーである。装飾のない真っ白な壁や梁で幾何学的に構成された空間は、非常に抽象性が高い

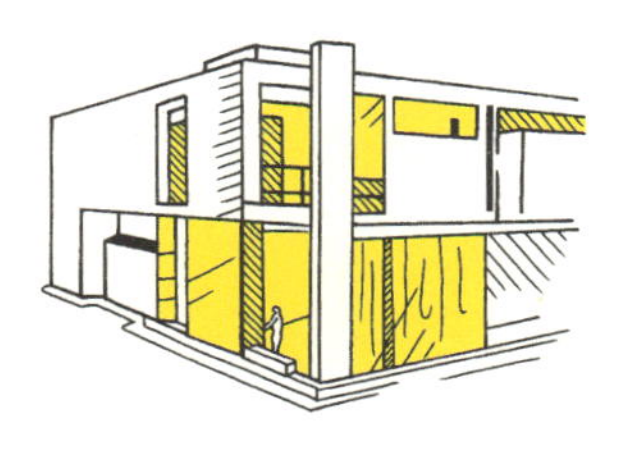

する概念である。建築もこの影響を受け、斜めの床や歪んだ形をあえてつくることで、伝統的建築の解体と再構成が目指されたのである。アイゼンマンは、フランスの思想家デリダとの協働プロジェクトを進め、より根源的・理論的な水準で建築の「脱構築」を試みた。

アイゼンマンの影響力は作品以上に、言論活動で強く発揮されたといえる。主宰したニューヨーク建築都市研究所（IAUS）は、レム・コールハース（154頁）ら前衛的な建築家・歴史家の議論の場となった。さらに1990年代に開催された国際建築会議「ANY会議」でも、磯崎新らとともに中心的役割を担った。

Profile

Peter Eisenman

1932年	アメリカ・ニュージャージー州に生まれる
1955年	コーネル大学卒業
1959〜60年	コロンビア大学
1960〜63年	ケンブリッジ大学で学ぶ
1968年	住宅第1号
1989年	オハイオ州立大学ウェクスナー芸術センター
1992年	布谷ビル
1993年	マックス・ラインハルト・ハウス
2005年	ホロコースト記念碑

1960年代にニューヨークで活躍したアイゼンマン、マイケル・グレイブス、チャールズ・グワスミィ、ジョン・ヘイダック、リチャード・マイヤーら、ル・コルビュジエの「白の時代」のような作品を設計する5人を「ニューヨーク・ファイブ」と呼んだ

ノーマン・フォスター

人と自然が調和した空間を目指すハイテク建築家

1935〜
イギリス

ハイテク建築家と呼ばれるフォスターは、大英博物館の中庭グレート・コートも手がけ、ガラス張りで自然光が入る心地よい空間をつくりあげた

ノーマン・フォスターの建築は、1970年代に注目された「ハイテク」と呼ばれるスタイルに位置づけられる。ハイテク建築は、進歩を続ける科学技術や工業製品を背景にしてつくられる設備・構造材を隠さずに、あえて露出させるデザインを特徴とする。モダニズム建築は機械を機能主義のモデルとみなしたが、それを意匠上のモチーフにまで発展させたスタイルだといえる。

フォスターが自らの事務所を設立したのは1967年のこと。それ以前は同じくハイテクの建築家であるリチャード・ロジャースらと設計組織「チーム4」を組んで活動した。彼の国際的名声を不動のものとしたのは、ガラスのカーテンウォールの外側に露出した構造システムが特徴的な香港上海銀行だ。その後事務所は所員数が千名を超える世界最大級の規模にまで成長し、

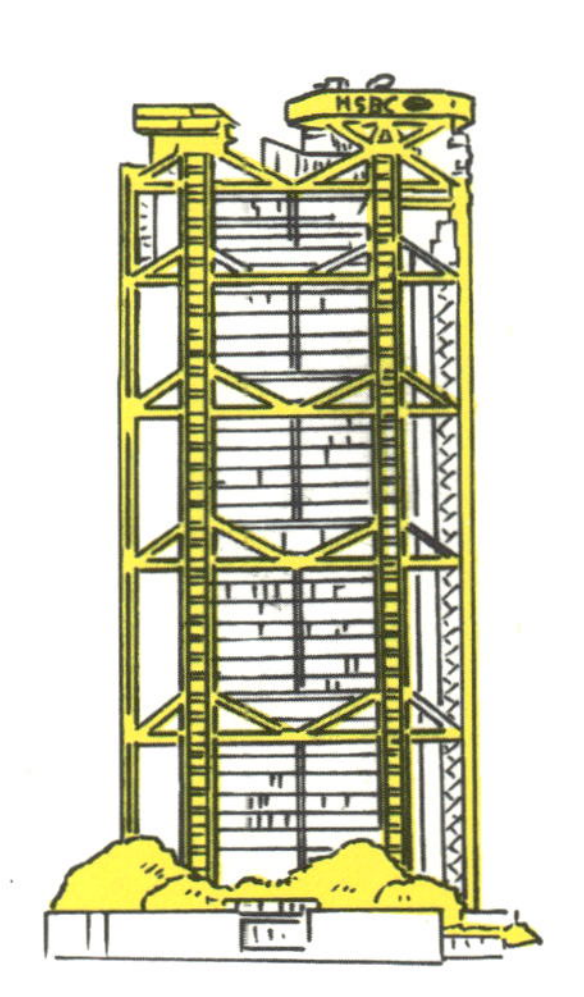

ハイテク建築の象徴

香港上海銀行・香港本店ビル

（中国・香港、1985）

香港島に建てられたハイテク建築の記念碑的作品。露出された構造システムやコアにより機械的でありつつも、古典主義的なシンメトリーの調和ある外観がデザインされた。足元はピロティとして都市空間に開放されており、常時多くの人びとでにぎわっている

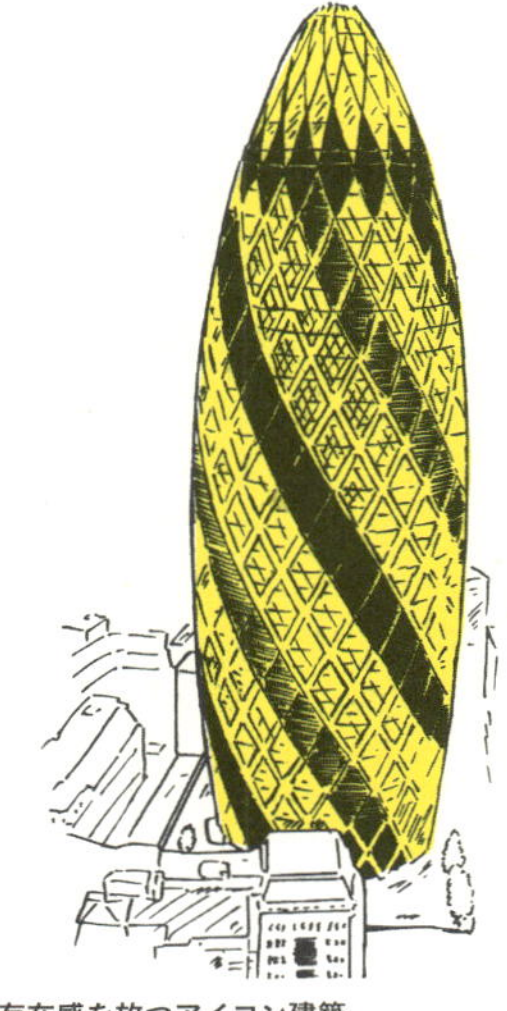

圧倒的な存在感を放つアイコン建築

スイス・リ本社ビル

（イギリス・ロンドン、2003）

ロンドン有数の高さ（約180m）を誇る超高層ビル。その先すぼまりの形状から、キュウリを意味する「ガーキン」という愛称をもつ。1990年代以降のグローバル経済の世界において建設された、一目で記憶可能なわかりやすい形態の「アイコン建築」の代表例

大型建築を世界中で展開し、フォスター自身もイギリスにおいて一代貴族に叙されるまでに成功を収めた。

独立後しばらくのフォスターは、フラー（122頁）と協働した。このことからも、彼のハイテク建築の根幹にあるのは、人間と地球環境が共生するような世界観であることがうかがえる。実際、どれほど巨大な建築であっても、彼の作品には自然の光や風が室内に入る工夫が見られ、居心地のよい空間とサスティナビリティの獲得が目指されてるといえよう。

Profile

Norman Foster

1935年	イギリス・マンチェスターに生まれる
1963年	イェール大学建築学修士取得、「チーム4」結成
1967年	妻ウェンディ・チーズマンとともにフォスター・アソシエイツを設立
1970年	オリヴェッティ社アンダーウッド工場
1971年	IBM仮本社、クライマトロオフィス（フラーと協同）
1978年	イースト・アングリア大学セインズベリー美術センター
1982年	オートノマス住宅（フラーと協同）
1983年	英国ルノー社部品配送センター
1985年	香港上海銀行・香港本店ビル
1987年	トリノ空港競技設計案
1991年	スタンステッド・ロンドン第三空港
1995年	ケンブリッジ大学法学部
1997年	コメルツ銀行本店
1998年	チェク・ラプ・コク・香港空港
1999年	ドイツ連邦共和国議事堂、プリツカー賞受賞
2003年	スイス・リ本社ビル

レンゾ・ピアノ

構造・環境技術とデザインを融合させたハイテク建築の巨匠

1937〜
イタリア

レンゾ・ピアノの衝撃作、ポンピドゥー・センターは、ファサード上に巨大なエスカレーターが見えるなど、設備や構造をデザインとして組み込んだことで話題を呼んだ

レンゾ・ピアノは、イタリア・ジェノバ生まれの建築家で、構造や環境などに関する技術とデザインを融合させた「ハイテク建築」の巨匠である。１９８９年にＲＩＢＡゴールドメダル、１９９３年にプリツカー賞、２００８年にＡＩＡゴールドメダルを受賞するなど、長きにわたって世界の第一線で活躍している。

ピアノが生まれた家庭は建設業を営んでおり、それが彼を建築へと導くきっかけとなった。１９６４年にミラノ工科大学を卒業し、フランコ・アルビーニのもとで働いた後、１９６５年に事務所を設立し、建築家としての活動をスタートさせた。彼が世界に大きな衝撃を与えたのは、１９７７年完成のリチャード・ロジャースとの共同設計によるポンピドゥー・センターであろう。この作品では、通常意匠の要素としては用

因習的な建築デザインへの挑発

ポンピドゥー・センター

（フランス・パリ、1977）

パリ市街地中心部にある美術・文化施設。鉄骨の構造フレーム、色とりどりのダクト、ファサードに沿った巨大なエスカレーターなど、本来隠すべきもの、あるいは移動インフラでしかない技術的な要素をデザインに用いることで、建築のあり方を大きく変えた

柔らかな自然光が注がれる静謐な美術館

バイエラー財団美術館

（スイス・リーエン、1997）

バイエラー氏所有の作品コレクションのための美術館。自然光をいかに美術館に取り込むかについて検討され、2層の屋根が提案されている。これにより、季節や時間の変動にあわせて光が制御され、柔らかで均一な光が内部に注がれるようになっている

空気力学に基づいた鳥のような形の空港

関西国際空港旅客ターミナルビル

（日本・大阪、1994）

国際空港の旅客ターミナルビル。空気力学の形態と飛行機の離陸後の姿がデザインコンセプトとされ、上空から全体を見ると翼を広げた鳥のような形となっている。内部では、空気の流れに沿った屋根のもと、広々とした空間が生み出されている

Profile

Renzo Piano

1937年　イタリア・ジェノバに生まれる
1964年　ミラノ工科大学卒業
1965年　事務所設立
1971年　ポンピドゥー・センターの国際設計競技に当選
1977年　ポンピドゥー・センター（リチャード・ロジャースと協働）
1981年　レンゾ・ピアノ・ビルディング・ワークショップ設立
1986年　メニル・コレクション美術館
1989年　RIBAゴールドメダル受賞
1993年　プリツカー賞受賞
1994年　関西国際空港旅客ターミナルビル
1997年　バイエラー財団美術館
1998年　ティバウー文化センター
2000年　聖パードレ・ピオ教会
2008年　AIAゴールドメダル受賞

いられない構造フレーム、ダクトなどが外観に組み込まれている。これまでの建築のあり方に対して大きな挑発がなされており、歴史的な建物が並ぶパリの市街地の真ん中という立地も、これを助長している。

その後、ピアノはパリに移住し、1981年にはレンゾ・ピアノ・ビルディング・ワークショップを設立。以降、構造技術や光・風などに関する環境技術を生かした作品を次々と発表し、自身の確固たる地位を構築するに至った。

ピーター・ズントー

素材と風土を混ぜ合わせて詩的空間をつくりあげる

1943〜
スイス

ズントーは、風土と素材の関係を重視した。これは、彼が人間の「住む」という行為を、風景や大地と結びついたものとして捉えていることによる。そこには、哲学者マルティン・ハイデガーの思想の影響も見られる

ピーター・ズントーはスイス・バーゼル生まれの建築家で、そのデザインは場所の特徴を重視する「リージョナリズム（地域主義）」に位置づけられる。彼の作品は、スイス建築によく見られるミニマリズムの特徴を有しながらも、空間の静謐さから深い思索や詩的な感情を喚起させる、極めて独特な世界観を構築している。2009年にはプリツカー賞を受賞し、世界的な建築家としての立場を確固たるものとしている。

ズントーは、家具職人の父のもとで家具製作の修行を行った後、バーゼルの工芸学校とニューヨークのプラット・インスティチュートで建築とインダストリアルデザインを学んだ。その後、歴史的建造物の修復の仕事に携わり、1979年に自身のアトリエを設立した。

こうした経歴は、建築を構成する素材と風土（場所

方舟のような小さな教会
聖ベネディクト教会
（スイス・スンヴィッツ、1989）

スイス・スンヴィッツ村の教会。周辺で伐採された木材が用いられ、楕円状の平面のもと、方舟のような形態をとっている。外壁は木の小さな板がうろこ状に重ねて張られ、内部はステンレスの仕上げ材の上に、木のフレームが露出している。内部空間には天窓から光が注ぎ、静謐な空気が醸成される

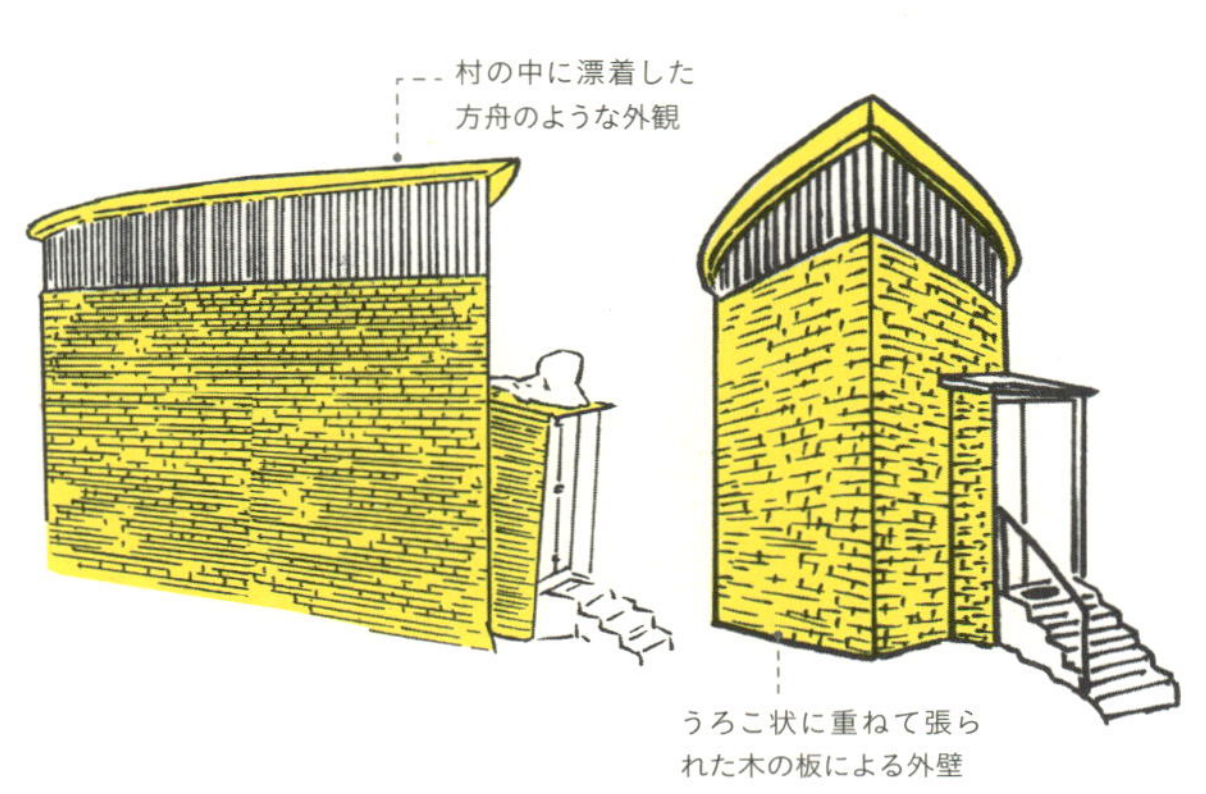

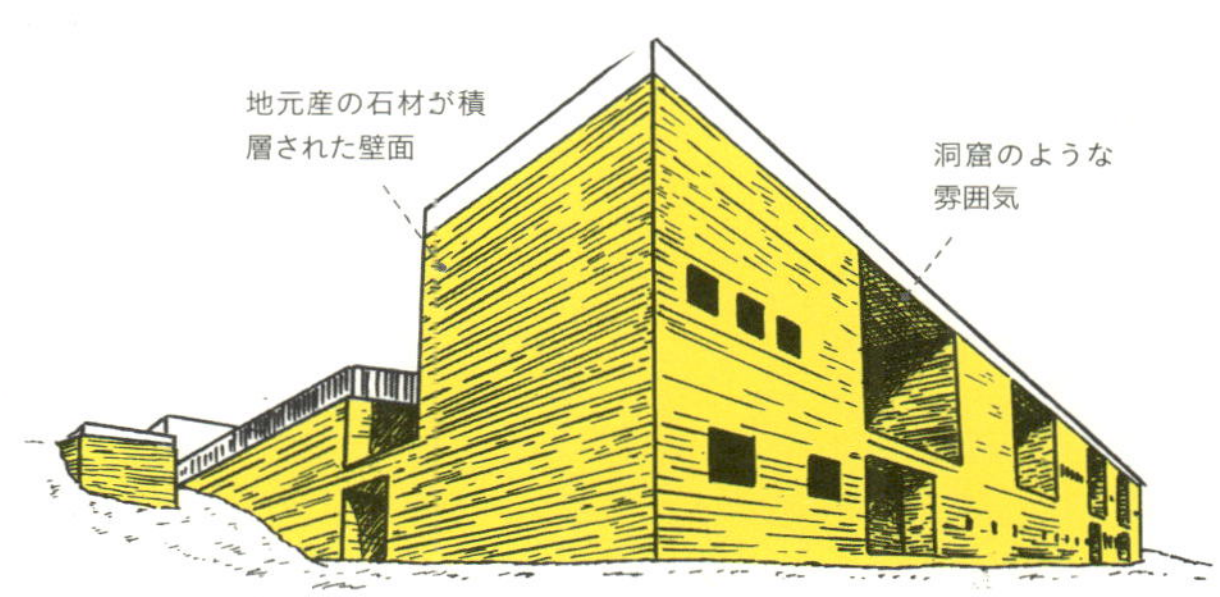

幻想的な石の洞窟
テルメ・ヴァルス
（スイス・ヴァルス、1996）

ヴァルス村にある温泉施設。地元で採掘された石材が全面的に用いられている。内部空間は、小部屋が連続する洞窟のような雰囲気をもつ。天井のスリットから注ぎ込まれる光が水面に反射し、幻想的な場を創出している

性）の関係を重視するズントーのスタイルに大きく関わっているといえるだろう。例えば初期の代表作である聖ベネディクト教会の外壁では、天窓の下に、地域で伐採された木材による小さな板がうろこ状に重ねられ、小さな村の中に漂着した船のようなたたずまいを見せている。このように、建築が建つ場所固有の物質・文化・空気感と、建築そのものが響き合うことで、そこにしかない建築のあり方を求めるズントーの作品独特の詩的な世界が現れるのだ。

Profile
Peter Zumthor

1943年	スイス・バーゼルに生まれる
1958～62年	家具職人として修業を積む
1968年	グラウビュンデン州の歴史的建造物保存局の建築家となる
1979年	事務所設立
1989年	聖ベネディクト教会
1996年	テルメ・ヴァルス
1997年	ブレゲンツ美術館
1999年	ミース・ファン・デル・ローエ欧州建築賞受賞
2007年	ブラザー・クラウス野外礼拝堂
2008年	高松宮殿下記念世界文化賞受賞
2009年	プリツカー賞受賞
2013年	RIBAゴールドメダル受賞

レム・コールハース

建築の新たな概念を提唱し続ける前衛建築家

1944〜
オランダ

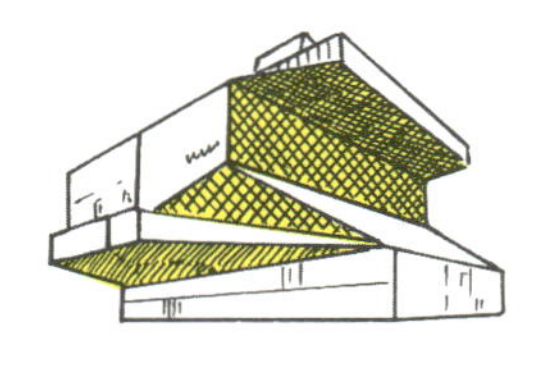

『S,M,L,XL』『錯乱のニューヨーク』をはじめとした著作、シアトル中央図書館（右）やマコーミック・トリビューン・センター（左）といった実作の両面で新たな建築概念を示した

コールハースは、オランダ出身の建築家。イギリスで建築を学ぶ以前は、ジャーナリスト・脚本家として活動した異色の経歴の持ち主である。超高層ビルが建ち並ぶマンハッタンの都市原理を記した『錯乱のニューヨーク』を発表して以降、現在に至るまで、理論と実作の両側面から建築界をリードし続けている。

コールハースの設計事務所OMAは、「プログラム」と呼ばれる建築の社会的機能や用途を満たしつつ、独創的な形や空間構成を生み出すことを特徴的な手法とする。中国中央電視台本部ビルは、そんなOMA的手法が展開された代表作だ。社会主義国の国営テレビ局本部ビルという、考慮すべき条件や要求が複雑極まりないものに対し、斜めになった2棟の高層ビルを頂部で連結するという斬新かつアイコニックなデザイン案

※1 アイデンティティが希薄、あるいは欠落した都市のこと。都市居住者の増大を背景に、非歴史性、非中心性、メンテナンス不要といった要素をもつ、アイデンティティのない都市が生まれるとコールハースは予見した

想像と構造の限界を超えた問題作

中国中央電視台本部ビル

（中国・北京、2008）

中国国営テレビ局の新社屋。「プログラム」の整理を突き詰めた末に、高さ約230m・51階建の超高層ビルが頂部で連結されるという、高層建築の新たなタイポロジーが創案された。施工前には入念な構造実験が行われた。その類例のないデザインは中国国内においても、未だに賛否両論を巻き起こしている

モダニズム風非モダニズム

ダラヴァ邸

（フランス・パリ、1991）

パリ郊外の個人住宅。1階のピロティや水平連続窓など、ル・コルビュジエ（114頁）のサヴォア邸を想起させる要素が多数含まれている。一方で、ピロティの柱はランダムに傾けられていたり、コンクリートや鉄、石、ネットといったさまざまな材料がコラージュ的に使用されていたりと、モダニズムの純粋性からはかけ離れた状態で全体が構成されている

で、国際競技で見事一等を勝ち得た。

そのほかにも、コールハースが更新した建築のつくり方や考え方は多岐にわたる。グローバル経済の進展によって世界中でつくられる無個性な都市を意味する「ジェネリック・シティ※1」、建築の美学を無効化する巨大さを意味する「ビッグネス※2」など、新概念も次々と生み出された。建築がつくられる前提条件から思考すべく、設計組織（OMA）とは別に調査組織（AMO）を並走させる活動スタイルも特徴的だ。

Profile

Rem Koolhaas

1944年	オランダ・ロッテルダムに生まれ、幼少時はインドネシアで暮らす
1968～73年	ロンドンのAAスクールで学び、この間に「建築としてのベルリンの壁」「エクソダス、あるいは建築の自発的囚人たち」を発表
1975年	OMA（OFFICE FOR METROPOLITAN ARCHITECTURE）設立
1978年	『錯乱のニューヨーク』出版
1987年	ダンスシアター、ヴィル・ヌヴェール
1989年	フランス国立図書館コンペ案
1991年	ダラヴァ邸
1992年	クンストハル
1995年	『S, M, L, XL』出版
1997年	エデュカトリウム
2000年	プリツカー賞受賞
2008年	中国中央電視台本部ビル
2009年	トランスフォーマー

※2 建築が一定のスケールを超えると、建築的操作や古典的手法や芸術の無効化、そして建物の内部と外部の乖離が起こる。結果、建築は善悪を超えた領域へと突入し、建築は都市組織の一部ではなくなる、という概念

ジャン・ヌーヴェル

新たな建築像を求める創出者

1945〜
フランス

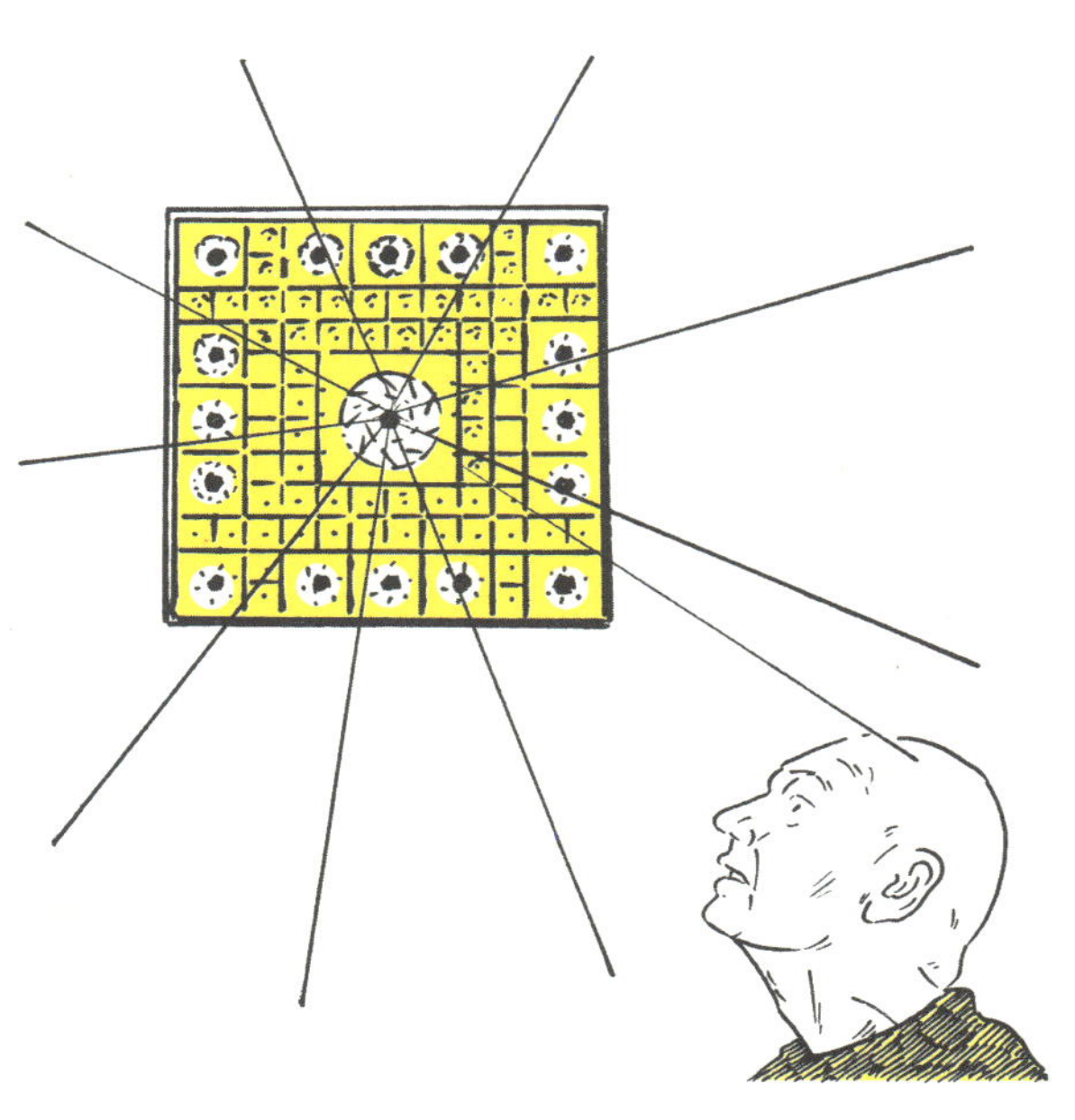

アラブ世界研究所は、アラベスク模様のような自動開閉窓によって、透過する光を効果的に使った。ガラスと光を巧みに利用する手法は、ヌーヴェルの作品でよく見られる

ジャン・ヌーヴェルは、フランス南部の街フュメル生まれの建築家。ガラスによる光の反射・透過など、物質の効果により、建物の表面そのものが存在感をもつようなデザインを特徴とする。1989年にアガ・カーン建築賞、2008年にプリツカー賞を受賞するなど、世界の建築界をリードする1人である。

ヌーヴェルはエコール・デ・ボザール在籍中に、建築家クロード・パランと思想家ポール・ヴィリリオのもとで働き、1970年にフランソワ・セニュールと共同で事務所を設立した。1976年には職能団体制度に対抗し、建築家の権利と多様性を守ろうとするフランスの建築運動「Mars 1976」を主導するなど、早くから先鋭的な活動を行っていた。

彼が建築家として世界的な名声を得た作品は、

アラベスク模様を想起させる窓

アラブ世界研究所

(フランス・パリ、1987)

ミッテラン大統領の文化政策の一環で建てられた文化施設。カメラの自動絞りと同様の仕組みで、太陽光にあわせて自動開閉する窓が配置されている。このパターンはイスラムのアラベスク模様を想起させ、異国情緒あふれる、幻想的な表情を与えている。ファサードで用いられたガラスと金属によって、内部では光の反射や屈折が起こる

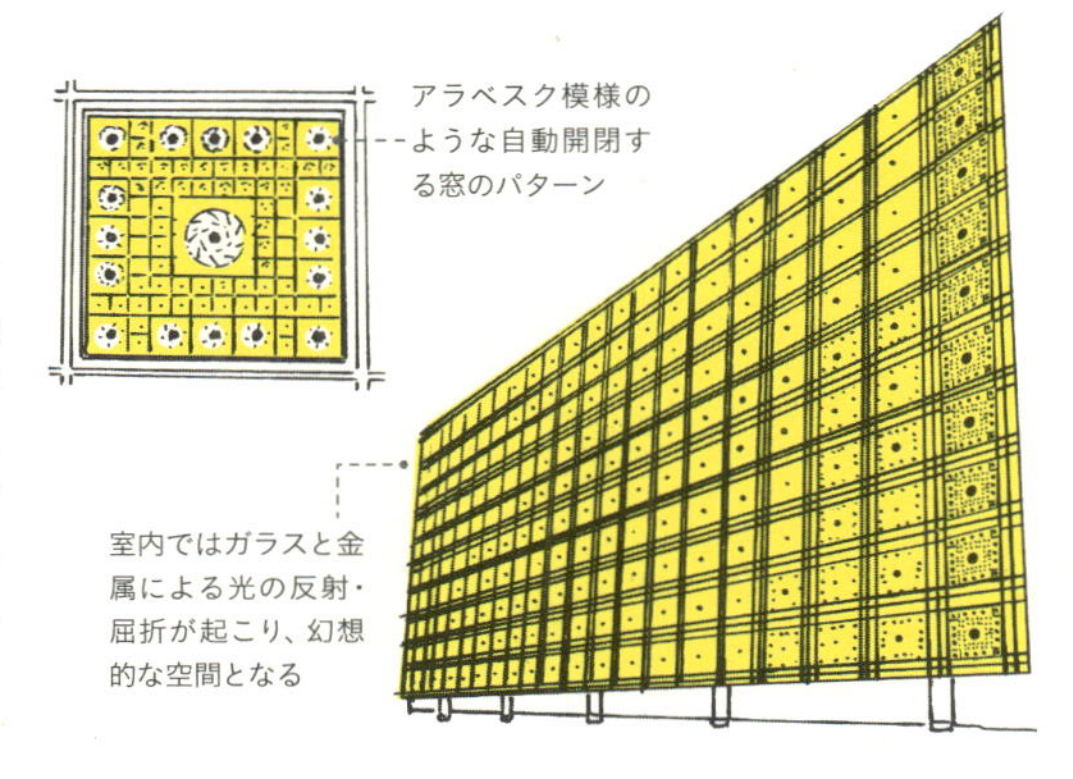

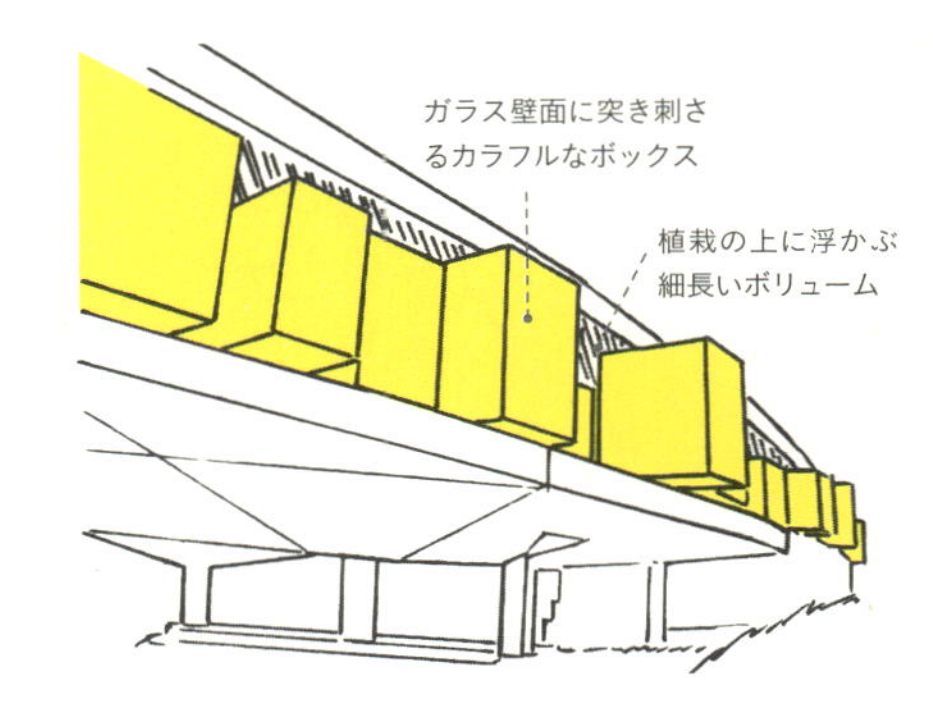

植栽と建築が入り混じるパリの中の非西洋的な空間

ケ・ブランリー美術館

(フランス・パリ、2006)

非西洋圏の文化や芸術を扱った美術館。ピロティによって宙に持ち上げられた細長いボリュームのガラス壁面に、ボックスが突き刺さるような構成をとっている。地上レベルの屋外には、収蔵作品に呼応するように植物が植えられており、自然と建築が入り混じった環境となっている。また敷地の境界に建てられたスクリーンは、光の反射・透過により、植栽と建築の姿が重なった映像のような表情が浮かび上がる

１９８７年に竣工した、パリのアラブ世界研究所である。この作品では、空間内部の雰囲気を形成する重要な要素として光を利用すべく、太陽光にあわせて自動開閉する窓を用いた。このアラベスク模様のようなパターンの窓によって、南側のファサードがデザインされている。ヌーヴェルは、このような非物質的な印象を与えながら、透過や反射といった光の効果を巧みに扱い、映像的ともいえる多様な表情をもつ建築を創出し続けている。

Profile

Jean Nouvel

1945年 フランス・フュメルに生まれる
1970年 事務所を設立
1971年 エコール・デ・ボザールを卒業
1981年 アラブ世界研究所の実施権を獲得
1987年 アラブ世界研究所
1989年 アガ・カーン建築賞受賞
1993年 リヨン国立オペラ座
1995年 カルティエ財団現代美術館
2000年 ザ・ホテル
2001年 高松宮殿下記念世界文化賞、イギリス王立建築家協会ロイヤルゴールドメダル受賞
2002年 電通本社ビル
2006年 ケ・ブランリー美術館
2008年 プリツカー賞受賞

日本にあるヌーヴェルの設計作品は、電通本社ビル(東京)。セラミックプリントガラスが使われたファサードは、光のあたり方によって異なる表情を見せる

ザハ・ハディド

「アンビルトの女王」からトップアーキテクトへ

1950～2016
イラク
→イギリス

ザハの出世作、香港ザ・ピークは、香港に計画された高級クラブ。磯崎新らが審査員を務めた国際競技で選出された。実現はしなかったが、ロシア前衛芸術を発展させたスピード感のあるドローイング表現や建築の空間構成は世界的な注目を集めた

ザハ・ハディドは、イラク出身の女性建築家だ。イギリスで建築教育を受け、レム・コールハース（154頁）の建築事務所OMA勤務を経て、独立。2004年にはプリツカー賞を女性として初めて受賞した。

ハディドは「脱構築主義（デコンストラクティビズム）」の代表的建築家の1人だ。水平・垂直から構成される従来の建築像とは異なる、斜めの床や柱、断片化された部材、鋭角に折れ曲がる形状などを大胆に用いた作品で知られる。こうした作風の背景には、20世紀初頭のロシアにおける「アバンギャルド芸術（構成主義）」からの影響があった。ただし、香港ザ・ピークに代表される活動初期のハディドの作品は非常に実験的なデザインであったために、建築メディアからの高い注目に反してほとんど実現していない。「アンビルト

建築家たちのミュージアム
ヴィトラ社工場消防署
（ドイツ・バーデン＝ヴュルデンベルク、1993〜94）

スイスの家具メーカーの工場敷地内に建設された消防署（その後展示スペースに転用）。ハディドにとって最初に実現した建築作品にあたる。空に向かって持ち上がる、尖った形態の庇が脱構築主義的な外観の特徴をつくる。打放しRC造による建築内部の床や壁も、あちこちが斜めにされ、独創的な空間と外観をかたちづくる

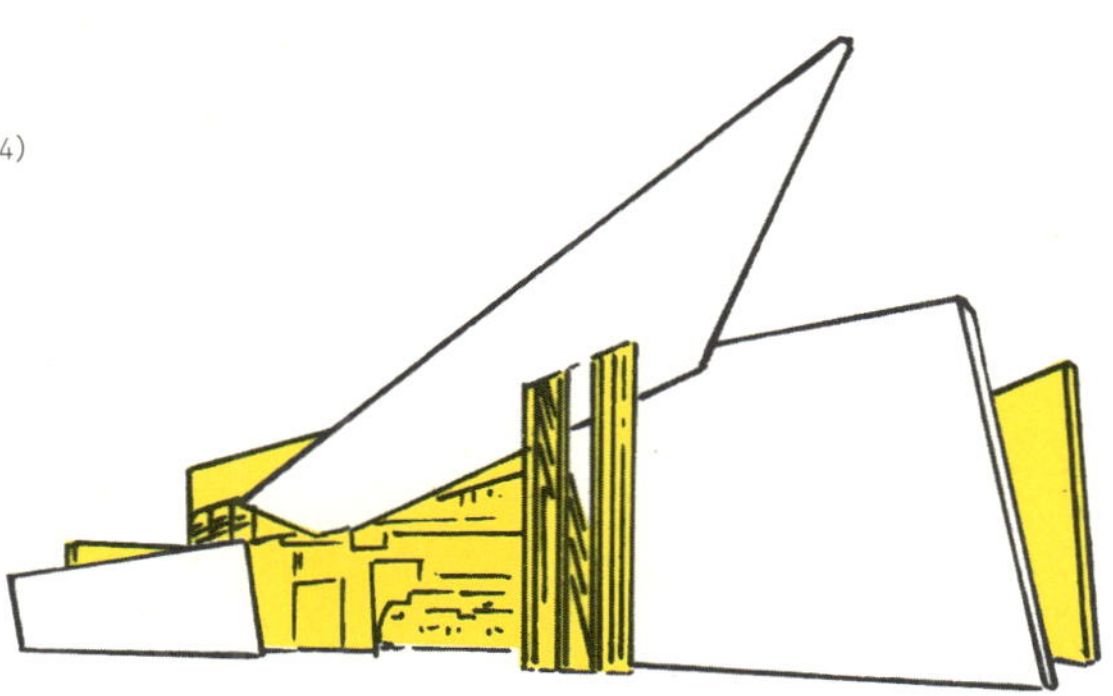

ロンドンオリンピック会場
ロンドン・アクアティクス・センター
（イギリス・ロンドン、2010）

2012年のロンドンオリンピックで使用された屋内水泳施設。直線上に並べられた3つのプールの上には、連続トラスによる優雅な流線形の大スパン屋根が架けられている。外観上の跳ね上がる両翼は仮設の観客席。オリンピック後にはこの部分が解体され、地域の人びとが日常的に利用する建築へと生まれ変わった

（未実現）の女王」という呼び名はこの時期に生まれたものだ。

しかし、その独創的な想像力を現実化する技術環境が整った1990年代以降は、壁と床が三次元的に、シームレスに繋がる宇宙船のようなデザインのビッグプロジェクトを、ヨーロッパ、アジア、中東など世界中で多数手がけていった。2020年東京オリンピックにあわせて計画された新国立競技場でも、実現することはなかったが、2本の大規模なキールアーチを用いたシンボリックなデザインを提示し、話題を呼んだ。

Profile
Zaha Hadid

1950年	イラク・バグダッドに生まれる
1972年	ベイルート大学で数学を学んだ後、アメリカへ渡る
1977年	AAスクール入学、その後1988年まで同校で教鞭を執る
1977年	マレヴィッチ・テクトニック
1979年	事務所設立
1982年	ザ・ピーク設計競技において最優秀賞に選ばれる
1988年	MoMAの「デコンストラクティヴィスト・アーキテクチュア展」出展
1993〜94年	ヴィトラ社工場消防署
2003年	ロイス＆リチャード・ローゼンタール美術センター
2004年	プリツカー賞受賞
2010年	ロンドン・アクアティクス・センター
2015年	新国立競技場の設計から退く
2016年	死去

ハディドのプリツカー賞受賞は、女性建築家としてだけでなく、アラブ圏出身者としても初の受賞だった

物質性を追求・開拓していく現代建築家ユニット
ヘルツォーク&ド・ムーロン

1950～
スイス

独特のファサード表現が特徴のヘルツォーク&ド・ムーロンは、北京オリンピックのメインスタジアムも手がけた。通称「鳥の巣」スタジアムは、鉄骨の構造体が縦方向に張り巡らされ、かごのような形態となっている

ヘルツォーク&ド・ムーロンは、スイス・バーゼル出身のジャック・ヘルツォークとピエール・ド・ムーロンによる建築家ユニットである。物質に注目した独特のファサード表現を特徴としたデザインを行う。２００１年にプリツカー賞を受賞し、現代建築をリードする建築家として評価されている。

彼らは、ともにスイス連邦工科大学チューリヒ校を卒業した後、１９７８年に共同の建築設計事務所を設立した。初期の作品は、スレート状の割栗石が積層されたファサードで、ボックス状の形態をもつストーン・ハウスや、ねじれた銅製の帯で全体が覆われたシグナル・ボックスなど、スイス建築を特徴づけるミニマリズムに位置づけられるものが多い。しかし、キャリアを積み重ねるにつれ、単純なボックス状の形態ではなく、

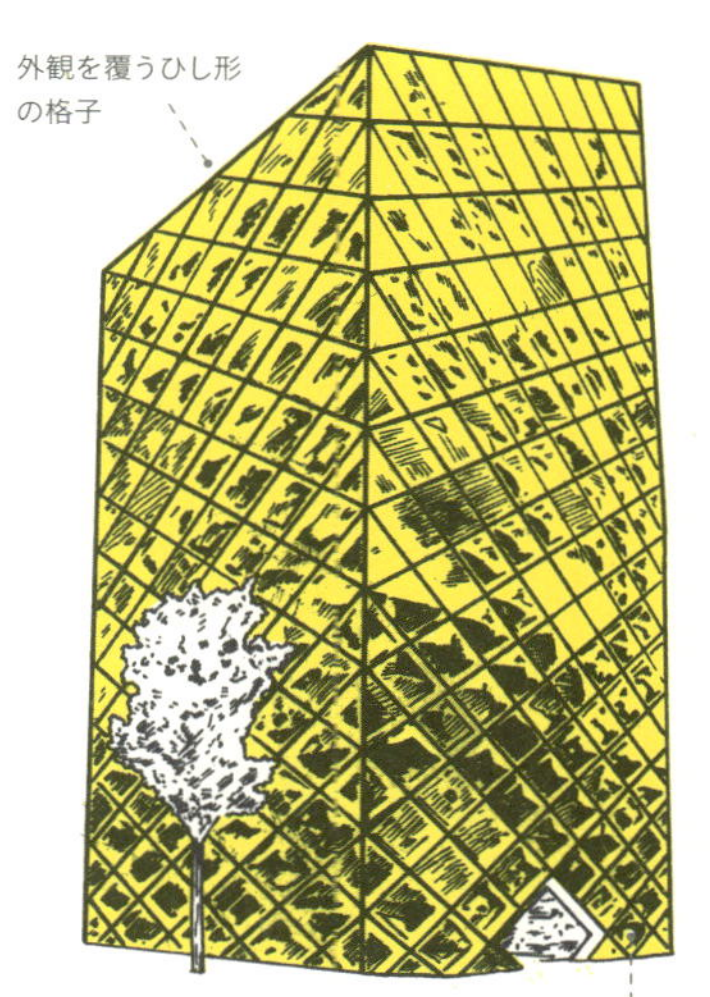

密集都市の中に建つクリスタルタワー

プラダ青山店

(日本・東京、2003)

東京・青山に建つクリスタルのような外観の店舗建築。ファサード全体がひし形の格子と、そこに組み込まれた凹状・凸状・平面のガラスによって覆われている。タワーの脇には余白となるスペースが広がり、公共広場のような場を都市空間に提供している

港湾都市ハンブルクの波打つシンボル

エルプフィルハーモニー・ハンブルク

(ドイツ・ハンブルク、2016)

1966年にエルベ川に建てられたレンガ造の倉庫に増築されたコンサートホール。既存の倉庫の上に、波のような形状のガラスのボリュームが増築されている。ガラス1枚1枚も波打つような曲面形状で、空や街並、水面を反射する。その印象的な形態や、周囲の景色を映し出すガラスの表情で、この都市のシンボルとなっている

波のような屋根形状

曲面状のガラス

Profile

Herzog & de Meuron

ジャック・ヘルツォーク　Jacques Herzog
ピエール・ド・ムーロン　Pierre de Meuron

1950年	スイス・バーゼルに生まれ、幼少期よりともに過ごす
1975年	スイス連邦工科大学(ETH)卒業
1975～77年	ETHで助手を務める
1978年	共同事務所をバーゼルに開設
1988年	ストーン・ハウス
1994年	シグナル・ボックス
1999年	テート・モダン、ETHの教授を務める
2001年	プリツカー賞受賞
2003年	シャウラーガー、プラダ青山店
2005年	アリアンツ・アレナ
2008年	北京国家体育場
2009年	2022年をもって引退を宣言
2016年	エルプフィルハーモニー・ハンブルク

プラダ青山店や北京国家体育場のように、彫塑的で複雑性を帯びた形態を創出するようになっていった。それらは床・壁などの概念を問い、建築を構成する素材・物質そのものに注目する彼らの建築家としての態度に裏付けられたもので、素材や物質の操作が建築全体の秩序・ルールに関連づけられるまでに発展している。建築の表面や要素を構成する物質に着目したデザインは、彼らが切り拓いてきた現代建築の1つの潮流であるといえよう。

ユニットでプリツカー賞を受賞したのは、ヘルツォーク&ド・ムーロンが史上初。ユニットでは、その後2010年にSANAAが受賞し、2017年にはスペインの3人組建築家集団RCRアーキテクツが受賞した

建築・土木・エンジニアの分野を横断する創造者

サンティアゴ・カラトラバ

1951〜
スペイン

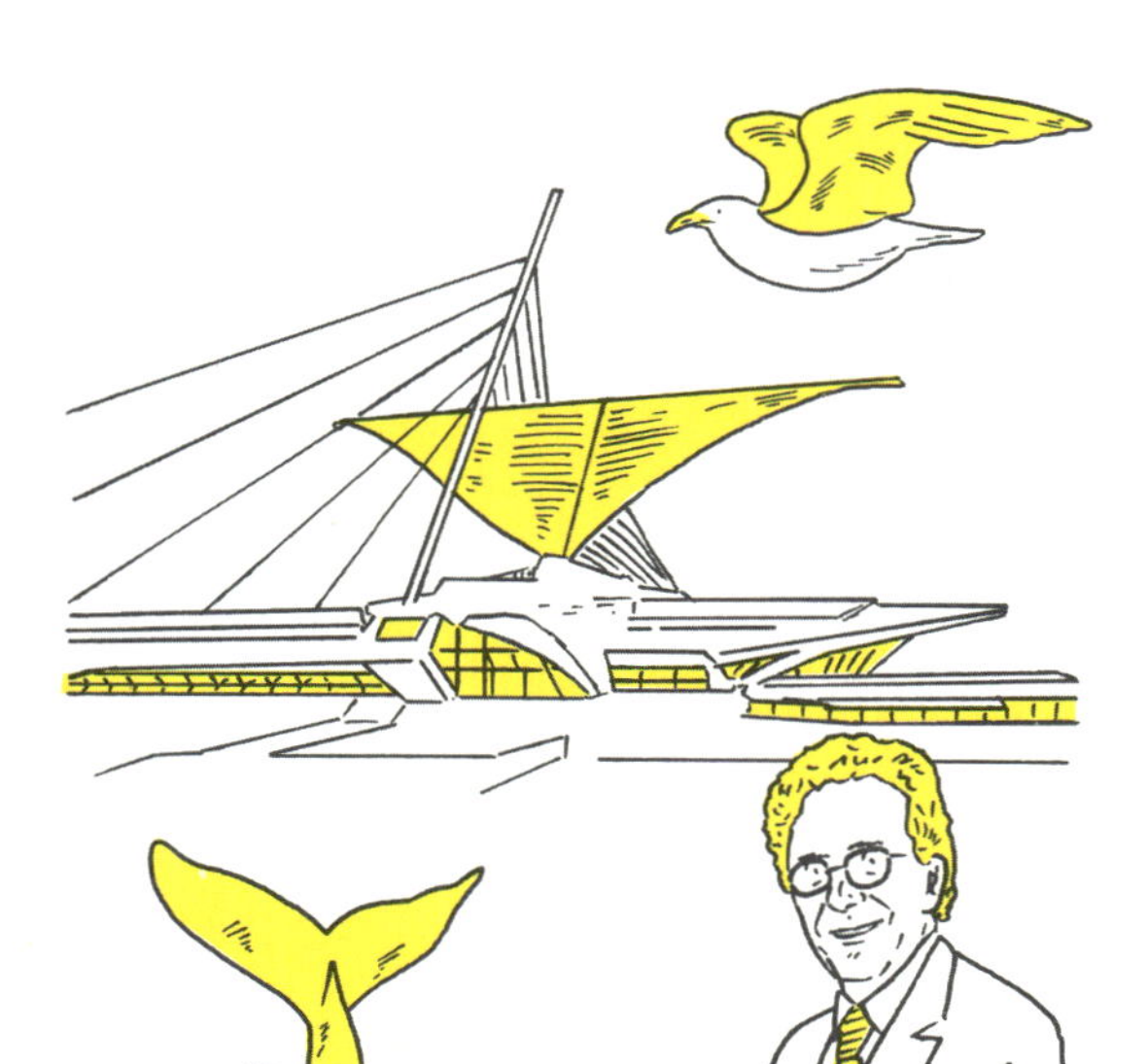

構造計算に基づいたカラトラバの建築作品は、生き物のような躍動感のある造形から、鳥の翼やクジラなどにも例えられ、カラトラバ自身も自然からインスピレーションを得たとされる

サンティアゴ・カラトラバは、スペイン・バレンシア生まれの建築家、構造家である。構造計算に基づきながら力学的な流れを感じさせる、大胆で軽やかな形態をつくり出すデザインが特徴的であり、いわゆる「構造表現主義」や「ハイテク建築」として位置づけられる。また美術館、駅舎、スタジアムといった建築から、橋梁などの土木まで幅広い領域の中で活動を行う点は、現代建築界において独特の存在感を放っている。

カラトラバは、バレンシアの美術学校と建築学校で学んだ後、1975年にスイス連邦工科大学チューリヒ校へ入学し、エンジニアリング（土木工学）を勉強した。彼はここで、構造物の可動性に着目した博士論文「スペースフレームの折りたたみの可能性について」を提出した。この論文では、三次元の構造物をいかにし

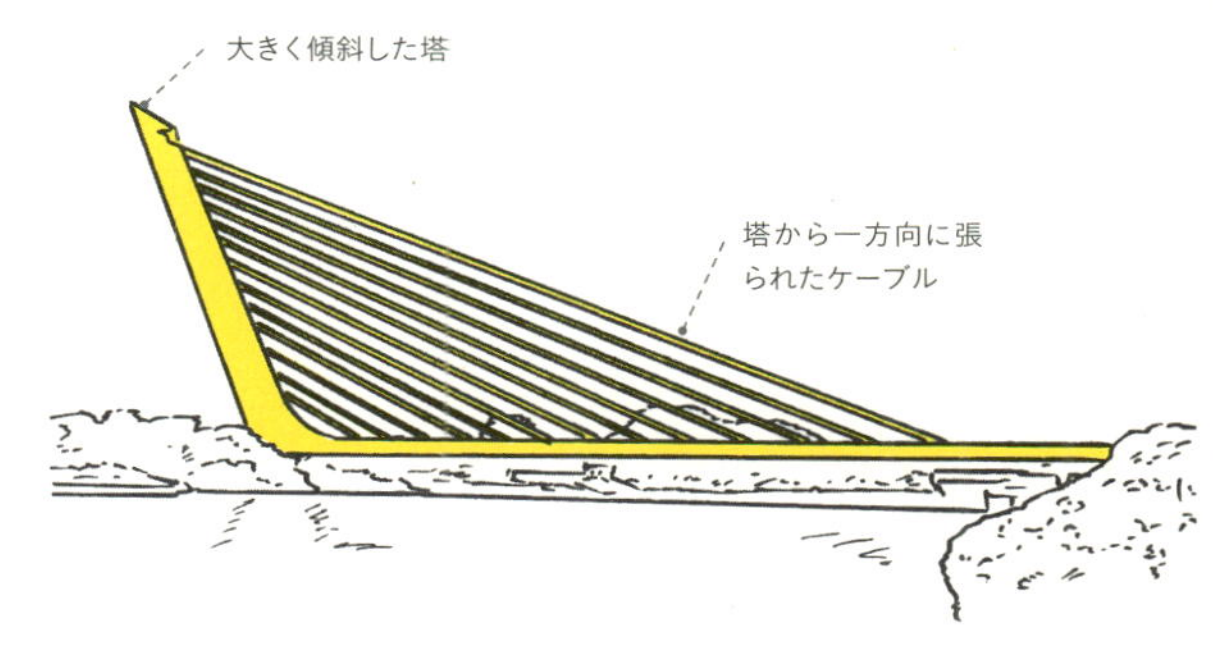

動きを喚起する斜張橋

アラミージョ橋

（スペイン・セビリア、1987～92）

1992年のセビリア万博開催時に建設された斜張橋。ハープのような形をしており、傾斜した塔から一方向のみに張られたケーブルによって、橋全体が吊られる構造となっている。一般的な左右対称形の形態ではなく、一方向に傾いた形態をとることで、一見すると不安定な印象を与えるが、構造的な合理性に基づき、力強さと躍動感を発揮している

大きく緩やかに広がる屋根で駅を街に開く

リエージュ＝ギユマン駅

（ベルギー・リエージュ、2009）

リエージュ市内の最も大きな交通結節点である、リエージュ駅の駅舎。複数の路線が入り込むプラットホームを、ガラスとスチールによる大きなアーチ状の屋根で覆い、極めて明るく開放感のある駅空間を創出している。緩やかな曲面を描きながら広がる大屋根は、周囲の景観や光を駅の中に取り込むと同時に、駅空間を街に向けて開いている

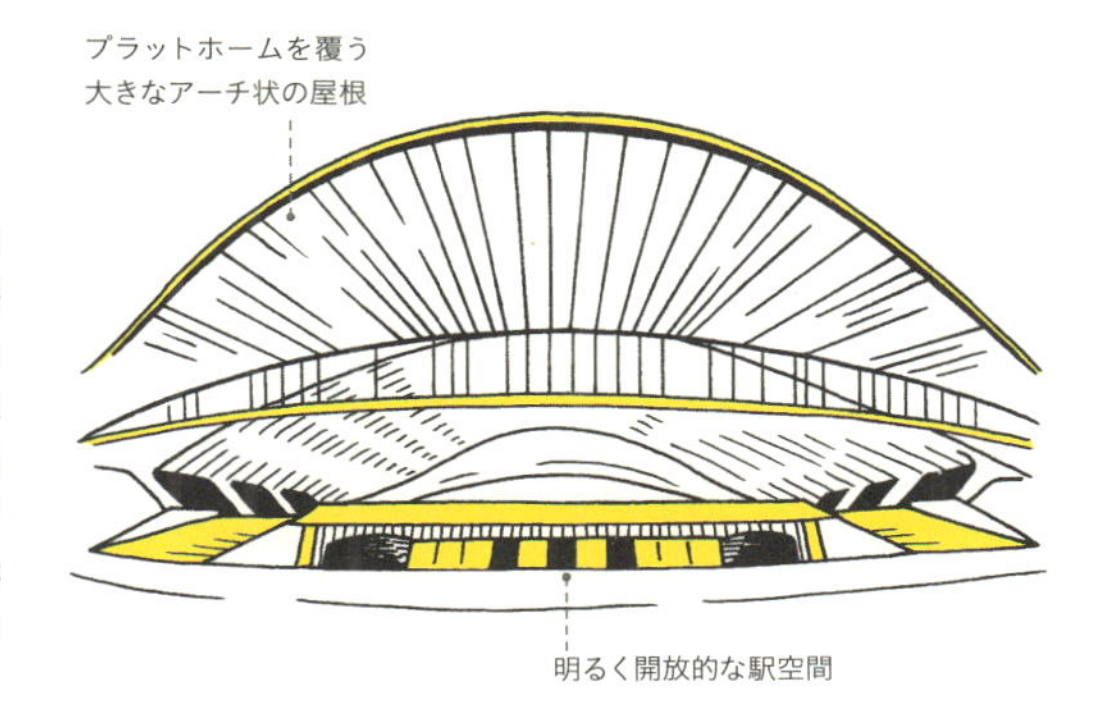

て平面的なもの、棒状のものへと折りたたむことができるのかについて検討された。こうしたものの可動性に関するアイデアは、彼が1983年に設計したエルンスティンク社倉庫における、上下に開閉し三次曲面を形成する扉や、ミルウォーキー美術館新館の開閉するウイングとして展開され、美と構造が融合した動きのある空間の創出へと繋がっている。

カラトラバのこうした試みは、土木構築物とも建築物ともいえるような独特な存在を生み出し、都市空間のさまざまな活動を支えるインフラとしての建築の姿を指し示している。

Profile

Santiago Calatrava

1951年	スペイン・バレンシアに生まれる
1975年	スイス連邦工科大学チューリヒ校へ入学
1981年	博士論文『スペースフレームの折りたたみの可能性について』を発表
1983年	エルンスティンク社倉庫
1983～90年	シュテーデルホーフェン駅
1987～92年	アラミージョ橋
1989～95年	プエルト橋
2001年	ミルウォーキー美術館新館
2002～11年	鉄道橋コーズ橋
2009年	リエージュ＝ギユマン駅
2016年	ワールド・トレードセンターPATHターミナル

『イタリア・ルネサンス建築史ノート〈3〉ブラマンテ』
(福田晴虔、中央公論美術出版、2013年)

『インド建築案内』(神谷武夫、TOTO出版、1996年)

『ヴィジュアル歴史人物シリーズ　世界の建築家図鑑』
(ケネス・パウエル編、井上廣美訳、原書房、2012年)

『絵ときデザイン史』(石川マサル・フレア、エムディエヌコーポレーション、2015年)

『おかしな建築の歴史』
(五十嵐太郎編著、エクスナレッジ、2013年)

『オスカー・ニーマイヤー:1937-1997』
(ギャラリー・間叢書、TOTO出版、1997年)

『オスカー・ニーマイヤー　形と空間』
(二川幸夫、ADA、2008年)

『オスマン帝国ドーム式モスク建築における 装飾の重要性・スィナンのセリミイェ・ジャーミィを中心に』
(瀧川美生、成城美学美術史・第20号)

『ガウディが知りたい!』(エクスナレッジ、2004年)

『カラー版　図説建築の歴史―西洋・日本・近代』
(西田雅嗣・矢ケ崎善太郎編、学芸出版社、2013年)

『カラー版　西洋建築様式史　増補新装版』
(熊倉洋介ほか、美術出版社、2010年)

『カラー版　世界デザイン史』
(阿部公正監修、美術出版社、1995年)

『巨匠ミースの遺産』(山本学治・稲葉武司、彰国社、1970年)

『芸術家の愛した家』(池上英洋、エクスナレッジ、2016年)

『建築大事典　第2版〈普及版〉』(彰国社、1993年)

『建築と都市　2000年5月号臨時増刊;レム・コールハース』
(エー・アンド・ユー、2000年)

『建築と都市の歴史』
(光井渉・太記祐一、井上書院、2013年)

『建築の多様性と対立性』(ロバート・ヴェンチューリ著、伊藤公文訳、鹿島出版会、1982年)

『建築を考える[特装版]』
(ペーター・ツムトア著、鈴木仁子訳、みすず書房、2012年)

『建築家たちのヴィクトリア朝』(鈴木博之、平凡社、1991年)

『建築家人名辞典　西洋歴史篇』(丹下敏明、三交社、1997年)

『建築全史:背景と意味』(スピロ・コストフ著、鈴木博之訳、住まいの図書館出版局、1990年)

『建築大辞典　第2版』(彰国社編、彰国社、1993年)

『現代建築のコンテクスチュアリズム入門　環境の中の建築/環境をつくる建築』(秋元馨、彰国社、2002年)

『現代建築の巨匠』(ペーター・ブレイク著、田中正雄・奥平耕造訳、彰国社、1967年)

『現代建築家20人が語る いま、建築にできること』
(Hanno Rauterberg著、水上優訳、丸善出版、2010年)

『現代建築家99』
(多木浩二・飯島洋一・五十嵐太郎編、新書館、2010年)

『a+u』
- 2002年2月号臨時増刊　ヘルツォーク・アンド・ド・ムロン 1978-2002(エー・アンド・ユー、2002年)
- 2006年4月臨時増刊　ジャン・ヌーヴェル 1987-2006(エー・アンド・ユー、2006年)
- 2010年5月号臨時増刊 レンゾ・ピアノビルディング・ワークショップ(エー・アンド・ユー、2010年)
- 2015年2月号(特集:One SOM 21世紀のSOM、エー・アンド・ユー、2015年)
- 2015年6月号(特集:ジェームズ・スターリング 形態のもつ意味、エー・アンド・ユー、2015年)

『CASA BARRAGAN　カーサ・バラガン』
(齋藤裕、TOTO出版、2002年)

『GAグローバル・アーキテクチュアNo.61・バウスヴェアーの教会』(A.D.A.EDITA Tokyo,1981)

『LOUIS I. KAHN』(Joseph Rosa,TASCHEN,2006)

『Souscription pour le monument en l'honneur de Robert de Luzarches』
(Alexandre Hahn,Paris,Lire sur Gallica,1844)

「Trinity College, Cambridge」
(James W.P.Campbell,『The Library -A WORLD HISTORY』,The University of Chicago Press,2013)

『X-Knowledge HOME』
- Vol.11(エクスナレッジ、2002年)
- Vol.12(エクスナレッジ、2003年)
- Vol.15(エクスナレッジ、2003年)
- Vol.17(エクスナレッジ、2003年)
- Vol.18(エクスナレッジ、2003年)
- Vol.23(エクスナレッジ、2004年)
- 特別編集No.3　バウハウス(エクスナレッジ、2004年)
- 特別編集No.9　20世紀建築の巨匠』(エクスナレッジ、2007年)

『ZAHA HADID ザハ・ハディド展 オフィシャル・ブック』
ADA、2014年

『アジア都市建築史』(布野修司編、アジア都市建築研究会執筆、昭和堂、2003年)

『アルヴァ・アアルト』(武藤章、鹿島出版会、1969年)

『アルヴァー・アアルトの住宅』
(ヤリ・イェッツォネン+シルッカリーサ・イェッツォネン著、大久保慈監修、エクスナレッジ、2013年)

『アルファベット　そして　アルゴリズム:表記法による建築――ルネサンスからデジタル革命へ』
(マリオ・カルポ著、美濃部幸郎訳、鹿島出版会、2014年)

『イスラーム建築の世界史』(深見奈緒子、岩波書店、2013年)

『イスラム建築がおもしろい!』
(深見奈緒子編、新井勇治ほか著、彰国社、2010年)

**『磯崎新+篠山紀信　建築行脚8
マニエリスムの館　パラッツォ・デル・テ』**
(磯崎新・篠山紀信・長尾重武著、六耀社、1980年)

**『磯崎新+篠山紀信　建築行脚11
貴紳の邸宅　サー・ジョン・ソーン美術館』**
(磯崎新・篠山紀信・菊池誠著、六耀社、1989年)

『イタリア・ルネサンス建築史ノート〈2〉アルベルティ』
(福田晴虔、中央公論美術出版、2012年)

『バラガン・イズ・バラガン』（斉藤裕、『Luis Barragan・ルイス・バラガンの建築』、TOTO出版、1992年）

『パラーディオ「建築四書」注解』（桐敷真次郎編著、中央公論美術出版、1986年）

『バロックの建築論的研究』（渡部貞清、京都大学博士論文、1969年）

『評伝ミース・ファン・デル・ローエ』（フランツ・シュルツ著、澤村明訳、鹿島出版会、1987年）

『ブラマンテ 盛期ルネサンス建築の構築者』（稲川直樹ほか、NTT出版、2014年）

『フランク・ゲーリー　建築の話をしよう』（フランク・ゲーリー＋バーバラ・アイゼンバーグ著、岡本由香子訳、エクスナレッジ、2015年）

『プリツカー賞　受賞建築家は何を語ったか』（小林克弘監修、丸善出版、2012年）

『フレッチャー図説　世界建築の歴史大辞典――建築・美術・デザインの変遷――』（ダン・クリュックシャンク編、飯田喜四郎監訳、片木篤ほか訳、西村書店、2012年）

『ペーターベーレンス-モダンデザイン開拓者の一生』（アラン・ウィンザー著、椎名輝世訳、創英社、2014年）

『未完の建築家・フランク・ロイド・ライト』（エイダ・ルイーズ・ハクスタブル著、三輪直美訳、TOTO出版、2007年）

『ミース・ファン・デル・ローエ　真理を求めて』（高山正實、鹿島出版会、2006年）

『ミシュラングリーンガイド：ロンドン』（実業之日本社,1995）

『名句で綴る近代建築史』（谷川正己・中山章、井上書院、1984年）

『メキシコの他者』（『Luis Barragan・ルイス・バラガンの建築』、ケネス・フランプトン、TOTO出版、1992年）

『ヨーロッパ建築史』（西田雅嗣編、昭和堂、1998年）

『ヨーン・ウッツォンの建築作品における空間とその構成手法に関する研究』（山崎篤史・末包伸吾、日本建築学会近畿支部研究報告集、2007年）

『ラスベガス』（ロバート・ヴェンチューリ＋デニス・ブラウン＋スティーブン・アイゼナワー著、石井和紘＋伊藤公文訳、鹿島出版会、1978年）

『リートフェルトの建築』（奥佳弥、TOTO出版、2009年）

『ルイス・カーン-光と空間』（ウルス・ビュッティカー著、富岡義人・熊谷逸子訳、鹿島出版会、1996年）

『ルーブルにピラミッドを作った男　I・M・ペイの栄光と蹉跌』（マイケル・キャネル著、松田恭子訳、三田出版会、1998年）

『ルネサンス天才の素顔　ダ・ヴィンチ、ミケランジェロ、ラファエッロ　三巨匠の生涯』（池上英洋著、美術出版社、2013年）

『レム・コールハース OMA 驚異の構築』（ロベルト・ガルジャーニ著、難波和彦監訳、岩元真明訳鹿島出版会、2015年）

『レム・コールハースは何を変えたのか』（五十嵐太郎・南泰裕編、鹿島出版会、2014年）

『ロシア建築案内』（リシャット・ムラギルディン、TOTO出版、2002年）

『現代建築事典』（浜口隆一・神代雄一郎監修、鹿島出版会、1972年）

『コンスタンティン・メーリニコフの建築　1920s-1930s』（リシャット・ムラギルディン監修、TOTO出版、2002年）

『ジェームズ・スターリング ブリティッシュ・モダンを駆け抜けた建築家』（ジェームズ・スターリング＋ロバート・マクスウェル著、小川守之訳、鹿島出版会、2000年）

『シドニー・オペラハウスの光と影』（三上祐三、彰国社、2001年）

『死ぬまでに見たい世界の名建築1001』（ピーター・セントジョン序文、マーク・アーヴィング編、エクスナレッジ、2008年）

『新版ヨーロッパ建築序説』（ニコラウス・ペブスナー著、小林文次ほか訳、彰国社、1989年）

『図説世界建築史3・ギリシア建築』（ロラン・マルタン、本の友社、2000年）

『図説世界建築史4・ローマ建築』（ジョン・ブライアン＋ウォード・パーキンズ著、桐敷真次郎訳、本の友社、1996年）

『図説世界建築史8・ゴシック建築』（ルイ・グロデッキ著、前川道郎・黒岩俊介訳、本の友社、1997年）

『図説ロマネスクの教会堂』（辻本敬子・ダーリング益代、河出書房新社、2003年）

『西洋建築史図集　三訂版』（日本建築学会編、彰国社、1981年）

『西洋建築様式史』（熊倉洋介ほか、美術出版社、1995年）

『世界の美しい名建築の図鑑』（パトリック・ディロン、エクスナレッジ、2017年）

『世界の建築（2）ギリシア・ローマ』（学習研究社,1982）

『世界の建築（7）バロック・ロココ』（山田智三郎（責任編集）、学習研究社、1982年）

『世界の建築家図鑑』（ケネス・パウエル著、井上廣美訳、原書房、2012年）

『世界建築辞典』（ニコラス・ペヴスナー著、鈴木博之訳、鹿島出版会、1984年）

『世界建築全集（15）西アジア、エジプト、イスラム』（平凡社、1960年）

『世界の名作椅子ベスト50』（デザインミュージアム編著、土田貴宏訳、エクスナレッジ、2012年）

『ゼムパーからフィードラーへ』（ゴットフリート・ゼムパー、コンラート・フィードラー著、河田智成編訳、中央公論美術出版、2016年）

『天才建築家　ブルネレスキーフィレンツ・花のドームはいかにして建設されたか』（ロス・キング著、田辺希久子訳、東京書籍、2002年）

『ノーマン・フォスター　建築とともに生きる』（ディヤン・スジック著、三輪直美訳、TOTO出版、2011年）

『バックミンスター・フラーの世界　21世紀エコロジー・デザインへの先駆』（ジェイ・ボールドウィン著、梶川泰司訳、美術出版社、2001年）

おわりに

『建築家図鑑』を読んでいただき、ありがとうございました。この本は、古代から現代までの著名な建築家を「図鑑」としてまとめたものです。ただ、古代・中世については各時代の建築的特徴の解説と、それを象徴し、かつ建築家が判明している建築物を中心に紹介しました。そのため、「建築家図鑑」とは言っても、ゴシック以前については西洋建築史の概説になっています。

執筆の依頼を頂いた際にまず思い浮かべたのは、『建築家人名辞典』（丹下敏明、三交社、1997年）でした。この辞典には、紀元前から20世紀までを生きた600名近い建築家が収録されています。表記されている生まれ年を頼りに、収録されている建築家を世紀別に集計してみると、紀元前が18、10世紀までが8名と少数であったのが、11世紀になると6、12世紀は9、13世紀は30、14世紀は31名と、ロマネスクの時代から少しずつ増えていきます。さらにルネサンスを過ぎると、15世紀が74、16世紀は82、17世紀は122、18世紀は169名と急増します。「建築家」と言ったときに、特にルネサンス以降を扱う論考が多いのもうなずける結果です。もちろん、編集によってその数は大きく変わりますが、この本が古代・中世を概説とする理由の1つにしたいと思います。

とはいえ、『建築家人名辞典』では、20世紀生まれの建築家は扱っていませんでした。この本の後ろには、現在も活躍している建築家が顔を列べています。ページをめくっていけば、ルネサンスの時代から現在まで、建築家が生きた社会、思想、そして作品の変わりゆく様がみてとれるでしょう。読者のみなさんが生きるこの瞬間に着地できること。この点は、『建築家図鑑』の良いところかもしれません。

最後になりましたが、この本の編集を担当していただいた大久保萌さんに、筆者一同お礼を申し上げます。どうもありがとうございました。

筆者一同

著者プロフィール

大井隆弘（おおい・たかひろ）

1984年東京都生まれ、岐阜県高山市で育つ。2006年三重大学工学部建築学科卒業、2009年東京藝術大学大学院美術研究科建築学専攻修士課程修了、2015年同大学博士課程修了。博士（美術）。博士論文は『吉田五十八の住宅作品に関する研究』。2015～2017年同大学教育研究助手を経て、2017年より三重大学工学研究科建築学専攻助教。主な著書に、『昭和住宅』（共著、エクスナレッジ、2014年）、『日本の名作住宅の間取り図鑑』（エクスナレッジ、2015年）がある。

市川紘司（いちかわ・こうじ）

1985年東京都生まれ。博士（工学）。専門はアジア建築史・都市史、建築論。清華大学（中国）留学、東北大学大学院博士後期課程、東京藝術大学美術学部教育研究助手等を経て、明治大学理工学部建築学科助教。著作に『中国当代建築──北京オリンピック、上海万博以後』（編著、フリックスタジオ）など。

吉本憲生（よしもと・のりお）

1985年大阪府生まれ。2014年東京工業大学博士課程修了。同年博士（工学）取得。専門は、近代都市史、都市イメージ、都市空間解析。横浜国立大学大学院Y-GSA産学連携研究員（2014～2018年）を経て、現在、日建設計総合研究所勤務。2018年日本建築学会奨励賞受賞。

和田隆介（わだ・りゅうすけ）

1984年静岡県生まれ。明治大学大学院博士後期課程在籍。2010年千葉大学大学院修士課程修了。2010～2013年新建築社勤務、JA編集部、a＋u編集部、住宅特集編集部に在籍。2013年よりフリーランス。主なプロジェクトに、『LOG/OUT magazine』（RAD、2016年～）の編集・出版など。

世界の建築家 解剖図鑑

2018年5月31日　初版第1刷発行
2021年8月20日　　　　第3刷発行

著　者　大井隆弘　市川紘司　吉本憲生　和田隆介

発行者　澤井聖一

発行所　株式会社エクスナレッジ
〒106-0032　東京都港区六本木7-2-26
https://www.xknowledge.co.jp/

問い合わせ先　編集　Tel:03-3403-1381
Fax:03-3403-1345
Mail:info@xknowledge.co.jp
販売　Tel:03-3403-1321
Fax:03-3403-1829